MANFRED DITTMAR

Inflation in Entwicklungsländern als strukturbedingtes Problem

Wirtschaftswissenschaftliche Abhandlungen

Volks- und betriebswirtschaftliche Schriftenreihe der Wirtschafts- und Sozialwissenschaftlichen Fakultät der Freien Universität Berlin

herausgegeben von

Dr. Dr. h. c. Dr. h. c. Erich Kosiol
o. Prof. der Betriebswirtschaftslehre

und

Dr. phil. Andreas Paulsen
o. Prof. der Volkswirtschaftslehre

Heft 24

Inflation in Entwicklungsländern als strukturbedingtes Problem

Von

Dr. Manfred Dittmar

DUNCKER & HUMBLOT / BERLIN

Alle Rechte vorbehalten
© 1966 Duncker & Humblot, Berlin 41
Gedruckt 1966 bei Buchdruckerei Bruno Luck, Berlin 65
Printed in Germany
D 188

Vorwort

Die vorliegende Arbeit entstand als Dissertation an der Freien Universität Berlin. Seinem verehrten Doktorvater, Herrn Professor Dr. Andreas Paulsen, sowie seinem verehrten Lehrer, Herrn Professor Dr. Dr. Carl Föhl, möchte der Verfasser auch auf diesem Wege herzlich danken für jederzeit bereitwillig gewährte Unterstützung und für wertvolle Anregungen, die das Entstehen dieser Arbeit gefördert haben.

Berlin, Mai 1966

Manfred Dittmar

Inhaltsverzeichnis

A. **Einleitung: Ansätze einer strukturellen Inflationserklärung in der Literatur** 9

B. **Grundlegung** 13

    I. Inflation. Definition und theoretische Erfassung des Phänomens 13
        1. Definition 13
        2. Nachfrageinduzierte Inflation, Theorie der Kosteninflation 15
        3. Strukturbedingte Inflation 22
        4. Zusammenfassung 25

    II. Entwicklungsländer 28
        1. Begriffsbestimmungen 28
        2. Empirische Angaben zum Inflationsproblem in Entwicklungsländern 33

C. **Allgemeine Preissteigerungen als Folge von Störungen in der Funktions- und Reaktionsweise sich entwickelnder Volkswirtschaften** 37

    I. Das Nachhinken der landwirtschaftlichen Produktion und seine Wirkungen auf das Preisniveau 37
        1. Die Landwirtschaft im Rahmen der Gesamtwirtschaft 37
        2. Sektorale Ungleichgewichte als Folge stagnierender landwirtschaftlicher Produktion 41
        3. Die Antinomie zwischen Preisstabilität und Wachstum 52
        4. Unvollkommenheiten der Lohn- und Preisbildung als Beschleunigungsmechanismen 66
        5. Die Bedeutung des Problems in der Realität 77

    II. Die Reaktion sich entwickelnder Wirtschaften auf kurzfristige Fluktuationen und langfristige Trendbewegung der Auslandsnachfrage 83
        1. Merkmale außenwirtschaftlicher Verflechtung der Entwicklungsländer 83
        2. Die Auswirkungen fluktuierender Exporterlöse auf das Preisniveau 94
            a) Im Aufschwung 94
            b) Beim Rückschlag 113
        3. Die Auswirkungen längerfristiger Entwicklungstendenzen der Exporterlöse auf das Preisniveau 126

III. Einseitige und unelastische Produktionsstrukturen als Ursache einer Entwicklung mit Inflation 132

    1. Landwirtschaft und Außenwirtschaft als inflationsfördernde Engpässe (Zusammenfassung) 132

    2. Mangelnde Funktionsfähigkeit der Preissteuerung der Produktion und Inflation 138

D. Wirtschaftspolitische Schlußfolgerungen 155

Literaturverzeichnis 159

A. Einleitung

Ansätze zu einer Erklärung inflationärer Erscheinungen aus strukturellen Bedingungen, die in der vorliegenden Arbeit zu behandeln sind, fanden ihren Ursprung im latein-amerikanischen Raum. Dieser Raum schaut in weiten Teilen auf eine anhaltende und nachhaltige inflationäre Entwicklung zurück. Versuche, der Preisauftriebstendenzen mit den traditionellen Mitteln der Inflationsbekämpfung — der globalen Regulierung der Gesamtnachfrage — Herr zu werden, scheiterten im allgemeinen. Zwar ließ sich diese global-restriktive Politik mit solcher Schärfe einsetzen, daß der gewünschte Effekt einer Stabilisierung des Preisniveaus resultierte; als Nebenprodukt solcher Politik mußte aber regelmäßig eine Einschränkung des Produktions- und Beschäftigungsvolumens hingenommen werden. Das Ausmaß dieser mit der Preisstabilisierung offenbar zwangsweise verbundenen Drosselung der ökonomischen Aktivität ließ darauf schließen, daß die Eingriffe auf einer falschen theoretischen Grundlage basierten. Dieser Eindruck verstärkte sich dadurch, daß sich die Preisauftriebstendenzen unvermindert fortsetzten, sobald die restriktiven Maßnahmen aufgehoben wurden und sich damit eine bessere Ausnutzung der einsatzbereiten Produktionsfaktoren ergab. Diese Erfahrungen widersprachen dem Erklärungsversuch und den daraus abgeleiteten wirtschaftspolitischen Schlußfolgerungen, die von der Theorie der nachfragebedingten Inflation angeboten werden.

Die Theorie der nachfragebedingten Inflation entstand als Inflationserklärung in entwickelten Ländern. Ihr Anspruch als alleingültiger, alle möglichen Inflationsursachen erfassender Erklärungsversuch wurde bereits in diesen Ländern durch das Entstehen kostentheoretischer Ansätze einer Inflationserklärung erschüttert. Die kostentheoretischen Ansätze entstanden aus der Erkenntnis, daß die Theorie der nachfragebedingten Inflation auf idealtypischen Bedingungen der Lohn- und Preisbildung aufbaut, die in der Realität offenbar keine Bestätigung finden. Es wurde nämlich beobachtet, daß Löhne und Preise auch da ansteigen, wo auf einem Markt beim herrschenden Preis (Lohn) ein Überschuß des Angebots bestand. Bei vernünftiger Interpretation sind die Theorien der nachfrage- und der kostenbedingten Inflation als einander ergänzende, nicht als einander ausschließende Inflationserklärungen zu verstehen.

Die Berücksichtigung von Unvollkommenheiten in der Lohn- und Preisbildung ist für die Aufspürung der Inflationsursachen auch im latein-amerikanischen Raum als Fortschritt anzusehen. Unabhängig von der Lohn- und Preisbildung scheinen aber weitere Faktoren wirksam zu sein, die als Störungen in der Funktions- und Reaktionsweise des ökonomischen Systems anzusprechen sind und von der Theorie der nachfragebedingten Inflation zumindest implizit ausgeschlossen werden. Diese Faktoren werden als inflationsfördernd oder inflationsbewirkend in der Theorie der strukturbedingten Inflation zusammengefaßt. Die Richtung, die dieser Ansatz einschlägt, mag das folgende Zitat erhellen: "... inflation does not occur in vacuo but as part of a country's historical, social, political and institutional evolution... the underlying causes of inflation in under-developed countries are to be found in basic economic development problems and in the structural characteristics of the system of production in these countries[1]."

Seers mißt der Herausstellung struktureller Ursachen für das Entstehen inflationärer Preissteigerungen hervorragende Bedeutung bei, wenn er schreibt, dieser Ansatz "... could acquire in the 1960's an international interest comparable to that of Keynesian economics during the slump-ridden decade of the 1930's"[2]. Diese Einschätzung ist nicht unbestritten. Sie wird angegriffen von Anhängern der traditionellen Inflationstheorie, die in der Höhe der Gesamtnachfrage die entscheidende Einflußgröße sieht. Darstellung und Kritik der Kontroverse zwischen den „monetären" und „strukturellen" Erklärungsversuchen geben *Felix* und *de Oliveira Campos*[3].

Prominente Verfechter strukturbedingter Inflationserklärungen finden sich in *Prebisch* und *Seers*, die als Vertreter der Economic Commission for Latin America — einem Unterausschuß der UN — mit dem Inflationsproblem in Latein-Amerika befaßt waren. Prebisch und Seers beschränken sich im wesentlichen auf den Teilaspekt des Phänomens strukturbedingter Inflation, der auf dem spezifischen Charakter der Außenhandelsbeziehungen beruht[4]. Ein weiterer Teilaspekt struk-

---

[1] Sunkel, O.: Inflation in Chile: An Unorthodox Approach. In: International Economic Papers. No. 10, 1960. S. 108.

[2] Seers, D.: A Theory of Inflation and Growth in Under-Developed Economies Based on the Experience of Latin America. In: Oxford Economic Papers. N. S. Vol. 14, No. 2. June 1962. S. 193.

[3] Vgl. Felix, D.: An Alternative View of the "Monetarist" — "Structuralist" Controversy. In: Hirschman, A. O. (ed.): Latin American Issues. Essays and Comments. New York 1961; de Oliveira Campos, R.: Two Views on Inflation in Latin America. In: Hirschman, A. O. (ed.): Latin American Issues. Essays and Comments. New York 1961.

[4] Vgl. vor allem Prebisch, R.: Economic Development or Monetary Stability: The False Dilemma. In: UN: Economic Bulletin for Latin America.

turbedingter Inflation, der von der Beziehung zwischen Landwirtschaft und Industrie im Entwicklungsprozeß ausgeht, wird vor allem von *Maynard* herausgestellt[5]. Die Arbeiten dieser Autoren offenbaren erhebliche Unterschiede in den theoretischen Konzeptionen und in der Interpretation realer Tatbestände. Von einer einheitlichen Schule kann daher bei den Vertretern strukturbedingter Inflationserklärungen nicht gesprochen werden. Neben der Heterogenität liegt eine weitere Schwäche der strukturellen Ansätze in der unzureichenden theoretischen Fundierung vieler Darstellungen. So kann bezeichnenderweise einer der wenigen Beiträge, der eine zusammenfassende Darstellung aller Faktoren enthält, die im Zusammenhang mit der Erklärung inflationärer Erscheinungen aus strukturellen Bedingungen Bedeutung erlangen können[6], weder in seinem theoretischen Gehalt noch in seinem Versuch einer Systematisierung dieser Faktoren überzeugen. Ziel der vorliegenden Arbeit ist es, die wesentlichen Ansätze strukturbedingter Inflationserklärungen auf ihren theoretischen Grundgehalt zurückzuführen und in einer befriedigenden Systematik zu erfassen.

Vol. VI, No. 1, March 1961; Seers, D.: A Theory of Inflation and Growth in Under-Developed Economies ... a.a.O.

[5] Vgl. vor allem Maynard, G.: Inflation and Growth: Some Lessons to be Drawn from Latin American Experience. In: Oxford Economic Papers. N. S. Vol. 13, No. 2. June 1961.

[6] Vgl. Sunkel, O.: a.a.O.

B. Grundlegung

I. Inflation, Definition und theoretische Erfassung des Phänomens

1. Definition

Es empfiehlt sich, zunächst den Inflationsbegriff und die bereits angesprochenen Inflationstheorien einer näheren Betrachtung zu unterziehen, um diese Theorien sodann gegenüber dem Versuch abzugrenzen, Inflation aus strukturellen Bedingungen der Entwicklungsländer zu erklären.

Der Inhalt des Begriffs Inflation ist nicht unumstritten. Auf die Auseinandersetzungen um diesen Begriff wird hier nicht eingegangen. Es reicht aus, den Inflationsbegriff für die Zwecke dieser Arbeit zu umreißen. Kriterium für das Vorliegen einer Inflation sei die Aufwärtsbewegung des Preisniveaus. Die Schwierigkeiten bei der Ermittlung „des" Preisniveaus sind bekannt. Das Preisniveau ist eine statistische Durchschnittsgröße, die sich aus den Preisen einer Vielzahl einzelner Güter und Leistungen errechnet. Die Berechnungsverfahren — Bestimmung und Gewichtung der zu berücksichtigenden Produkte — sind kompliziert und in konkreten Fällen anfechtbar. Intertemporale Preisvergleiche und Gegenüberstellungen von Länderergebnissen leiden in ihrem Aussagewert erheblich unter den Schwierigkeiten einer objektiven Ermittlung des Preisniveaus. Probleme dieser Art können hier vernachlässigt werden. Im Anschluß an *Keynes* wird das Niveau der Konsumgüterpreise als repräsentativ für das allgemeine Preisniveau angenommen. Dem Postulat der Preisstabilität ist genügt, wenn sich im Sektor der Verbrauchsgüter die ständig auftretenden Preisfluktuationen eines gewogenen Warenkorbes langfristig kompensieren. Findet dieser Ausgleich auf längere Sicht nicht statt, verschieben sich im ständigen Wechsel der Anpassungs- und Ausgleichsprozesse auf den einzelnen Märkten nicht nur die Preisrelationen, sondern hebt sich das Niveau der Preise an, so liegt Inflation vor. Inflation ist also eine Bewegung in der Zeit.

Damit das Preisniveau auf bestimmte Ungleichgewichte mit einer Aufwärtsbewegung reagieren kann, muß die Wirtschaftsordnung eine gewisse Freiheit der Preisbildung zulassen; dies wird im folgenden unterstellt. Nicht in die Definition aufgenommen wird die häufig erhobene Forderung, daß der Preisanstieg sich selbst verstärkend oder kumulativ sein müsse. Damit wird der Tatsache Rechnung getragen, daß sowohl bei der kosten- als auch bei der strukturbedingten Inflation eine Vielzahl einzelner, unverbundener Anstöße auftreten kann; diese heben das Preisniveau fortlaufend an, ohne daß kumulierende Einflüsse wirksam werden. Die kumulierenden Einflüsse — propagation mechanisms — begründen die Inflation nicht, sie verstärken diese nur.

Rueff definiert: "Inflation is an excess of aggregate demand over aggregate supply[1]." Diese Aussage ist geeignet, die Bedingungen für einen Anstieg des Preisniveaus allgemein zu formulieren. Ausgegangen sei von einem Gleichgewichtszustand, der dadurch gekennzeichnet ist, daß beim herrschenden Preisniveau Gesamtnachfrage und Gesamtangebot einander entsprechen. Eine Anhebung des Preisniveaus kann dadurch erfolgen, daß bei den Preisen der Ausgangslage
(1) die Gesamtnachfrage über das Gesamtangebot[2] hinauswächst — wobei das Gesamtangebot konstant bleibt oder ebenfalls (unterproportional) ansteigt;
(2) das Gesamtangebot unter das Niveau der Gesamtnachfrage absinkt — wobei die Gesamtnachfrage unverändert bleibt oder ebenfalls (unterproportional) schrumpft;
(3) die Gesamtnachfrage expandiert, das Gesamtangebot kontrahiert.

Diese drei Vorgänge — und nur sie — schaffen eine positive Differenz zwischen Gesamtnachfrage und Gesamtangebot bei herrschenden Preisen. Die realisierten Werte des Gesamtangebots und der -nachfrage sind ex definitione identisch. Die (geplante) monetäre Gesamtnachfrage setzt dem realisierbaren wertmäßigen Gesamtangebot eine Obergrenze. *Damit* Spielraum für ein Ansteigen des Preisniveaus entsteht, muß sich beim Preisniveau der Ausgangslage die angegebene Lücke zwischen den Werten von Gesamtnachfrage und -angebot — die gleichzeitig eine solche der realen Größen ist — auftun. Die Lücke wird im Zuge der Realisierung der Plangrößen durch allgemeine Preiserhöhungen und gegebenenfalls durch Angleichung der Plangrößen von Gesamtnachfrage und Gesamtangebot entsprechend den angegebenen Funktionen geschlossen.

---

[1] Rueff, J.: The Control of Inflation by Monetary and Credit Policy. In: Hague, D. C. (ed.): Inflation. Proceedings of a Conference held by the International Economic Association. London, New York 1962. S. 164.

[2] Bei Fehlen abweichender Bezeichnungen sind Gesamtnachfrage und Gesamtangebot im folgenden als reale Größen zu verstehen, die entsprechend einer Preisnachfrage- bzw. einer Preisangebotsfunktion in Abhängigkeit vom Preisniveau geplant werden.

Der Zusammenhang sei noch einmal mit Hilfe einer einfachen Beziehung verdeutlicht. Es gilt definitionsbedingt:

$$A = P \cdot O$$

(A = Ausgabensumme; P = Preisniveau; O = Absatzvolumen)

Gleichgewicht zwischen Gesamtnachfrage und Gesamtangebot bedingt, daß bei herrschendem Preisniveau die geplante Ausgabensumme — identisch mit der geplanten monetären Gesamtnachfrage — gleich ist dem gegebenen Preisniveau multipliziert mit dem bei diesem Preisniveau geplanten Absatzvolumen, d. h. dem geplanten wertmäßigen Gesamtangebot entspricht. *Damit das Preisniveau (P) steigen kann, muß sich der Quotient $\frac{A}{O}$ vergrößern.* Dies geschieht, indem zunächst als Plangrößen die Gesamtnachfrage expandiert und/oder das Gesamtangebot kontrahiert.

Die Aussage, daß Inflation der Überschuß der Gesamtnachfrage über das Gesamtangebot bei herrschendem Preisniveau *sei*, hat nach den vorhergehenden Überlegungen tautologischen Charakter. Es wird die Situation beschrieben, in der das Preisniveau ansteigt. Ziel und Aufgabe der Inflationstheorien ist es, das Entstehen einer solchen Situation zu erklären.

2. Nachfrageinduzierte Inflation, Theorie der Kosteninflation

Die Theorie der nachfragebedingten Inflation (demand-pull) ist in ihrer allgemeinsten Form identisch mit der oben aufgezeigten Möglichkeit (1). Sie besagt: Eine Expansion der Gesamtnachfrage über das Gesamtangebot hinaus hebt das Preisniveau an; Inflation als Prozeß einer fortlaufenden Steigerung des Preisniveaus entsteht aus einer Folge sich wiederholenden überproportionalen Anwachsens der Gesamtnachfrage gegenüber dem Gesamtangebot. Zu erklären bleibt, warum die Gesamtnachfrage über das Gesamtangebot hinauswächst. So werden von dieser Theorie die Einflüsse analysiert, die Umfang und Veränderungen der Gesamtnachfrage bestimmen. Es wird auf die Komponenten der Gesamtnachfrage — die Investitionsgüternachfrage, die Nachfrage der öffentlichen Hand und des Auslandes sowie die Konsumgüternachfrage — und deren Bestimmungsgründe zurückgegriffen.

Anhänger einer extremen Richtung der Theorie der nachfragebedingten Inflation billigen dieser Theorie alleinige Gültigkeit zu mit dem Anspruch, daß sie alle realen Inflationserscheinungen zu erklären vermöge. Für diese Theoretiker ist also das Anwachsen der Gesamtnachfrage über das Gesamtangebot bei herrschenden Preisen und bei konstantem oder ebenfalls (unterproportionalem) Ansteigen des Gesamtangebots nicht eine mögliche, sondern die notwendige Bedingung für ein Ansteigen des Preisniveaus. Solange die Gesamtnachfrage nicht überproportional zum Gesamtangebot steigt, verharren die Preise auf dem gegebenen Niveau. Daher können und müssen wirtschaftspolitische Maßnahmen zur Bekämpfung von Preisauftriebstendenzen vor allem auf die globale Steuerung der Gesamtnachfrage abzielen.

Die Theorie der nachfragebedingten Inflation baut auf der Kreislaufbetrachtung auf; von den Größen Gesamtnachfrage und Gesamtangebot wird ersterer die ausschlaggebende, dem Gesamtangebot eine untergeordnete, passiv sich anpassende Rolle zugewiesen. Gleichgewicht besteht beim herrschenden Preisniveau, wenn und solange sich Gesamtangebot und Gesamtnachfrage entsprechen. Dieses Gleichgewicht wird durch ständig auftretende Ungleichgewichte in Teilbereichen nicht gestört, da diese durch Verschiebungen der Preisrelationen zuverlässig beseitigt werden. Die Fähigkeit des Preismechanismus, partielle Ungleichgewichte ohne Rückwirkung auf das makroökonomische Gleichgewicht zu überwinden, wird unterstellt. Die Kritik an der Theorie als alleingültiger Inflationserklärung hat an ihrem Versuch anzusetzen, alle für Bestimmung und Veränderung des Preisniveaus relevanten Einflüsse durch Betrachtung einiger weniger Nachfrageaggregate in den Griff zu bekommen und Einflüsse von der Lohn- und Preisbildung, allgemein von der Bestimmung des Angebots und der Produktion her auszuschließen.

Der kostentheoretische Erklärungsversuch geht davon aus, daß in der Realität andere Formen der Lohn- und Preisbildung vorherrschen, als sie dem reinen Typus einer nachfragebedingten Inflation entsprechen. Er unterstellt, daß sich Löhne und Preise nicht frei und flexibel den jeweiligen Nachfrage-Angebotsverhältnissen anpassen, daß sie — zumindest zusätzlich — andersartigen, gegenüber den Marktverhältnissen autonomen Bestimmungsgründen folgen. "It is clear what people usually mean — or should mean — when they speak of cost inflation. They mean that the structural characteristics of labor and product markets are such that demand fluctuations produce different price-output results than would ensue if all markets were perfectly competitive[3]." Ersichtlich wird der Begriff Kosteninflation hier als Oberbegriff der Ansätze verwendet, die allgemeine Preissteigerungen aus den Formen der Lohn- und Preisbildung ableiten. Es wird also nicht von der begrifflichen Alternative "demand-pull versus cost-push" ausgegangen, sondern von der Gegenüberstellung von "demand-

---

[3] Reynolds, L. G.: Wage-Push and All That. In: The American Economic Review. Vol. L, No. 2. May 1960. S. 195. Neben der von Reynolds herausgestellten Fluktuation der Gesamtnachfrage haben andere Vorgänge Bedeutung, wie noch gezeigt wird.

pull" und "cost inflation". In der Literatur finden sich andere Definitionen und Klassifizierungen, die in anderem Zusammenhang gleiche oder überlegene Zweckmäßigkeit besitzen mögen. Die hier gewählten Definitionen und Kategorien erweisen sich im Rahmen dieser Arbeit als sinnvoll.

Um die nachfolgenden Erörterungen zu erleichtern, werden einige für das Verständnis der theoretischen Zusammenhänge relevante Kategorien der Lohn- und Preisbildung eingeführt. *Turvey* teilt die Bestimmungsformen von Löhnen und Preisen in zwei Gruppen ein[4]. Unterscheidungsmerkmal ist das Vorhandensein oder Fehlen von Preis- und Lohnflexibilität. Flexibel sind Preise und Löhne, wenn sie sich den jeweiligen Angebots- und Nachfrageverhältnissen passiv anpassen, wenn durch Preisangleichung auf den Märkten stets ein Gleichgewicht zwischen Angebot und Nachfrage geschaffen wird. Man spricht in diesem Zusammenhang auch von marktdeterminierter Lohn- und Preisbildung. Unbefriedigte Nachfrage oder ungenutztes Angebot können nur für eine Übergangszeit auftreten, bis sich der neue Gleichgewichtspreis einstellt. Den flexiblen Preisen und Löhnen stellt Turvey diejenigen gegenüber, denen die Flexibilität fehlt. Sie sind negativ dadurch definiert, daß sie auf Veränderungen der Angebots-Nachfragekonstellation nicht reagieren. Überschußnachfrage und Überschußangebot haben keinen direkten Einfluß auf den herrschenden Preis oder Lohn. Als Untergruppe nennt Turvey die kostenbedingten (cost-determined) Löhne und Preise. Preise sind kostenbestimmt, wenn sie in Höhe der Produktionskosten zuzüglich eines fixen oder proportionalen Aufschlages festgesetzt werden. Kostenbestimmte Löhne sind dadurch charakterisiert, daß sie mit den Kosten der Lebenshaltung steigen.

Aus diesen Kategorien der Lohn- und Preisbildung und ihren Zwischenformen lassen sich kostenbedingte Inflationserklärungen ableiten. Folgende Hypothesen über die Formen der Lohn- und Preisbildung werden eingeführt. Preise und Löhne besitzen insgesamt eine gewisse — vielleicht nicht die volle — Flexibilität im oben definierten Sinne, soweit ihre Aufwärtsbewegung angesprochen ist. Dagegen besteht diese Flexibilität nicht — jedenfalls nicht in gleichem Maße — in der Abwärtsbewegung, da den Preisen im allgemeinen in Höhe der Gesamtkosten zuzüglich eines als angemessen angesehenen Aufschlages eine Untergrenze gesetzt ist, die auch dann nicht unterschritten wird, wenn die Nachfrage zu diesem Preis unbefriedigend ist. Mangelnde Nachfrage wirkt sich primär auf Angebots- und Beschäftigungsvolumen aus. Preiserhöhungen können auch bei unbefriedigender Nach-

---

[4] Vgl. Turvey, R.: Some Aspects of the Theory of Inflation in a Closed Economy. In: The Economic Journal. Vol. 61, September 1951. S. 531 f.

frage nach den Produkten vorgenommen und durch Steuerung des Angebots realisiert werden, wenn unter dem Einfluß von Kostenmehrbelastungen der als angemessen angesehene Preis über den herrschenden Preis steigt. Ein Sinken des als angemessen angesehenen Preises berührt den herrschenden Preis nicht unmittelbar. Löhne sind insoweit kostenbestimmt, als Erhöhungen der Lebenshaltungskosten weitgehend unabhängig von der jeweiligen Lage auf dem Arbeitsmarkt Lohnverbesserungen nach sich ziehen. Die darin enthaltene Tendenz zur Sicherung eines einmal erreichten Reallohnniveaus impliziert zugleich, daß Nominallohnsenkungen nicht durchsetzbar sind. Weiter besteht die Möglichkeit, daß Löhne unabhängig von Nachfrage- und Kosteneinflüssen angehoben werden. Die angegebenen Bestimmungsformen von Preisen und Löhnen werden in der wirtschaftswissenschaftlichen Diskussion in zunehmendem Maße als realistisch anerkannt.

Rigidität der Preise nach unten impliziert notwendig entsprechend verstärkte Anpassung des Angebots- und Produktionsvolumens nach unten, wenn die Höhe der Nachfrage bei herrschenden Preisen einen Druck auf das realisierbare Angebot ausübt. Auf Märkten mit überschüssiger Nachfrage schließt umgekehrt die größere Reagibilität der Preise nach oben die verringerte Anpassung der Angebotsmenge ein. Diese Überlegungen machen deutlich, daß der kostentheoretische Ansatz auf die Entwicklung der Angebots-Nachfragebeziehungen sowie auf Preis- und Lohnreaktionen in ökonomischen Teilbereichen zurückgreifen muß. Parallel mit der Preis- wird die Angebotsbestimmung zu einem wichtigen Bestandteil der Analyse. Partielle oder sektorale Ungleichgewichte können Erhöhungen des Preisniveaus herbeiführen, indem sie ein ursprünglich gegebenes Gleichgewicht zwischen Gesamtnachfrage und Gesamtangebot bei herrschenden Preisen von der Angebotsseite her stören.

Im folgenden werden Erscheinungsformen kostenbedingter Inflation behandelt. Der einfachste Fall kostenbedingter allgemeiner Preissteigerungen ist auch in rein makroökonomischer Betrachtungsweise faßbar. Er liegt vor, wenn autonome Verteuerungen primärer Kostenfaktoren — autonom gegenüber der Angebots-Nachfragekonstellation — das Kostenniveau und damit das Preisniveau einer Wirtschaft anheben. Primäre Kostenfaktoren sind z. B. indirekte Steuern, Preise importierter Rohstoffe und vor allem Kosten des Faktors Arbeit. Autonome allgemeine Lohnerhöhungen, die das Maß des gesamtwirtschaftlichen Produktivitätszuwachses übersteigen, heben das Niveau der Lohnkosten pro Produkteinheit (spezifische Lohnkosten) an. Erhöhungen der spezifischen Lohnkosten werden auf die Preise weitergewälzt oder sie sind von den Unternehmern durch Verminderung ihres

Gewinnanteils zu tragen. Eine Verminderung des Gewinnanteils bleibt nicht ohne Rückwirkungen auf Produktions- und Beschäftigungsvolumen. Das heißt, daß bei den Preisen der Ausgangslage das Gesamtangebot sinkt.

Der Fortgang des Prozesses wird durch die Reaktion der Gesamtnachfrage auf die Lohnerhöhungen bestimmt. Bleibt die monetäre Gesamtnachfrage konstant — was wenig wahrscheinlich ist —, so wird eine Reduktion der Beschäftigung eintreten. Ob — gegebenenfalls wie stark — die monetäre Gesamtnachfrage wächst, hängt vom Verhalten der Bezieher der erhöhten Lohneinkommen und der die erhöhten Lohnkosten zahlenden Unternehmer ab. Der Einkommenseffekt der allgemeinen Lohnerhöhungen läßt die Konsumnachfrage der Lohnempfänger entsprechend ihrer Konsumfunktion expandieren. Bedeutsam ist nun, ob die Unternehmer auf Grund der erhöhten Lohnkosten ihre eigenen Ausgaben vermindern oder ob sie angesichts allgemein expandierender Nachfrage und Einkommen sowie in der Erwartung voller Überwälzbarkeit der zusätzlichen Lohnkosten ihre Nachfrage ebenfalls ausdehnen. Der Zusammenhang wird nicht weiter diskutiert. Als Ergebnis der Überlegungen ist festzuhalten, daß das ursprüngliche Preisniveau nur um den Preis sinkender Produktion und Beschäftigung beibehalten werden kann, daß umgekehrt das ursprüngliche Produktions- und Beschäftigungsvolumen nur durch Hinnahme allgemeiner Preissteigerungen gesichert werden kann. Die Veränderung der Ausgabensumme, die aus den Lohn- und Preiserhöhungen resultiert, ist eine indirekte Wirkung des Kostenanstoßes und als Teil der Kosteninflation anzusprechen[5].

Es kann nicht verschwiegen werden, daß bei der Beobachtung realer Inflationserscheinungen eine Unterscheidung dieses Inflationstyps von der reinen nachfrageinduzierten Inflation schwierig sein kann. Evident ist, daß die Nominallöhne stärker steigen als die Produktivität und daß das Preisniveau angehoben wird. Dies kann aber auch Folge eines Nachfrageüberschusses bei Endprodukten sein, der die Preise anhebt, zunehmende Verknappung der Produktionsfaktoren hervorruft und so deren Entgelt unabhängig von der Produktivitätsentwicklung anhebt. Das Erkennen der zeitlichen Folge der Lohn- und Preissteigerungen ist oft schwierig; außerdem gibt die zeitliche Folge kein zuverlässiges Unterscheidungskriterium. Trotzdem ist es nicht nur Auswuchs akademischer Spitzfindigkeit, die erste Reaktionskette (primärer Anstieg des Kostenniveaus) dem kostentheoretischen Lösungsversuch, die zweite Kausalkette (Störung der Gleichgewichtslage durch über-

---

[5] Vgl. Holzman, F. D.: Inflation: Cost-Push and Demand-Pull. In: The American Economic Review. Vol. 50, No. 1. March 1960. S. 22.

proportionales Anwachsen der Gesamtnachfrage) der Theorie der nachfragebedingten Inflation zuzuordnen. Wird der Preisauftrieb durch Ausweitung der Gesamtnachfrage in Gang gesetzt, so kann sein Wirksamwerden durch kontraktive Geld- und/oder Finanzpolitik verhindert werden, ohne daß störende Nebenwirkungen zu erwarten sind. Im Fall einer ursprünglichen Erhöhung des Kostenniveaus wäre dies dagegen nicht möglich. Es ist zuzugestehen, daß es ein Maß an Unterbeschäftigung gibt, bei dem der Effekt steigender Kosten auf die Preise aufgehoben werden kann. Praktisch-politisch besteht aber kaum die Bereitschaft, ein entsprechendes Maß an Unterbeschäftigung zu erzeugen oder nur zu dulden, um Preisstabilität zu sichern. Damit verschiebt sich das Problem auf die Ebene wirtschaftspolitischer Wertungen und politischer Realitäten. Diese Schwierigkeiten einer Preisstabilisierung durch Drosselung der Gesamtnachfrage sind für alle kostentheoretischen Ansätze charakteristisch.

Die Kosteninflation in der bisher betrachteten Form entstand aus der Verteuerung primärer Kostenfaktoren. Es handelte sich um den Typ der Kosteninflation, der unter der Bezeichnung "cost-push inflation" bekannt ist. Ein weiterer Typ der Kosteninflation leitet sich aus der Asymmetrie in der Beweglichkeit der Preise ab. Diese Zusammenhänge lassen sich nur in sektoraler Analyse erfassen. Das ökonomische Geschehen, in dessen Rahmen sich Höhe und Veränderungen des Preisniveaus bestimmen, ist in einer fortschreitenden Wirtschaft durch ständige Verschiebungen der Nachfrage-, Angebots- und Kostenstrukturen gekennzeichnet. Die Umschichtungen innerhalb der Nachfrage bedürfen keiner Erläuterung. Die Verschiebung der Kostenstrukturen beruht u. a. darauf, daß in den einzelnen Produktionszweigen auf Grund technischer Einflüsse stark unterschiedliche Produktivitätsverbesserungen realisiert werden. Trotz uneinheitlicher Produktivitätsentwicklung erhöhen sich die Löhne im Gesamtbereich einer Volkswirtschaft mehr oder weniger proportional zueinander; das impliziert eine ständige Umschichtung der Struktur der spezifischen Lohnkosten. Darüber hinaus verschiebt sich durch die unterschiedliche Produktivitätsentwicklung die Zusammensetzung des Güterangebots und/oder die Einsatzstruktur der Produktionsfaktoren. All diese Verlagerungen rufen ständig Anpassungs- und Ausgleichsprozesse hervor und erfordern eine Umstrukturierung der Preise[6]. Nach der Theorie nachfragebedingter Inflation sind diese Prozesse für die Beziehung zwischen Gesamtnachfrage und Gesamtangebot und für die Bestimmung des Preisniveaus irrelevant.

---

[6] Der Zusammenhang wird weiter kompliziert, wenn die Notwendigkeit von Verschiebungen der Lohnrelationen zur Lenkung des Arbeitseinsatzes in die Betrachtung einbezogen wird.

I. Inflation

Wird aber davon ausgegangen, daß in der Realität die Preise nach oben beweglicher sind als nach unten, so impliziert die fortlaufend notwendige Umstellung der Preisrelationen immer erneute Anstöße zu einer Anhebung des Niveaus der Preise, es sei denn, daß Beschränkungen der ökonomischen Aktivität hingenommen werden. In bezug auf Verschiebungen der Nachfragestruktur wurde dies von *Schultze* herausgestellt. Der von ihm betrachtete Inflationstyp "... can be explained neither in terms of an overall excess of money demand nor an autonomous upward push of wages. Rather it originates in excess demands in particular sectors ... It is a characteristic of the resource allocation process in an economy with rigidities in its price structure. It is impossible to analyze such an inflation by looking only at aggregate data"[7]. Der Wirkungszusammenhang wird kurz dargestellt. Die betrachteten Anpassungsprozesse fallen in eine Situation, in der sich Gesamtnachfrage und Gesamtangebot beim herrschenden Preisniveau entsprechen. Überschüssige Nachfrage und Überhang des Angebots bei herrschenden Preisen gleichen sich wertmäßig aus. Die Unterschiede in der Preisflexibilität bewirken, daß die Überschußnachfrage stärkere Preissteigerungen induziert, als das überschüssige Angebot Preissenkungen hervorruft. Die so ausgerichtete Preispolitik beinhaltet zugleich, daß bei Nachfrageüberschuß das Angebot schwächer ausgedehnt wird, als es bei wertgleichem Angebotsüberhang reduziert wird.

Die betrachteten Anpassungsprozesse stören demnach das Gleichgewicht zwischen Gesamtnachfrage und Gesamtangebot bei herrschendem Preisniveau, indem sie bei diesem Preisniveau das Gesamtangebot reduzieren oder — anders formuliert — indem sie das gegebene Gesamtangebot nur bei steigendem Preisniveau Absatz finden lassen. Die angegebene Reaktionsweise der Preise und Mengen auf den einzelnen Märkten stellt einen Inflationsmechanismus dar, der bei jedem Prozeß der Umstrukturierung von Nachfrage, Angebot und/ oder spezifischen Lohnkosten wirksam wird. "Downward price stickiness may ... be treated as a passive cost-inflation mechanism[8]."

Abschließend wird ein Mechanismus behandelt, der allgemeine Preissteigerungen nicht initiiert, sondern einen gegebenen Preisauftrieb fortpflanzt und verstärkt (propagation mechanism). Es handelt sich um die Erscheinung, die mit dem Begriff Lohn-Preisspirale charakterisiert wird. Preise und Löhne sind im oben definierten Sinn kosten-

---

[7] Schultze, Ch. L.: Recent Inflation in the United States. Study of Employment, Growth, and Price Levels. Study Paper No. 1. Washington 1959. S. 2.

[8] Dow, J. C. R.: Internal Factors Causing and Propagating Inflation: II. In: Hague, D. C. (ed.): Inflation. Proceedings of a Conference held by the International Economic Association. London, New York 1962. S. 45.

bestimmt. Ein Anstieg des Preisniveaus erhöht die Lebenshaltungskosten der Lohnempfänger und induziert Lohnanpassungen. Allgemeine Lohnerhöhungen heben über ihren Kosteneffekt in der dargestellten Weise das Preisniveau an, wenn kompensierende Produktivitätsfortschritte fehlen; dies kann erneut Lohnerhöhungen bewirken etc. Wird die Lohn-Preisspirale — wie hier angenommen — durch die Auswirkungen kostenbestimmter Löhne und Preise ausgelöst und fortgesetzt, so ist sie den kostentheoretischen Ansätzen zuzuordnen[9].

3. Strukturbedingte Inflation

Neben den nachfrage- und kostentheoretischen Ansätzen versucht sich eine Inflationserklärung Geltung zu verschaffen, die allgemeine Preissteigerungen aus strukturellen Bedingungen ableitet. Der Begriff Struktur wird in der Literatur mit unterschiedlichsten Begriffsinhalten verwendet[10]; er bedarf daher näherer Bestimmung. Als Struktur eines ökonomischen Systems sei hier allgemein die Funktions- und Reaktionsweise dieses Systems verstanden. Sie ergibt sich aus einem "set of given conditions, ... assumed to be invariant for a variety of problems", stellt dar den "invariant background against which certain processes of change are seen" und umfaßt "the totality of the relevant technological, psychological, institutional facts of life in the idealized type of economic system in which small changes of some variables are explained by small changes in other variables, that is, in which certain causes are shown to have certain effects — while they would have had different effects if the system, the 'economic structure', were different"[11].

Welche ökonomischen Beziehungszusammenhänge in konkreten theoretischen Untersuchungen als relevant anzusehen und daher als Struktur des zu betrachtenden Systems herauszustellen sind, wird durch die Art der an dieses System herantretenden Veränderungsimpulse und durch die jeweiligen Untersuchungsziele bestimmt. Das gleiche gilt für die Aussage, daß der Strukturbegriff nur auf unveränderliche Beziehungszusammenhänge anzuwenden sei. Wird die Struktur eines Systems als die Art und Weise definiert, in der be-

---

[9] Eine Lohn-Preisspirale kann auch unter Bedingungen abgeleitet werden, die dem nachfragetheoretischen Erklärungsversuch zugehören. Die Darstellung kostentheoretischer Ansätze erhebt keinen Anspruch auf Vollständigkeit.
[10] Vgl. Machlup, F.: Structure and Structural Change: Weaselwords and Jargon. In: Machlup, F.: Essays on Economic Semantics. Edited by Miller, M. H. Englewood Cliffs 1963.
[11] Ebd., S. 78 f.

stimmte Anstöße von diesem System verarbeitet werden, so umfaßt die Struktur die "outcome-determining but not outcome-determined conditions"[12]. Die Struktur als "apparatus of response" unterliegt nicht modifizierenden Einflüssen des betrachteten Anstoßes. Wohl aber können andersartige Eingriffe und Einflüsse, die in isolierender Betrachtung als nicht existent angesehen werden, Strukturveränderungen bewirken[13].

Seers, der sich gleichfalls mit dem Problem strukturbedingter Inflation auseinandersetzt, fragt: "What is meant by the word 'structure' in this connexion? There is some confusion on this point, since members of this school refer to the 'structures' of income, demand, output, industry, exports, imports, administration, politics, society, etc.[14]" Offensichtlich wird der Strukturbegriff hier auf isolierte Einzelerscheinungen angewendet. Die Struktur des Einkommens, der Nachfrage, des Ausstoßes, etc. ist nichts anderes als die Zusammensetzung dieser Größen, wobei allerdings "... 'structure' may convey the idea that the composition has been about the same for a long time and is expected to remain approximately the same in the future ..."[15]. Es wird sich zeigen, daß die in dem Zitat von Seers herausgestellten Merkmale — neben anderen — für das Auftreten strukturbedingter Inflationserscheinungen in Entwicklungsländern Bedeutung haben. Als Strukturelemente oder -merkmale tragen sie zur Formung der Struktur dieser Wirtschaften bei. Jedoch ist die Struktur einer Wirtschaft mehr als die Summe ihrer Strukturelemente. „Struktur meint eine Ganzheit, die nicht durch die Teile, sondern durch die Art ihres Wirkungszusammenhanges konstituiert wird[16]." Die Bindung und Verknüpfung einer Vielzahl von Strukturelementen zu einer Ganzheit in einem System von Wirkungszusammenhängen und wechselseitigen Beziehungen begründet eine gewisse Konstanz realer Wirtschaftsstrukturen im Zeitablauf. Sie rechtfertigt, daß im folgenden bei der Untersuchung von Anpassungs- und Ausgleichsprozessen in Entwicklungsländern mit qualitativ gegebenen Strukturen gearbeitet wird.

Das Problem strukturbedingter Inflation tritt in Entwicklungsländern auf, weil bestimmte Veränderungsimpulse, die isoliert von der speziellen Struktur eines unterentwickelten Systems inflations-

---

[12] Ebd., S. 80.

[13] Entwicklung wird als Prozeß einer gezielten Veränderung gegebener Strukturen zu definieren sein.

[14] Seers, D.: A Theory of Inflation and Growth in Under-Developed Economies ... a.a.O. S. 192 Fußn.

[15] Machlup, F.: a.a.O. S. 77.

[16] Paulsen, A.: Zum Begriff ‚Wirtschaftsstruktur'. In: Zeitschrift für Nationalökonomie. Bd. 24, Heft 3. September 1964. S. 303.

neutral sind, in Anpassungsprozessen zu allgemeinen Preissteigerungen verarbeitet werden. Allgemeine Preissteigerungen ergeben sich aus Störungen einer in entwickelten Volkswirtschaften als normal angesehenen Funktions- und Reaktionsweise. Ein konkretes Beispiel der hier relevanten Veränderungsimpulse stellt die autonome Expansion der industriellen Produktion dar. Die Bezeichnung der Expansion als autonom soll deutlich machen, daß die Mehrproduktion bestimmter Güter nicht unmittelbar als Reaktion auf gegebene und unbefriedigte Nachfrage nach diesen Produkten erfolgt. Weitere Beispiele ergeben die kurzfristigen Fluktuationen und die langfristige Trendbewegung der Auslandsnachfrage nach den Exportprodukten eines Entwicklungslandes. Schließlich sei auf die häufigen und nachhaltigen Umschichtungen der Nachfrage hingewiesen, die im Zuge der Entwicklung auftreten.

Es wurde nachgewiesen, daß allgemeine Preissteigerungen auftreten, weil Preise und Löhne dem Postulat voller Flexibilität nicht genügen. Der Preismechanismus erfüllt die ihm übertragene Funktion der Abstimmung zwischen Angebot und Nachfrage auf und zwischen den einzelnen Märkten nicht befriedigend. Der Abstimmungsfunktion von Preisen und Löhnen nachgelagert ist die Aufgabe, Produktion und Faktoreinsatz zu steuern und damit Produktions- und Nachfragestruktur aufeinander abzustimmen. Die Steuerungsfunktion von Preisen und Löhnen beinhaltet: Höhe und Veränderungen der relativen Preise werden durch die relativen Knappheiten der Produkte und Leistungen bestimmt; Verschiebungen der Produktpreise strahlen zurück auf die Relationen, in denen die Produktionsfaktoren in einzelnen Verwendungen entlohnt werden; besteht ausreichende Mobilität der Produktionsfaktoren, so paßt sich die Einsatzstruktur der Faktoren den durch Verschiebungen der Faktorpreise angezeigten Knappheitsrelationen an. Ein Versagen des Steuerungsmechanismus kann aus mangelhafter Erfüllung der Abstimmungsfunktion, es kann aus fehlender Bereitschaft der Unternehmer und/oder der Produktionsfaktoren resultieren, auf den Anreiz sich verschiebender Preise und Entgelte zu reagieren. Schließlich können Unzulänglichkeiten des Systems Unternehmer und Produktionsfaktoren an einer marktgerechten Reaktion hindern.

Die Funktionsfähigkeit des Preismechanismus als Lenkungsinstrument eines ökonomischen Systems setzt die volle Integration der Wirtschaft über den Markt voraus. Diese Integration impliziert, daß alle ökonomischen Planungen und Entscheidungen nach einheitlichen Prinzipien an den Bedingungen des Marktes ausgerichtet sind, diese Bedingungen wieder das ökonomische Handeln einer Vielzahl von Wirtschaftssubjekten widerspiegeln, somit alle ökonomischen Handlungen sich wechselseitig bedingen und beeinflussen. Die fehlende

Integration der Wirtschaften über den Markt, die Unfähigkeit des Preismechanismus, die Produktion zu steuern und an die jeweilige Struktur der Nachfrage anzupassen, die Unfähigkeit, das Entstehen von Engpässen zu verhindern und die Überwindung bestehender Engpässe zu gewährleisten, werden in dieser Arbeit als Störungen der Funktions- und Reaktionsweisen sich entwickelnder Volkswirtschaften herausgearbeitet, die eine Entwicklung mit Inflation fördern. Als strukturelle Schwäche der Entwicklungsländer wird weiter die Einseitigkeit der Produktionsstrukturen herausgestellt, die im Entwicklungsprozeß eine starke Abhängigkeit von der Außenwirtschaft begründet. Diese Abhängigkeit impliziert u. a., daß Fehlentwicklungen der Auslandsnachfrage nicht ohne Störungen der binnenwirtschaftlichen Stabilität verarbeitet werden.

4. Zusammenfassung

Es wurden folgende Formen genannt, in denen allgemeine Preissteigerungen hervorgerufen oder fortgetragen werden: (1) Die Gesamtnachfrage expandiert bei herrschendem Preisniveau überproportional zum Gesamtangebot und hebt das Preisniveau an (demand-pull). (2) Allgemeine Verteuerungen primärer Kostenfaktoren, die durch die Marktsituation nicht gerechtfertigt sind und von Produktivitätssteigerungen nicht kompensiert werden, erhöhen das Kostenniveau einer Wirtschaft; Preisstabilität kann nur durch Beschränkung der ökonomischen Aktivität gesichert werden; um Vollbeschäftigung aller Produktionsfaktoren zu gewährleisten, wird ein Anstieg des Preisniveaus geduldet oder herbeigeführt (Fall der Kosteninflation, costpush). (3) Die Rigidität der Preise nach unten begründet einen „passiven Inflationsmechanismus"; er wird wirksam, sobald Verschiebungen der Preisrelationen notwendig werden; überschüssige Nachfrage bei herrschenden Preisen ruft stärkere Preissteigerungen hervor, als ein wertgleicher Überhang des Angebots auf anderen Märkten die Preise senkt; bei gleichbleibendem Angebots- und Beschäftigungsvolumen steigt das Preisniveau (Fall der Kosteninflation). (4) Soweit Preise auf Lohnerhöhungen, Löhne auf Preissteigerungen mit kostendeterminierten Anpassungen reagieren, kann jeder Anstieg von Preisen und/oder Löhnen eine Lohn-Preisspirale auslösen (Fall der Kosteninflation). (5) Bestimmte strukturelle Störungen bewirken eine Instabilität von Volkswirtschaften, die sich dem Prozeß der Entwicklung unterziehen; diese Instabilität kann sich in allgemeinen Preissteigerungen niederschlagen (strukturbedingte Inflation).

Den unter (1) und (2) skizzierten Inflationstypen ist gemeinsam, daß ökonomische Variable als Veränderungsimpulse die Preissteigerungen unmittelbar initiieren. Überproportionales Anwachsen der Gesamtnachfrage und Ansteigen des Kostenniveaus einer Wirtschaft heben das Preisniveau an, ohne daß zur Erklärung dieser Wirkung Rückgriff auf fehlerhafte Funktions- und Reaktionsweisen des ökonomischen Systems genommen werden müßte[17]. Die Veränderungsimpulse bestimmen also — bei normaler Funktions- und Reaktionsweise des Systems — unmittelbar die Wirkung auf das Preisniveau. Das ist anders bei den unter (3) bis (5) dargestellten Inflationsmechanismen. Bei diesen treten innerhalb des ökonomischen Systems Veränderungsimpulse auf, die — überwiegend — für jede fortschreitende Wirtschaft charakteristisch und bei formal „vollkommener" Funktionsfähigkeit des Systems dem Preisniveau gegenüber neutral sind. Die inflationäre Wirkung wird nicht durch die Art des betrachteten Veränderungsimpulses bestimmt, sondern durch die Art und Weise, in der ein gegebener Impuls im System verarbeitet wird. Dieser Gemeinsamkeit der unter (3) bis (5) vorgetragenen Inflationstypen könnte dadurch Rechnung getragen werden, daß die Formen der Lohn- und Preisbildung als Bestandteil der Struktur einer Wirtschaft aufgefaßt, daß Unvollkommenheiten der Lohn- und Preisbildung als Unzulänglichkeiten der Funktions- und Reaktionsweise des ökonomischen Systems verstanden werden. Die Konsequenz, kostentheoretische Ansätze als Bestandteil einer strukturbedingten Inflationserklärung zu definieren, wird aus Gründen der Zweckmäßigkeit nicht gezogen.

Die Erklärung der Inflation aus strukturellen Bedingungen der Entwicklungsländer ist Aufgabe dieser Arbeit. Um den Typus strukturbedingter Inflation in reiner Form herausarbeiten zu können, werden dabei die Ausgangsbedingungen jeweils so gesetzt, daß allgemeine Preissteigerungen ohne das Auftreten von Wirkungszusammenhängen resultieren, die einer der anderen Inflationserklärungen angehören. Die isolierende Betrachtung struktureller Inflationsursachen dient der Klarheit der Darstellung, sie braucht nicht der Realität zu entsprechen. Um der Realität näher zu kommen und dem einheitlichen Charakter der unter (3) bis (5) dargestellten Inflationsmechanismen gerecht zu werden, werden sodann Unvollkommenheiten der Lohn- und Preisbildung berücksichtigt. Es wird sich zeigen, daß diese Unvollkommenheiten die bereits bestehenden Probleme verschärfen. Zugleich wird damit anerkannt und verdeutlicht, daß Inflation in der Realität typischer Weise nicht die Summe einer Anzahl isolierter Preissteigerungen, sondern ein Prozeß interdependenter Preisbewegungen ist.

---

[17] Die genannten Veränderungsimpulse werden ihrerseits durch vorgelagerte Einflüsse ausgelöst und erklärt, die das Ungleichgewicht in das System hineintragen.

Nachfrageinduzierte Inflationserscheinungen werden in dieser Arbeit ebensowenig behandelt wie allgemeine Preissteigerungen, die aus autonomer Verteuerung primärer Kostenfaktoren resultieren. Das beruht nicht auf der Überzeugung, daß in Entwicklungsländern z. B. der nachfrageinduzierte Preisauftrieb ohne Bedeutung sei. Ein Blick in die Literatur klärt darüber auf, daß auch von der Nachfrageseite her starke Einflüsse wirksam sind, die eine Gefährdung des Geldwertes beinhalten. Während somit anerkannt wird, daß sich in der Realität struktur- und nachfragebedingte Einflüsse in der Verursachung inflationärer Preissteigerungen überlagern, bleibt es gleichwohl zulässig und im Rahmen der vorliegenden Themenstellung sinnvoll, Faktoren nachfragebedingter Inflation aus der Betrachtung auszuschließen.

II. Entwicklungsländer

1. Begriffsbestimmungen

Wie der Ausdruck Inflation so hat der Begriff des Entwicklungslandes vielfache und unterschiedliche Interpretationen erfahren. Entwicklungsländer werden im englisch-sprachigen Raum als "under-developed countries" bezeichnet. Dies läßt vermuten, daß der Begriff des Entwicklungslandes das Moment der Unterentwicklung einschließt. Tatsächlich ist der Zustand der Unterentwicklung Merkmal dessen, was als Entwicklungsland bezeichnet wird. Ein Entwicklungsland befindet sich (noch) im Stadium der Unterentwicklung. Um eine Volkswirtschaft mit dem Prädikat „unterentwickelt" belegen und somit einer entwickelten Wirtschaft gegenüberstellen zu können, müssen Kriterien der Abgrenzung erarbeitet werden. Als Maßstab der Unterentwicklung bieten sich zwei Beziehungen an: (1) Merkliche Unterschiede im Entwicklungsstand verschiedener Volkswirtschaften können zur Bildung der Kategorien unterentwickelter und entwickelter Wirtschaften dienen. (2) Der Vergleich des in einer Volkswirtschaft realisierten Entwicklungsniveaus mit dem in der gleichen Wirtschaft bei optimalem Einsatz der vorhandenen Ressourcen und Produktionsfaktoren sowie bei Ausnutzung des gegebenen technischen und organisatorischen Wissens möglichen Entwicklungsniveaus kann die Einstufung einer Volkswirtschaft als unterentwickelt bewirken[1].

In der Literatur wird Unterentwicklung häufig mit Armut identifiziert. Der Grad der Armut wird dabei am durchschnittlichen Realeinkommen pro Kopf der Bevölkerung gemessen und im internationalen Vergleich gewichtet[2]. Diese Deutung der Unterentwicklung entspricht der oben angegebenen Beziehung (1) mit dem jeweiligen Pro-Kopf-Einkommen als Meßgröße des Entwicklungsstandes. Gegen die Verwendung des durchschnittlichen Pro-Kopf-Einkommens als Vergleichsmaßstab der Entwicklungsniveaus verschiedener Länder lassen

---

[1] Vgl. Behrendt, R. F.: Entwicklungsländer: (I) Soziologische Problematik. In: Handwörterbuch der Sozialwissenschaften. Bd. 3. Stuttgart, Tübingen, Göttingen 1961. S. 231.

[2] Vgl. vor allem: UN: Measures for the Economic Development of Under-Developed Countries. Report by a Group of Experts appointed by the Secretary-General of the United Nations. New York 1951. S. 3.

sich Bedenken anführen[3], die jedoch nicht verfolgt werden. Davon unabhängig ist die Frage zu beantworten, ob der Ansatz — nämlich der Vergleich der Entwicklungsniveaus verschiedener Volkswirtschaften — für die Bestimmung des Begriffs Entwicklungsland übernommen werden kann. Diese Frage wird bejaht. Kennzeichen der Unterentwicklung eines Landes ist demnach ein relativ niedriger Entwicklungsstand; dieser wird in Ermangelung besserer Vergleichsmaßstäbe in der Regel an der Höhe des durchschnittlichen Pro-Kopf-Einkommens abgelesen.

Unterentwicklung impliziert also relative Armut, Armut gemessen am Lebensstandard gewisser anderer Länder. Das Phänomen der relativen Armut ist ein wesentliches Merkmal der Bedingungen, unter denen sich die Entwicklungsländer der heutigen Zeit dem Prozeß ihrer Entwicklung unterziehen. Es tritt verschärfend zu der absoluten Armut, die in Entwicklungsländern bei weiten Teilen der Bevölkerung vorherrscht. Von absoluter Armut kann gesprochen werden, wo das Versorgungsniveau gerade — häufig nicht einmal — ausreicht, das physiologische Existenzminimum des Menschen zu sichern.

Andere Autoren stellen die oben skizzierte Diskrepanz zwischen realisiertem und bei gegebener Faktorausstattung und gegebenem Stand des Wissens realisierbarem Entwicklungsniveau einer Volkswirtschaft in den Vordergrund: "... an underdeveloped country is ... a country which has good potential prospects for using more capital or more labour or more available natural resources, or all of these, to support its present population on a higher level of living...[4]" Ersichtlich wird das Vorhandensein von Möglichkeiten einer nachhaltigen Entwicklung — Entwicklungsfähigkeit — als konstitutives Merkmal der Unterentwicklung herausgestellt. Unterentwickeltsein kann dabei als Gegensatz zum Unentwickeltsein gesehen werden. Letzteres konstatiert das Fehlen einer Fortentwicklung von einem Urzustand aus; ersteres verweist auf die Fähigkeit einer Volkswirtschaft, sich unter Ausnutzung gegebenen Entwicklungspotentials einem Prozeß der Entwicklung zu unterziehen.

Wird nach der Bedeutung der Unterentwicklung gefragt, die der Begriff des Entwicklungslandes umschließt, so sind die beiden genannten Aspekte der Unterentwicklung einzubeziehen. Ein Entwicklungsland ist demnach durch die Ausgangsbedingung eines gegenüber anderen Volkswirtschaften niedrigen Entwicklungsstandes sowie durch das Moment der Entwicklungsfähigkeit gekennzeichnet. Es wird anerkannt,

---

[3] Vgl. u. a.: Meier, G. M., Baldwin, R. E.: Economic Development. Theory, History, Policy. New York, London 1957. S. 4 ff.
[4] Viner, J.: The Economics of Development. In: Agarwala, A. N. and Singh, S. P. (eds.): The Economics of Underdevelopment. New York, Oxford 1963. S. 12.

daß diese Kriterien nicht ausreichend bestimmt sind, um eine Einstufung der Entwicklungsländer der Realität zu gewährleisten, die allen Einwendungen standhält. Wenn das durchschnittliche Pro-Kopf-Einkommen unter Vernachlässigung statistischer Unzulänglichkeiten als Vergleichsmaßstab des Entwicklungsstandes anerkannt wird — bei welcher Höhe dieses Einkommens ist die Grenze zwischen entwickelten und unterentwickelten Volkswirtschaften zu ziehen? Wie soll bemessen werden, ob ein Land über Entwicklungsmöglichkeiten verfügt, die eine nachhaltige Entwicklung zulassen? Welche Entwicklungshemmnisse machen die Ausnutzung vorhandenen Entwicklungspotentials unmöglich, heben also die Entwicklungsfähigkeit auf? Abgrenzungsschwierigkeiten müssen auftreten, da der Übergang zwischen verschiedenen Entwicklungsstufen in der Realität fließend ist. Praktisch treten die Schwierigkeiten z. B. bei den südamerikanischen Ländern Argentinien, Brasilien und Chile auf. Auf Grund ihres durchschnittlichen Pro-Kopf-Einkommens werden sie von einigen Autoren als entwickelte Länder betrachtet. Gemessen an den Strukturen ihrer Wirtschaften und am Grad der Ausnutzung des vorhandenen Entwicklungspotentials sind sie jedoch als noch nicht entwickelte Länder anzusprechen. Aus der Betonung der strukturellen Bedingungen der Entwicklungsländer in dieser Arbeit erklärt sich, daß der Einstufung nach der Struktur Vorrang gegeben wird.

Über den bisher dargelegten Begriffsinhalt hinaus verweist der Ausdruck Entwicklungsland auf das Moment der Entwicklung. Eine Volkswirtschaft, die sich im Zustand der Unterentwicklung befindet, wird als Entwicklungsland bezeichnet, wenn sie sich der Entwicklung unterzieht. Entwicklung läßt sich zweckmäßig definieren, indem sie gegenüber Wachstum abgegrenzt wird. Entwicklung ist der Prozeß, der ein Land aus dem Zustand der Unterentwicklung in das Stadium des Entwickeltseins überführt; Entwicklung ist ein Transformationsprozeß. Wachstum ist dagegen ganz allgemein das Ansteigen ökonomischer Variabler. Unter dem Wachstum einer Volkswirtschaft wird in der Regel die Zunahme des Volkseinkommens in absoluter Höhe oder bezogen auf die Bevölkerungszahl verstanden. Da Entwicklung in jeder Phase eine gewisse Zunahme des Sozialprodukts einschließen wird, kann Wachstum als der umfassendere, Entwicklung als der enger gefaßte Begriff betrachtet werden. Diese Deutung schließt ein, daß nicht jede Form des Wachstums zugleich Entwicklung darstellt. Entwicklung ist die spezifische Form, in der sich das Wachsen von Wirtschaften vollzieht oder vollziehen muß, die sich (noch) im Zustand der Unterentwicklung befinden.

Entwicklung als Transformationsprozeß beinhaltet die gezielte Veränderung gegebener Strukturen. "The development of an economy is its growth in conditions of changing structure ... It is true that the problems of development cannot entirely be dissociated from problems of growth, because growth always implies some structural change. But developed countries are capable of strong growth with little structural change, while under-developed countries are capable of even modest growth only by means of considerable structural change[5]." Strukturelle Veränderungen treten im Wachstum entwickelter Volkswirtschaften als Begleiterscheinungen auf, für die Überwindung der Unterentwicklung sind sie Voraussetzung. Während Wachstum "a question of equilibrium, full employment and productivity" ist, handelt es sich bei Entwicklung um "a problem of creation, of transforming a pre-capitalist, pre-industrial economy into a capitalist, industrial one"[6].

Die gegebenen Strukturen lassen die Entwicklungsländer in einem Zustand „quasi-stationären Gleichgewichts" verharren. Es fehlen systemimmanente Kräfte, die zur Überwindung der Unterentwicklung wirksam werden und ausreichende Stärke besitzen. *Bhatt* sieht in diesem Umstand das bestimmende Merkmal eines unterentwickelten Landes: "That economy which, though having potential prospects of economic development, is not in a position, out of a variety of causes, to generate this process of development under its own steam without any powerful external stimulus such as state action, we shall call an underdeveloped economy[7]." Entwickelte Volkswirtschaften zeichnen sich demgegenüber durch die Fähigkeit aus, durch Impulse und Reaktionen, die ihrem System innewohnen, nachhaltig zu wachsen. Entwicklung muß daher einschließen, daß durch anhaltende und gezielte Einflußnahme von außen — praktisch durch den Staat — Strukturbedingungen überwunden werden, die die betroffenen Länder an den Zustand der Unterentwicklung binden; damit ist zugleich eine Funktionsweise des Systems „aufzubauen", die ein sich selbst tragendes Wachstum zuläßt und fördert. Entwicklung ist „... das Aufbrechen quasi-stationärer Strukturen, ein gezielter Prozeß der De- und Re-Strukturierung..."[8]. „Erstrebt wird eine Dynamisierung der Wirtschaft, so daß sie ihrer Funktionsweise nach in den Prozeß fortgesetzten Wachstums gelangt[9]."

---

[5] Byé, M.: The Rôle of Capital in Economic Development. In: Ellis, H. S. (ed.): Economic Development for Latin America. Proceedings of a Conference held by the International Economic Association. London 1961. S. 110 f.

[6] Nasr, Z.: Diskussionsbeitrag, in: Hague, D. C. (ed.): Inflation. Proceedings of a Conference held by the International Economic Association. London, New York 1962. S. 493.

[7] Bhatt, V. V.: Employment and Capital Formation in Underdeveloped Economies. Bombay, New Delhi ... 1960. S. 1.

[8] Paulsen, A.: Sachkapital und Human Capital in der wirtschaftlichen Entwicklung. In: Zeitschrift für die gesamte Staatswissenschaft. Bd. 120, Heft 4. Oktober 1964. S. 580.

[9] Ebd., S. 578.

„Mit sich selbst unterhaltendem Wachstum ist gemeint die Fähigkeit dieser Gesellschaften und ihrer Wirtschaft, allen Veränderungsimpulsen gegenüber ‚offen' zu sein, das heißt: sie kontinuierlich auszulösen und ohne strukturelle Brüche zu verarbeiten[10]."

Welcher Art sind die strukturellen Veränderungen, denen sich ein unterentwickeltes Land auf dem Wege der Entwicklung zu unterziehen hat? Zur Beantwortung dieser Frage wird häufig auf bestimmte Merkmale hingewiesen, die im Zustand der Unterentwicklung auftreten. Es wird argumentiert, daß die Überwindung eines oder mehrerer dieser Merkmale die Entwicklung ausmache oder darstelle. Angeführt werden der geringe Ausnutzungsgrad der Ressourcen, die mangelhafte Ausstattung mit Realkapital, die geringe Spartätigkeit, die Einseitigkeit der Produktionsstrukturen und die Abhängigkeit von der Außenwirtschaft, die fehlende ökonomische Integration, die nach Ausbildung, körperlicher Verfassung und geistiger Haltung geringe Eignung der Wirtschaftssubjekte für eine arbeitsteilige, industrielle Wirtschaftsweise u. a. Es ist zu betonen, daß diese Strukturelemente Teile eines Komplexes von Beziehungen wechselseitiger Bedingung und Beeinflussung sind, in dem das einzelne Glied zugleich Ursache und Wirkung der Unterentwicklung ist. Der Versuch zur Überwindung der Unterentwicklung kann daher sinnvoll nicht an einem einzelnen der Glieder ansetzen. So kann z. B. Realkapitalbildung allein die Entwicklung nicht tragen oder auslösen, wenngleich die Durchführung vieler Entwicklungsmaßnahmen mit der Bildung von Kapital im weitesten Sinne verbunden ist.

Entwicklung muß sich als umfassender Prozeß „... auf die gesamte Kultur (im anthropologischen Sinne) des Sozialgebildes erstrecken"[11]. *Behrendt* stellt drei Ebenen in den Vordergrund, von denen die ökonomische Entwicklung ihren Ausgang nehmen müsse — die technische, die wirtschaftliche und die gesellschaftliche Ebene. Von diesen spricht er dem gesellschaftlichen Bereich dominierende Bedeutung zu. „Der ‚gesellschaftliche Rahmen' bestimmt ... letztlich Ausmaß, Tempo, Richtung und Ergebnis der Entwicklung — wobei er natürlich auch umgekehrt den modifizierenden Einwirkungen dieser Entwicklung ausgesetzt ist ...[12]" Der Vorgang der Entwicklung umschließt Umwälzungen und Veränderungen in einem Ausmaß, daß "... the magnitude of such change is tantamount to social revolution"[13].

---

[10] Ebd., S. 579 f.
[11] Behrendt, R. F.: a.a.O. S. 231.
[12] Ebd., S. 239.
[13] Dowd, D. F.: Definition and Distribution of Underdeveloped Areas. Two-Thirds of the World. In: Shannon, L. W. (ed.): Underdeveloped Areas. A Book of Readings and Research. New York and Evanston 1957. S. 21.

Es wird sich erweisen, daß Inflation in den Entwicklungsländern als strukturbedingtes Problem nur aus dem Streben dieser Länder zu erklären ist, durch Transformation ihrer ökonomischen Systeme aus dem Zustand eines quasi-stationären Gleichgewichts auszubrechen. "Rightly considered, it is *change* in economic conditions that favours the action of these inflationary forces... In reality, it is not usually difficult to maintain monetary stability in situations of relative economic and social stagnation based on an out-dated system of land tenure and income distribution, with little social mobility... Thus, inflation is a manifestation of economic and social change, an essentially dynamic phenomenon[14]." Es wird deutlich werden, daß Preisstabilität im konkreten Fall durch Einsatz der traditionellen Mittel der Inflationsbekämpfung gewahrt werden könnte, wenn die Priorität des Entwicklungspostulats und der Forderung nach größtmöglichem Einsatz des Produktionspotentials aufgegeben würde. Verlangsamung oder Aussetzung der Entwicklung, Beschränkungen der ökonomischen Aktivität als Mittel einer Stabilerhaltung des Geldwertes werden aber im allgemeinen als untragbare Opfer zurückgewiesen. Dadurch fällt die globale Steuerung der Gesamtnachfrage für die Bekämpfung strukturbedingter Preisauftriebstendenzen aus. Möglichkeiten einer Stabilisierung des Preisniveaus werden im Schlußteil diskutiert.

Es wurde unterschieden zwischen Veränderungsimpulsen und der Art und Weise, in der diese Impulse im System verarbeitet werden. In den Abschnitten I und III des Hauptteiles wird von Veränderungsimpulsen ausgegangen, die als dynamische Erscheinungen der Entwicklung auf ein ökonomisches System treffen, das in seiner Funktions- und Reaktionsweise durch vielseitige und komplexe Verschränkungen der Unterentwicklung gestört ist. In Abschnitt II treten Veränderungsimpulse auf, deren Ursprung außerhalb der Entwicklungsländer und ihres Strebens nach Entwicklung liegt. Die Reaktionen auf diese Impulse werden zum Teil durch die überkommenen Bedingungen der Unterentwicklung, zum Teil aber auch durch Maßnahmen der Entwicklungspolitik bestimmt.

2. Empirische Angaben zum Inflationsproblem in Entwicklungsländern

"It has often been observed that... present-day development, in the vast majority of countries, seems to have as its natural accompaniment a continuous inflationary pressure translated, more often than

---

[14] Prebisch, R.: Economic Development or Monetary Stability ... a.a.O. S. 23.

not, into open and protracted inflation[15]." *Guth* bezeichnet es als Kernproblem der Entwicklungsländer, Entwicklung ohne Inflation zu realisieren[16]. Hinweise auf eine besondere Gefährdung der Geldwertstabilität im Stadium der Entwicklung finden sich in der Literatur in großer Zahl. Soweit sie theoretischen Erwägungen entstammen, werden diese Hinweise durch einen Blick in die Realität bestätigt. Einen Eindruck von Ausmaß und Verbreitung der Geldentwertung in Entwicklungsländern vermittelt Tabelle (1), die Angaben über die Entwicklung der Konsumgüterpreise in ausgewählten Ländern enthält. Um die Aussagekraft der Angaben zu erhöhen, wurden als Vergleichsmaßstab entsprechende Preisindices der USA und der Bundesrepublik Deutschland in die Tabelle aufgenommen. Es ist bekannt, daß die Preisentwicklung dieser Industrieländer häufig mit Besorgnis betrachtet wird, wobei auf die Erscheinung einer säkularen Inflation hingewiesen wird.

Tabelle (1) zeigt, daß eine Vielzahl von Entwicklungsländern einen erheblich stärkeren Anstieg ihres Preisniveaus hinzunehmen hatte als die USA und die BRD. Der Preisauftrieb in Bolivien (3 352 % von 1953—1960) und Chile (1 164 % in der gleichen Zeit) erreichte ein Ausmaß, das dem im Denken der westlichen Industrieländer der heutigen Zeit verwurzelten Vorstellungsvermögen fremd ist. Das gilt abgeschwächt auch für andere Länder — so für Argentinien, Brasilien, Laos, Paraguay, Türkei, Uruguay — mit einer Geldentwertung von mehr als 100 % in sieben Jahren. Offensichtlich war der Verfall des Geldwertes im latein-amerikanischen Raum besonders verbreitet und intensiv. Das statistische Material offenbart jedoch, daß Entwicklungsländer in allen geographischen Bereichen erhebliche Steigerungen des Preisniveaus aufzuweisen haben. Die Auswahl der aufgeführten Länder ist nicht geeignet, ein für die Entwicklungsländer insgesamt repräsentatives Bild zu entwerfen. Das scheitert schon daran, daß statistisches Material nur für eine begrenzte Zahl dieser Volkswirtschaften verfügbar ist. Aus dem verfügbaren Material wurden vorzugsweise die Angaben berücksichtigt, die eine stärkere Geldentwertung anzeigen. Zur Gegenüberstellung und Abgrenzung wurden einige Länder mit bemerkenswerter Stabilität ihrer Preisentwicklung angeführt, wie Guatemala und Venezuela. Die Liste dieser Länder ließe sich verlängern. Gleichwohl scheint die oben zitierte Auffassung von *de Oliveira Campos* zuzutreffen, nach der die Entwicklung in einem großen Teil der Entwicklungsländer von offener und lang anhaltender Inflation begleitet wurde.

---

[15] de Oliveira Campos, R.: Inflation and Balanced Growth. In: Ellis, H. S. (ed.): Economic Development for Latin America. Proceedings of a Conference held by the International Economic Association. London 1961. S. 82.

[16] Vgl. Guth, W.: Der Kapitalexport in unterentwickelte Länder. Basel, Tübingen 1957. S. 14.

II. Entwicklungsländer

Tabelle 1
Entwicklung der Konsumgüterpreise in ausgewählten Ländern[a]

	1948	1953	1956	1958	1960
Argentinien	31	100	132	217	590
Bolivien	23	100	1126	2498	3352
Brasilien	59	100	173	237	439
Bundesrepublik Deutschland	99	100	104	109	—
Chile	39	100	471	752	1164
Guatemala	83	100	106	106	104
Indien	91	100	99	109	116
Indonesien	47	100	161	258	—
Iran	94	100	130	138	164
Kambodscha	59	100	127	135	151
Kamerun	—	100	105	124	139
Kolumbien	68	100	116	153	170
Laos	—	100	141	187	203
Mexiko	71	100	128	150	162
Nigeria	—	100	117	119	132
Pakistan	89	100	97	110	113
Paraguay	8	100	180	222	267
Senegal	—	100	103	132	142
Türkei	89	100	136	171	228
Uruguay	71	100	130	175	338
USA	90	100	102	108	111
Venezuela	85	100	101	103	112
Zentral-Afrikanische-Republik	—	—	100	120	137

a) Quelle: UN: Statistical Yearbook 1961. Thirteenth Issue. New York 1961. S. 480 ff.

Die Preisindices lassen erkennen, wieweit sich vorhandene inflationäre Ungleichgewichte in Preissteigerungen niederschlugen. Sie sind kein korrekter Maßstab für das tatsächliche Gewicht dieser Ungleichgewichte, soweit der Staat durch Preiskontrollen und -festsetzung in die freie Anpassung der Preise an die Marktsituation eingreift. Da solche Eingriffe in Entwicklungsländern nicht selten vorgenommen werden, mögen inflationäre Ungleichgewichte auch in den Ländern Bedeutung haben, in denen die Statistik Preisstabilität anzeigt.

Die Tatsache, daß Entwicklungsländer besonders stark von allgemeinen Preissteigerungen betroffen sind, wirft die Frage auf, ob ein bestimmter grundsätzlicher Beziehungszusammenhang zwischen den Phänomenen Entwicklung und Inflation besteht. Ein solcher Zusammenhang könnte z. B. darin bestehen, daß allgemeine Preissteigerungen die Entwicklung fördern, so daß die bewußte Herbeiführung oder Duldung allgemeiner Preissteigerungen Mittel der Entwicklungspolitik wird. So wird häufig untersucht, ob in Entwicklungsländern eine Anhebung der Investitionsquote durch Inflation zu erzielen sei[17]. Ein

---

[17] Vgl. u. a. Schatz, S. P.: Inflation in Underdeveloped Areas: A Theoretical Analysis. In: The American Economic Review. Vol. 47, September 1957.

anderer möglicher Zusammenhang könnte in der Form bestehen, daß Inflation zwar nicht Mittel der Entwicklungsförderung, wohl aber notwendige Begleiterscheinung der Entwicklung ist, so daß ein Einschreiten gegen inflationäre Tendenzen zugleich die Entwicklung hemmt. Dieses Problem wurde bereits angesprochen.

Es wurde versucht, durch Vergleich der in einzelnen Ländern erzielten Wachstumsraten mit den sie jeweils begleitenden Preisbewegungen herauszufinden, ob ein eindeutiger, bestimmbarer Beziehungszusammenhang zwischen dem Tempo der Entwicklung — unvollkommen gemessen an der Wachstumsrate des Sozialprodukts — und dem Grad allgemeiner Preissteigerungen gegeben ist. Die Ergebnisse dieser Untersuchungen stimmen in der Feststellung überein, daß der Blick in die Realität keinen solchen Zusammenhang offenbart[18]. Starkes Wachstum tritt in Entwicklungsländern in Verbindung mit Inflation, aber auch bei relativ stabilem Geldwert auf. Stagnation kann mit relativer Preisstabilität, aber auch mit einem beträchtlichen Grad von Inflation zusammentreffen. Wie Entwicklung und Inflation komplexe und vielgestaltige Vorgänge sind, so lassen sich die Beziehungen zwischen beiden Phänomenen nicht durch einfache, schlagwortartige Aussagen erfassen.

---

[18] Vgl. Kafka, A.: The Theoretical Interpretation of Latin American Economic Development. In: Ellis, H. S. (ed.): Economic Development for Latin America. Proceedings of a Conference held by the International Economic Association. London 1961. S. 16 f.; Maynard, G.: Economic Development and the Price Level. London 1962. S. 1 f.; u. a.

C. Allgemeine Preissteigerungen als Folge von Störungen in der Funktions- und Reaktionsweise sich entwickelnder Volkswirtschaften

I. Das Nachhinken der landwirtschaftlichen Produktion und seine Wirkungen auf das Preisniveau

1. Die Landwirtschaft im Rahmen der Gesamtwirtschaft

Eine unterentwickelte Volkswirtschaft "... is a onesided, nondiversified economy, specializing in primary production (food and raw materials)"[1]. Die Einseitigkeit der Produktionsstrukturen, die Konzentration vor allem auf landwirtschaftliche Produktion spiegelt sich darin wider, daß in "... Asia, Africa, and the Middle East, from two-thirds to more than four-fifths of the population earn their living in agriculture, and, in most Latin American countries, from two-thirds to three-fourths of the population work in agriculture"[2].

Eine Rechtfertigung dieser Einsatzstruktur könnte in der Art der Einkommensverwendung der Masse der Bevölkerung gesehen werden. Einkommensniveau und Versorgungsstand sind bei diesem Bevölkerungsteil sehr gering. So weist *Brahmananda* darauf hin, daß die Hälfte der Bevölkerung Indiens nur eine Mahlzeit pro Tag aufbringen könne und daß diese Mahlzeit nicht ausreiche, die arbeitenden Menschen für die Anstrengungen eines vollen Arbeitstages zu rüsten[3]. Das *Engel'sche* Gesetz sagt aus, daß der Anteil des Einkommens, der für Nahrungsmittel ausgegeben wird, mit steigendem Einkommen fällt. Umgekehrt gilt, daß diese Quote bei niedrigem Versorgungsniveau einen hohen Ausgangswert hat. Der Anteil des Gesamteinkommens, der zur Deckung der Elementarbedürfnisse — vor allem an Nahrungsmitteln — aufgewendet wird, verharrt noch auf seinem hohen ursprünglichen Wert; die marginale Quote dieser Aufwendungen liegt bei steigendem Einkommen kaum unter dem durchschnittlichen Wert. *Furtado* gibt an, daß 80 % der Realeinkommen in Ent-

---

[1] Dowd, D. F.: a.a.O. S. 15.
[2] Meier, G. M., Baldwin, R. E.: a.a.O. S. 274 f.
[3] Vgl. Brahmananda, P. R.: Diskussionsbeitrag, in: Ellis, H. S. (ed.): Economic Development for Latin America. Proceedings of a Conference held by the International Economic Association. London 1961. S. 427.

wicklungsländern für Nahrung und Kleidung ausgegeben werden[4], wobei den Ausgaben für Kleidung relativ geringes Gewicht zukommt. Der Wert der Quote sinkt mit fortschreitender Entwicklung langsam ab. So gibt *Maynard* für Indien einen Anteil der Nahrungsmittelausgaben von 80 %, für Latein-Amerika einen solchen von 50 % bis 60 % an[5].

Die Nachfragestruktur läßt somit die Konzentration der Arbeitskräfte in der Landwirtschaft als notwendig und gerechtfertigt erscheinen. Dieser Erklärung steht jedoch entgegen, daß die ökonomisch sinnvolle und rentable Einsatzmenge des Faktors Arbeit in der Landwirtschaft von den Produktionsbedingungen her begrenzt ist. Die Produktivität des Arbeitseinsatzes in der Landwirtschaft ist in Entwicklungsländern außerordentlich gering. "In general, production per head of the farm population in North America and Northwest Europe appears to be 10 to 20 times greater than in the Far East, Near East, and Latin America ... A major limitation on productivity is the low amount of land per worker[6]." Die Feststellung, daß die Überbesetzung des landwirtschaftlich genutzten Bodens mit arbeitenden Menschen eine wesentliche Ursache der geringen Arbeitsproduktivität darstellt, wird allgemein anerkannt[7]. Es wird in diesem Zusammenhang von versteckter Arbeitslosigkeit gesprochen, die vorliegt "... in those countries where population is so large relatively to capital and natural resources, that there are large sectors of the economy where the marginal productivity of labour is negligible, zero, or even negative"[8]. Die Erscheinung versteckter Arbeitslosigkeit ist vor allem im Südosten Asiens einschließlich Indiens, in Teilen Vorderasiens und in Ägypten verbreitet. Sie findet sich in geringem Umfang selbst in jenen Räumen — Latein-Amerika —, in denen der Faktor Arbeit gemessen an der Ausstattung mit Boden knapp ist, tritt hier freilich mehr als Aufblähung des tertiären Sektors auf.

Das Phänomen versteckter Arbeitslosigkeit kann auftreten, weil der Einsatz von Arbeitskräften in weiten Bereichen der Landwirtschaft — vor allem in den Subsistenzwirtschaften — nicht im Rahmen eines

---

[4] Vgl. Furtado, C.: Capital Formation and Economic Development. In: Agarwala, A. N. and Singh, S. P. (eds.): The Economics of Underdevelopment. New York, Oxford 1963. S. 318.

[5] Vgl. Maynard, G.: Inflation in Economic Development. In: Nelson, E. (ed.): Economic Growth: Rationale, Problems, Cases. Austin 1960. S. 102, Note 12.

[6] Meier, G. M., Baldwin, R. E.: a.a.O. S. 278 f.

[7] Vgl. auch UN: Problems of Agrarian Structure in Underdeveloped Countries. In: Okun, B., Richardson, R. W. (eds.): Studies in Economic Development. New York 1961. S. 367 f.

[8] Lewis, W. A.: Economic Development with Unlimited Supplies of Labour. In: Agarwala, A. N. and Singh, S. P. (eds.): The Economics of Underdevelopment. New York, Oxford 1963. S. 402.

Lohn-Arbeitsverhältnisses erfolgt, bei dem der Beschäftigung gewährende Landwirt durch Vergleich zwischen Grenzprodukt und Grenzkosten des Arbeitseinsatzes Gewinnmaximierung anstrebt. Nicht der produktive Beitrag des einzelnen, sondern die Sicherung der Versorgung im Rahmen eines engen gesellschaftlichen Verbandes steht im Vordergrund. Der Mangel an alternativen Einsatzmöglichkeiten erzwingt das Verbleiben der Masse der Bevölkerung im Verband landwirtschaftlicher Produktionseinheiten. "The persistence of a lack of adequate non-agricultural employment opportunities lies at the very root of the economic development problem .. The lack of alternative employment opportunities outside of agriculture, the fact that the predominant portion of the labour force is engaged in agriculture, and the existence of agricultural under-employment are different aspects of the same phenomenon[9]."

Versteckte Arbeitslosigkeit und allgemein geringe Produktivität des Arbeitseinsatzes in der Landwirtschaft sind Erscheinungsformen der Unterentwicklung, die im Zuge der gesamtwirtschaftlichen Entwicklung zu überwinden sind. Soweit in der Landwirtschaft Disproportionalitäten im Einsatzverhältnis von Mensch und Boden bestehen, setzt steigende Produktivität des gesamtwirtschaftlichen Arbeitseinsatzes den Abzug von Arbeitskräften aus der Landwirtschaft und die Schaffung von Einsatzmöglichkeiten in anderen Bereichen voraus. Ein Rückgang der landwirtschaftlichen Produktion darf und braucht mit der Abwanderung von Menschen nicht verbunden zu sein. Der versteckten Arbeitslosigkeit in der Landwirtschaft steht im allgemeinen unproduktiver, weil übermäßiger Einsatz von Menschen im Dienstleistungssektor zur Seite, so daß allein der Aufbau eines industriellen Sektors geeignet ist, Einsatzmöglichkeiten für die ungenutzten Arbeitskraftreserven zu schaffen. Es könnte darauf hingewiesen werden, daß die landwirtschaftliche Produktion in einigen Industrieländern eine Produktivität des Arbeitseinsatzes erzielt, die mit derjenigen der Industrie vergleichbar ist. Soweit diese Erfahrungen für Entwicklungsländer verwendbar sind, unterstreichen sie die Notwendigkeit eines Abzuges von Arbeitskräften aus der Landwirtschaft, um auf lange Sicht einer „Industrialisierung" der Landwirtschaft — verstanden als Übergang zu kapitalintensiveren und technisch verbesserten Bearbeitungsmethoden — den Weg zu ebnen. Industrialisierung ist notwendiger Bestandteil der Entwicklung.

Diese Aussage wird kaum ernsthaft in Frage gestellt. Sie wird weiter gerechtfertigt durch die Gesetzmäßigkeiten, die von *Engel* für

---

[9] Leibenstein, H. zitiert nach Chelliah, R. J.: Fiscal Policy in Underdeveloped Countries. With Special Reference to India. Liverpool, London 1960. S. 28.

die Veränderungen der Nachfrage nach Nahrungsmitteln und von Colin *Clark* allgemein für die Entwicklungstendenzen des primären, sekundären und tertiären Sektors in einer fortschreitenden Wirtschaft aufgezeigt wurden. Aus Beispielen entwickelter Länder, die sich bei weitgehender Spezialisierung auf Primärproduktion eines hohen Lebensstandards erfreuen, könnte für die Entwicklungsländer die Empfehlung abgeleitet werden, ihre auf Primärproduktion ausgerichtete Produktionsstruktur beizubehalten und auszubauen. Der Bedarf an Industrieprodukten, der mit steigendem Einkommensniveau typischer Weise überproportional ansteigt, wäre durch internationalen Güteraustausch zu decken. Wird von dem oben angeführten Argument einer für ausschließliche Primärproduktion disproportionierten Faktorausstattung abgesehen, so weist diese Empfehlung für Entwicklungsländer doch nur dann einen gangbaren Weg, wenn diese Länder ihre Primärprodukte trotz der Gesetzmäßigkeiten von Engel und Colin Clark zu günstigen Bedingungen im internationalen Handel gegen Industrieprodukte zu tauschen vermögen. Als Maßstab günstiger oder ungünstiger Austauschrelationen sind Realkostenvergleiche der ausgetauschten Güter, dargestellt durch die "single-factoral terms of trade"[10], und deren Bewegungen in der Zeit heranzuziehen. Gerade aus den Austauschbedingungen zwischen Primär- und Industrieprodukten im internationalen Handel und ihren Veränderungstendenzen wird jedoch abgeleitet, daß der Aufbau einer breit gestreuten Produktionsstruktur mit dem Schwergewicht auf industrieller Erzeugung Voraussetzung für eine nachhaltige Anhebung des Lebensstandards und für eine Stabilisierung der Binnenwirtschaft dieser Länder ist[11]. Daß die Forderung nach Industrialisierung für die Mehrzahl der Entwicklungsländer auch mit diesem Gedankengang wohl fundiert werden kann, wird in einem späteren Abschnitt dieser Arbeit deutlich werden.

Als Ausgangspunkt der nachfolgenden Erörterungen kann demnach festgehalten werden, daß Entwicklung im allgemeinen Industrialisierung im großen Stil beinhaltet. In der praktischen Politik der Entwicklungsländer nimmt die Förderung der Industrialisierung überwiegend eine vorrangige Stellung ein. Es ist bekannt, daß dies nicht nur Ergebnis ökonomisch-rationaler Erwägungen, sondern z. T. auch das Resultat politischer und emotionaler Strömungen ist. Aus einer gewissen Mythisierung der Industrialisierung, aus einer durch Augen-

---

[10] Viner, J.: Stability and Progress: The Poorer Countries' Problems. In: Hague, D. C. (ed.): Stability and Progress in the World Economy. The First Congress of the International Economic Association. London, New York 1958. S. 53 f.
[11] Vgl. Prebisch, R.: The Economic Development of Latin America and its Principal Problems. In: UN: Economic Bulletin for Latin America. Vol. VII, No. 1. February 1962.

schein gewonnenen Geringschätzung der Möglichkeiten produktiven Faktoreinsatzes in der Landwirtschaft und aus vielfältigen Mängeln der Agrarstruktur ergibt sich die Gefahr, daß das Postulat einer ausgewogenen Entwicklung von Industrie und Landwirtschaft zueinander verletzt wird. Die Aufgabe, das Wachstum des traditionellen landwirtschaftlichen Sektors mit der Expansion des neu zu schaffenden und ständig auszudehnenden industriellen Bereichs abzustimmen, wird in vielen Entwicklungsländern von den wirtschaftspolitischen Instanzen nicht ausreichend beachtet und vom Marktmechanismus nicht entfernt gelöst. Daraus ergeben sich im Zuge des Entwicklungsprozesses Ungleichgewichte, die unmittelbar eine Beschränkung der Expansion des industriellen Sektors induzieren oder strukturbedingte allgemeine Preissteigerungen auslösen[12]. Diese Konsequenzen sind im folgenden abzuleiten.

2. Sektorale Ungleichgewichte als Folge stagnierender landwirtschaftlicher Produktion

Die Gefahr inflationärer Ungleichgewichte entsteht während des Industrialisierungsprozesses nicht nur durch ein Nachhinken der landwirtschaftlichen Produktion. Industrialisierung impliziert die Schaffung „verlängerter Produktionsumwege", die Bildung von Realkapital in großem Ausmaß. Investitionen werden bei gegebenem Volkseinkommen in der Höhe realisiert, in der aus diesem Sozialprodukt Konsumverzicht geleistet wird. Die Übereinstimmung der Investitionen mit dem nicht konsumierten Teil des Einkommens, dem Sparen, ergibt sich zunächst als definitionsbedingte Identität. Wird nach dem Investitionsvolumen gefragt, das mit Preisstabilität vereinbar ist, so muß die Übereinstimmung von Sparen und Investieren der Bedingung genügen, daß sie nicht über allgemeine Preissteigerungen herbeigeführt wird. Das gegebene Preisniveau wird angehoben, wenn bei unveränderlicher Gesamtproduktion die Nachfrage nach Investitionsgütern größer wird als der Ausfall von Nachfrage nach Konsumgütern, der aus den freien Entscheidungen der Einkommensempfänger über die Verwendung ihrer Einkommen resultiert.

Dieser Investitionsspielraum kann durch Sparen der öffentlichen Hand und durch Kapitalbereitstellung des Auslandes inflationsneutral erweitert werden. Stabilität des Preisniveaus bedingt, daß die Investitionsgüternachfrage nicht über die Summe des angegebenen Sparens der Privaten, des Sparens der öffentlichen Hand und des Auslandes

---

[12] Vgl. vor allem: Maynard, G.: Economic Development and the Price Level. a.a.O.; Maynard, G.: Inflation in Economic Development. a.a.O.; Maynard, G.: Inflation and Growth: Some Lessons to be Drawn ... a.a.O.

im Inland hinauswächst. Ist diese Bedingung nicht erfüllt, so steigt die Gesamtnachfrage und hebt bei unveränderter Gesamtproduktion das Preisniveau an.

Es könnte eingewendet werden, daß in Entwicklungsländern das Auftreten einer expansiven Lücke zwischen Investieren und Sparen erwünscht sein müsse, weil steigende Nachfrage einen Abbau der versteckten Arbeitslosigkeit ohne Gefährdung des Geldwertes ermögliche. Dieses Argument baut auf *Keynes'schen* Gedankengängen auf und leitet aus dem Vorhandensein von Unterbeschäftigung ab, daß sich die Produktion bei unverändertem Preisniveau an steigende Gesamtnachfrage anpasse. Es verkennt die Tatsache, daß sich die Keynes'sche Unterbeschäftigung von der versteckten Arbeitslosigkeit der Entwicklungsländer wesentlich unterscheidet. Die allgemeine konjunkturelle Arbeitslosigkeit, die für Keynes im Mittelpunkt der Analyse stand, beinhaltet im Rahmen einer ausgewogenen und aufeinander abgestimmten Struktur der verfügbaren Produktionsfaktoren mangelnde Ausnutzung aller Faktorarten. Die Mengen der einzelnen Produktionsfaktoren stehen in einem Verhältnis zueinander, das eine Kombination aller Faktoren zu gemeinsamem Einsatz technisch möglich und ökonomisch sinnvoll erscheinen läßt. Entwicklungsländer sehen sich struktureller Arbeitslosigkeit gegenüber. Sie besteht in mangelnder Ausnutzung einzelner Faktorarten — des Faktors Arbeit — bei gleichzeitig voller Auslastung anderer Produktionsfaktoren, des Kapitals. Die Substitutionsmöglichkeiten des voll ausgelasteten durch den überschüssigen Faktor sind ausgeschöpft; vergrößerter Einsatz des letzteren setzt erhöhte Verfügungsmöglichkeit über ersteren voraus. Der Mangel an Faktoren, die für die Arbeitskraft komplementär sind, ist Bestandteil der von Engpässen und Disproportionalitäten beherrschten Struktur der Entwicklungsländer. Wenn in der Keynes'schen Analyse die Höhe der wirksamen Nachfrage als Determinante des Beschäftigungsniveaus herausgestellt wird, so betrifft dies unter den Bedingungen der Entwicklungsländer nur den Auslastungsgrad der Produktionsmittel, die relativ knapp sind und die Einsatzmöglichkeit der im Überschuß vorhandenen Faktoren limitieren. Der Beschäftigungsbereich, von dem aus eine weitere Ausdehnung der Gesamtnachfrage allein oder überwiegend Preisreaktionen hervorruft, ist in Entwicklungsländern vereinbar mit dem Vorhandensein beträchtlicher Unterbeschäftigung des Faktors Arbeit.

Es gilt also auch für Entwicklungsländer, daß überschüssige Gesamtnachfrage das Preisniveau anhebt[13]. Nachfrageinduzierte allgemeine

---

[13] Wird der Kapazitätseffekt der Investitionen berücksichtigt, so kann das Auftreten einer expansiven Lücke unter bestimmten Bedingungen notwendig und erwünscht sein, um Vollausnutzung der zusätzlichen Kapazitäten herbeizuführen. Der Zusammenhang ist von Wachstumsmodellen her bekannt.

Preissteigerungen werden im folgenden durch die Annahme ausgeschlossen, daß die Investitionsgüternachfrage nicht über das Maß hinauswächst, das bei gegebener Einkommensverwendung mit Preisstabilität vereinbar ist. Im einzelnen wird unterstellt, daß die Investitionsgüterproduktion durch die Nachfrage nach Investitionsgütern bei gegebenen Preisen gerade voll aufgenommen und daß das gesamte im Investitionsgüterbereich geschaffene Einkommen gespart wird. Diese Modellannahmen ermöglichen es, allein den Konsumgüterbereich zum Gegenstand der Betrachtung zu machen. Für diesen Sektor wird unterstellt, daß das entstehende Einkommen in voller Höhe konsumiert wird. Lageraufbau oder -abbau bei Konsumgütern als Investitionen oder Desinvestitionen werden nicht vorgenommen; sie könnten das zu behandelnde Problem zwar zeitlich verschieben, nicht aber aufheben. Die Konsumgüterproduktion tritt daher stets als Angebot auf den Markt und ist voll absatzfähig, weil Unvollkommenheiten der Preisbildung zunächst vernachlässigt werden. Die Preise sind marktdeterminiert und passen sich an, solange beim herrschenden Preis ein Ungleichgewicht zwischen Angebot und Nachfrage besteht.

Konsumgüter werden in landwirtschaftlicher und industrieller Produktion erstellt. Die landwirtschaftliche Erzeugung wird vereinfachend mit der Bereitstellung von Nahrungsmitteln identifiziert; von einer Weiterverarbeitung landwirtschaftlicher Erzeugnisse im Sektor industrieller Konsumgüter wird abgesehen. Die beiden betrachteten Gruppen von Konsumgütern — Nahrungsmittel und industriell gefertigte Konsumgüter — unterscheiden sich in ihrem Beitrag zur Bedürfnisbefriedigung des Konsumenten so wesentlich, daß Möglichkeiten einer Substitution zwischen beiden Gütergruppen nicht ins Gewicht fallen. Die Ausführungen beschränken sich zunächst auf eine geschlossene Wirtschaft, werden später jedoch durch Hinzuziehung des außenwirtschaftlichen Aspekts erweitert.

Nachdem die Begrenzungen des Industrialisierungsprozesses aufgezeigt und aus der Betrachtung ausgeschlossen wurden, die für den Aufbau der Investitionsgüterproduktion und allgemein für die Bereitstellung von Produktionsmitteln aus der Forderung nach Preisstabilität entstehen, können nun Beschränkungen herausgearbeitet werden, die der Ausweitung der industriellen Konsumgütererzeugung erwachsen (können). Es wird zunächst ein einfacher Fall dargestellt, in dem die Produktion industrieller Konsumgüter einmalig expandiert, Produktion und Angebot landwirtschaftlicher Erzeugnisse jedoch unverändert bleiben. Die Produktionssteigerung bei industriellen Konsumgütern werde in privatwirtschaftlich ausgerichteten Unternehmen auf Grund staatlich gewährter Produktionsanreize realisiert, ohne daß auf dem Absatzmarkt bei herrschendem Preis ein Überschuß der Nachfrage bestehe.

Es sind im folgenden zwei Problemkreise zu verfolgen. Mit der Expansion des Bereichs industrieller Konsumgüter wächst das Volumen der Gesamtproduktion und des Gesamtabsatzes an Konsumgütern. Preis- und Einkommensniveau[14] im Gesamtbereich der Konsumgüterproduktion werden durch die Entwicklung der monetären Gesamtnachfrage nach Konsumgütern bestimmt[15]. Da von Lagerhaltung abstrahiert und die Preise als flexibel angenommen wurden, findet die vermehrte Konsumgüterproduktion Absatz unabhängig davon, ob — gegebenenfalls wie stark — Einkommen und monetäre Nachfrage nach Konsumgütern ansteigen. Neben die Bestimmung von Nachfrage-, Preis- und Einkommensniveau im gesamten Konsumgüterbereich treten die strukturellen Auswirkungen der betrachteten Produktionssteigerung auf Nachfrage, Preise und Einkommen. Die einseitige Produktionssteigerung im Sektor industrieller Konsumgüter bei stagnierender landwirtschaftlicher Erzeugung verändert bei gegebener Nachfragestruktur die relativen Knappheiten der von beiden Konsumgüterbereichen angebotenen Güter. Die Nachfragestruktur kann sich im Anpassungsprozeß durch den Expansionseffekt steigender (Real-) Einkommen und/oder durch den Substitutionseffekt veränderter Preisrelationen verschieben.

Die Anpassungsprozesse sind im einzelnen zu untersuchen. Ihr Verlauf wird u. a. durch die Art und Weise bestimmt, in der sich der Produktionszuwachs realisiert. Es werden zwei Möglichkeiten unterschieden: (1) Die Zunahme der Produktion beruht auf einem Produktivitätsfortschritt bei gegebenem Arbeitseinsatz. Eine Bindung des Lohnsatzes an die Produktivität besteht nicht, so daß die Lohnsumme im Bereich industrieller Konsumgüter unverändert bleibt. Soweit in diesem Bereich zusätzliche Einkommen entstehen, fallen sie als Zinseinkommen den Kapitaleigentümern und als Gewinneinkommen den Unternehmern zu. Kapitaleigentümer und Unternehmer seien jeweils in der Person des Unternehmer-Kapitalisten vereinigt[16]. (2) Der Produktionszuwachs resultiert aus einer Ausdehnung des Arbeitseinsatzes bei gegebener Produktionstechnik und unveränderter Produktivität des Arbeitseinsatzes. Die Summe der Arbeitseinkommen wächst in der Konsumgüterindustrie bei gleichbleibendem Lohnsatz pro Arbeitseinheit proportional mit Arbeitseinsatz und Produktion.

---

[14] Wird der Begriff Einkommen ohne Zusatz angeführt, so bezeichnet er das Nominaleinkommen.

[15] Zwischen Einkommensniveau und monetärer Gesamtnachfrage kann wechselseitige Abhängigkeit bestehen.

[16] Die Begriffe Gewinn- und Kapitaleinkommen werden daher im folgenden synonym verwandt.

Produktion und Absatz industrieller Konsumgüter wachsen. Ob dies einen Einfluß auf die Höhe der Gesamtausgaben für Konsumgüter hat, hängt von dem Verhalten der Wirtschaftssubjekte ab, die von der Produktionsausweitung durch Verbesserung ihrer Einkommen profitieren (können). Nach den Voraussetzungen des unter (1) angegebenen Falles können unmittelbar nur die Unternehmerhaushalte des Bereichs industrieller Konsumgüter Einkommensverbesserungen erwarten. Sie werden erhöhte Einkommen empfangen, wenn die Ausgabensumme für industrielle Konsumgüter ansteigt. Es ist denkbar, daß die Unternehmerhaushalte auf Grund der Erwartung, mit dem Absatz werde zugleich ihr Einkommen steigen, ihre Konsumgüterausgaben erhöhen[17]. In dem Maße, in dem dies geschieht, wird zusätzliches Einkommen geschaffen. Erwarten sie, daß ihre Einkommen um einen Betrag steigen, der dem Produktionszuwachs bewertet mit unveränderten Preisen industrieller Konsumgüter entspricht, ist darüber hinaus die Höhe ihrer Nachfrage eine Funktion der von ihnen erwarteten Einkommen, so reicht die Zuwachsrate der Gesamtausgaben für Konsumgüter gerade aus, eine Erhöhung der Einkommen aus dem Absatz von Konsumgütern proportional zum Produktionszuwachs zu induzieren. Der Einkommenszuwachs fällt aber nur so weit den Haushalten der Produzenten industriell gefertigter Konsumgüter zu, als sie ihre eigenen und nicht die Erzeugnisse der Landwirtschaft vermehrt nachfragen.

Die betrachteten Haushalte werden einen — verglichen mit den Arbeitnehmerhaushalten — höheren Anteil steigender Einkommen zum Erwerb industrieller Konsumgüter und einen entsprechend geringeren Anteil zum Erwerb landwirtschaftlicher Konsumgüter aufwenden. Dies läßt sich aus dem höheren Versorgungsniveau und der Wirksamkeit des Engel'schen Gesetzes ableiten. Ist die marginale Quote der Nahrungsmittelausgaben größer als null, so fließt ein Teil der zusätzlichen Nachfrage in den Agrarsektor ab.

Unter diesen Bedingungen können die Anbieter industrieller Konsumgüter ihre Mehrproduktion — cet. par. — nur zu fallenden Preisen absetzen. Das Sinken des Wertes der Produktion hebt die einkommenserhöhende Wirkung eines Zuwachses der Produktionsmenge für den Bereich industrieller Konsumgüter — zum Teil — wieder auf. Die Zuwachsrate des Einkommens bleibt in diesem Bereich hinter der Wachstumsrate der Produktion um so stärker zurück, je niedriger die Einkommenselastizität und je geringer die Preiselastizität der Nachfrage nach industriellen Konsumgütern ist. Das Produkt aus Gesamtproduk-

---

[17] Die Tatsache, daß Unternehmerhaushalte in der Regel eine hohe, Arbeiter dagegen eine niedrige marginale Sparquote aufweisen, wurde durch die Modellvoraussetzungen eliminiert. Sie hat Einfluß auf die Investitionshöhe, die mit Preisstabilität vereinbar ist.

tion und ermäßigten Preisen industrieller Konsumgüter zeigt das Einkommen dieses Sektors an, das sich als Ergebnis der Veränderungen von Produktion und Nachfrage einstellt. In Höhe der Differenz zur Gesamtproduktion bewertet mit den Preisen der Ausgangslage bleibt das von den Unternehmerhaushalten erzielte Einkommen hinter dem von ihnen erwarteten Einkommen zurück. In Höhe dieser Spanne üben die Unternehmerhaushalte zusätzliche Nachfrage aus, die durch die Einkommensentwicklung nicht nachträglich „gerechtfertigt" wird und daher zu Lasten ihres Vermögens geht. Die Unternehmerhaushalte entsparen und transferieren einen Teil ihres Vermögens auf den Agrarsektor.

Dem Ausfall an zusätzlichem Einkommen im industriellen Sektor entspricht unter den gewählten Annahmen ein wertgleicher Zuwachs der Nachfrage nach Agrarprodukten. Preise und Einkommen in der Landwirtschaft steigen bei gleichbleibender Produktion von und unverändertem Angebot an Agrargütern. Was der industrielle Sektor — gemessen an der Zunahme seiner Produktion — an zusätzlichem Einkommen verliert, wächst der Landwirtschaft zu. Es entstehen hier Mehreinkommen aus Vermögenstransfer anderer Bereiche, nicht aus Leistungssteigerung. Soweit die Empfänger zusätzlicher Einkommen in der Landwirtschaft ihre Nachfrage nach industriellen Konsumgütern erhöhen, tragen sie ihrerseits zur Anhebung des Einkommens im Sektor industrieller Konsumgüter bei (Multiplikatorprozeß). Die marginale Quote dieser Nachfrage nach industriellen Konsumgütern dürfte gering sein, soweit die Empfänger des Einkommenszuwachses in der Landwirtschaft Inhaber von Subsistenzwirtschaften sind. Es wird noch auszuführen sein, daß hier ein hoher Anteil zusätzlicher Einkommen Nachfrage nach eigenen Produkten wird.

Antizipieren die Unternehmerhaushalte im Bereich industrieller Konsumgüter einen Preisfall ihrer Produkte und damit ein geringeres Anwachsen ihrer Einkommen, so mag die Annahme gerechtfertigt sein, daß sie ihre Nachfrage um einen entsprechend reduzierten Betrag ausdehnen. Allerdings entgehen sie damit dem angedeuteten Dilemma nicht, solange sie nicht mit dem Niveau zugleich die Struktur ihrer Nachfrage zugunsten industrieller Konsumgüter verändern. Da der einzelne Unternehmer das von ihm gewünschte Ergebnis nicht dadurch herbeiführen kann, daß er allein sich „richtig" verhält, ist eine solche gezielte Verlagerung der Nachfragestruktur nicht zu erwarten. Wird den Unternehmerhaushalten ein Verhalten unterstellt, nach dem sie nicht bereits auf Grund erwarteter, sondern nur auf Grund realisierter Einkommenssteigerungen ihre Nachfrage ausdehnen, so folgt der Produktionszunahme keine Erhöhung von Nachfrage und Einkommen. Die Ausweitung des Produktions- und Absatzvolumens wird durch eine

Senkung des Preisniveaus in ihrer Einkommenswirkung voll kompensiert. Die Struktur der Mehrproduktion bestimmt gemeinsam mit der Zusammensetzung zusätzlicher Konsumgüterausgaben, wie sich die Preisrelationen zwischen Landwirtschaft und Konsumgüterindustrie in dem betrachteten Anpassungsprozeß verschieben. Der Prozeß der Verschiebung der Preisrelationen kann sich bei gleichbleibendem, steigendem oder sinkendem Niveau der Preise vollziehen. Veränderungen des Preisniveaus werden bei gegebenem Umfang von Gesamtproduktion und -absatz durch die Höhe der monetären Gesamtnachfrage nach Konsumgütern determiniert, wie ausgeführt wurde. Die Prämissen des Modells implizieren weiter, daß die Höhe der Ausgabensumme unmittelbar nur die nominelle, nicht aber die reale Einkommensentstehung beeinflußt. Es wurde gezeigt, daß das Realeinkommen in jedem Fall in dem durch die Produktionssteigerung bestimmten Maß zunimmt — einmal bei steigendem, das andere Mal bei gleichbleibendem Nominaleinkommen. Während der Entwicklung von Ausgabensumme und Nominaleinkommen somit keine Bedeutung für die Höhe der erstellten und abgesetzten Produktion beigemessen wird, mögen die Auswirkungen auf die in der Zukunft zu erstellende Produktion gleichwohl davon abhängen, ob — gegebenenfalls wie stark — der Absatzpreis sinkt.

Produktionsausweitung und Absatz der Mehrproduktion zu unverändertem Preis honorieren den expandierenden Bereich durch Einkommenserhöhungen voll für die Erbringung vermehrter Leistung. Preissenkungen entziehen einen Teil des Leistungsanreizes. Sie kommen allen Konsumenten entsprechend ihrem Verzehr der reichlicher angebotenen Produkte zugute. Müssen die Preise industrieller Konsumgüter so weit gesenkt werden, daß das Produkt aus zunehmendem Absatz und fallenden Preisen den Ausgangswert beibehält, so profitieren die Produzenten unmittelbar überhaupt nicht von der Produktionssteigerung, die sie realisieren konnten. Lediglich die Unternehmerhaushalte erleben — wie alle Konsumenten industrieller Konsumgüter — durch Preissenkungen eine Verbesserung ihrer Realeinkommen. Typischer Weise beruht die Verbesserung der Produktivität des Arbeitseinsatzes, die der Produktionsausweitung zugrunde liegt, auf verstärkter Ausstattung der Arbeitskraft mit Kapital. Steigen die Ausgaben für industrielle Konsumgüter nicht, so erzielt das zusätzlich eingesetzte Kapital keine Verzinsung. Die Produktionsausweitung ist also für die vorpreschenden Unternehmen kalkulatorisch mit einem Verlust oder einer Schmälerung ihrer Gewinne verbunden.

Von der resultierenden Veränderung der Einkommen im industriellen Sektor hängt es ab, ob die Ausdehnung der Produktion als lohnend angesehen wird und daher einen Anreiz zu weiterer Expansion offenläßt, ob sie ein Stagnieren der Produktion auf dem gegebenen Niveau hervorruft — weil die Einkommen nicht hinreichend ansteigen — oder ob sie durch Einschränkung der Beschäftigung rückgängig gemacht wird — weil sie den Gewinn schmälert. Die Modellvoraussetzungen implizieren, daß jeder Einkommenszuwachs im industriellen Sektor als zusätzliches Kapitaleinkommen angesprochen werden kann. Wird berücksichtigt, daß sich der Kapitaleinsatz erhöht und das zusätzlich eingesetzte Kapital einer Verzinsung bedarf, so ist die Ausdehnung der Produktion rentabel, wenn sie eine Verzinsung des zusätzlich eingesetzten Kapitals in einer als angemessen angesehenen Mindesthöhe gewährleistet. Wie groß der Einkommenszuwachs sein muß, hängt von der geforderten Mindestverzinsung pro Kapitaleinheit und von der Höhe des marginalen Kapitalkoeffizienten ab, die bei gegebenem Produktionswachstum den Mehreinsatz an Kapital determiniert. Je größer der marginale Kapitalkoeffizient und je höher die geforderte Mindestverzinsung, desto stärker muß das Einkommen im Sektor industrieller Konsumgüter steigen, um die Investition als rentabel erscheinen zu lassen.

Der Zusammenhang wird mit Hilfe einer tautologischen Beziehung verdeutlicht:

$$Y = O \cdot P = K \cdot r + A \cdot l$$

Y stellt das Einkommen, K die Einsatzmenge des Faktors Kapital, r die effektive Verzinsung des Kapitals, A die quantitative Arbeitsleistung gemessen in Arbeitsstunden und l den durchschnittlichen Lohnsatz dar. Das Produkt $K \cdot r$ ergibt das Kapitaleinkommen, das Produkt $A \cdot l$ die Summe der Arbeitseinkommen. Die Gleichung wird umgeformt zu:

$$1 = \frac{K \cdot r}{O \cdot P} + \frac{A \cdot l}{O \cdot P}$$

Die folgende Argumentation sowie alle Variablen der Gleichung beziehen sich allein auf den Sektor industrieller Konsumgüter. Die beiden Quotienten repräsentieren die Anteile der Kapital- und der Arbeitseinkommen am Gesamteinkommen des Sektors. Die Lohnsumme $(A \cdot l)$ bleibt voraussetzungsgemäß konstant. Das Anwachsen der Produktion (O) vermindert die Lohnquote, wenn nicht das Preisniveau industrieller Konsumgüter (P) so stark sinkt, daß das Produkt $O \cdot P = Y$ konstant bleibt. Verringert sich die Lohnquote, so steigt der Anteil der Kapitaleinkommen entsprechend an, da sich die Summe beider Quoten definitionsbedingt auf den Wert eins ergänzt. Der

Quotient, der den Anteil des Kapitaleinkommens wiedergibt, enthält als Komponente den technisch determinierten Kapitalkoeffizienten $\frac{K}{O}$. K und O wachsen. Geht die Vermehrung des Kapitaleinsatzes nicht mit einer Verbesserung der technischen Verfahren einher, so sind die Bedingungen des Ertragsgesetzes gegeben; K ist der variierende, A der konstante Faktor. Der Kapitalkoeffizient dürfte sich unter diesen Bedingungen vergrößern. Bei gegebenen Werten von O und P resultiert eine geringere effektive Verzinsung des zusätzlich eingesetzten Kapitals, als sie bei gleichbleibendem Kapitalkoeffizienten erzielbar wäre. Das Ansteigen des Kapitalkoeffizienten kann vermieden werden, wenn die Vermehrung der Quantität mit einer Verbesserung der Qualität des Kapitals verbunden ist, wenn sich also die Produktionstechnik verbessert. Der Umfang der Mehrproduktion bestimmt im Zusammenhang mit dem technisch determinierten marginalen Kapitalkoeffizienten und der von den Unternehmern geforderten Mindestverzinsung der zusätzlichen Kapitalgüter, wie weit das Preisniveau industrieller Konsumgüter sinken darf, ohne den Anreiz zu weiterer Leistungssteigerung aufzuheben. Der Zusammenhang wird wieder aufgenommen.

Zunächst werden jedoch veränderte produktionstechnische Voraussetzungen eingeführt. Bisher wurde von der Annahme ausgegangen, daß der Produktionszuwachs bei unverändertem Arbeitseinsatz und gleichbleibendem Lohn pro Arbeitseinheit realisiert werde. Es ist daran zu erinnern, daß ein Teil der Entwicklungsländer über ein ungenutztes Reservoir an Arbeitskräften verfügt, dessen produktiver Einsatz Aufgabe der Industrialisierung ist. Für diese Länder steht eine Ausdehnung industrieller Produktion im Vordergrund, die vermehrten Einsatz des Faktors Arbeit ermöglicht. Die bisher unterstellte Ausdehnung industrieller Produktion mit Hilfe von Produktivitätssteigerungen hat in Volkswirtschaften mit begrenztem Arbeitspotential Bedeutung. Abweichend von der vorstehend betrachteten Konstellation muß hier aber ein Einfluß der Produktivitätsverbesserung auf die Lohnhöhe erwartet werden. Im Rahmen der vorliegenden Erörterungen hat eine Beschäftigungsausweitung bei gleichbleibender Lohnhöhe ähnliche Auswirkungen wie eine Anhebung des Lohnsatzes bei unveränderter Beschäftigungsmenge.

Analysiert wird im folgenden der Fall einer Ausweitung des Arbeitseinsatzes im Sektor industrieller Konsumgüter. Die zusätzlichen Arbeitskräfte können aus anderen Bereichen gewonnen werden, ohne daß dort eine Verminderung der Produktion eintritt. Die Ausweitung von Produktion und Beschäftigung erfolgt bei gegebener Produktionstechnik und gleichfalls steigendem Kapitaleinsatz. Die Situation ist dadurch gekennzeichnet, daß in der Gleichung

$$\frac{O}{A} = \frac{O}{K} \cdot \frac{K}{A}$$

die Werte der einzelnen Quotienten unverändert bleiben. Das Einsatzverhältnis von Kapital und Arbeit wird beibehalten, der Ausstoß erhöht sich proportional zum Einsatz der Faktoren[18]. Die neu in den Produktionsprozeß aufgenommenen Arbeitskräfte verändern den bisher gezahlten Lohnsatz nicht. Für die Unternehmen, die die Produktionserhöhung realisieren können, steigt daher die Summe der Lohnkosten proportional mit dem Arbeitseinsatz an. Die Lohnkosten pro Produkteinheit bleiben unverändert; die Summe der Lohnkosten wächst mit der Zahl der produzierten Einheiten.

Es ist wieder nach der Entwicklung der Absatzerlöse im Bereich industriell gefertigter Konsumgüter zu fragen. Die neu eingestellten Arbeitskräfte verteilen ihre Einkommen als Ausgaben auf Nahrungsmittel und industrielle Konsumgüter entsprechend den Präferenzen, die sich in den Einkommenselastizitäten der Nachfrage niederschlagen. Ihre Ausgaben stellen jedoch nur zusätzliche Nachfrage dar, soweit sie nicht an die Stelle bereits vorher von diesen Wirtschaftssubjekten ausgeübter Nachfrage treten, die jetzt unterbleibt. Zu denken ist an die Möglichkeit, daß die betrachteten Arbeitskräfte vor ihrer Einstellung Arbeitslosenunterstützung bezogen und die daraus fließende Nachfrage nach ihrer Einstellung entfällt; oder daß sie im Familienverband mitversorgt wurden, die Familie nach dem Entfallen der Versorgungsleistungen ihre Nachfrage entsprechend einschränkt, etc. Von diesen Möglichkeiten wird abgesehen.

Während die expandierenden Unternehmen der Konsumgüterindustrie den Kosteneffekt der zusätzlich zu zahlenden Lohneinkommen in vollem Umfang tragen, kommt ihnen der Einkommens- und Nachfrageeffekt nur in dem Maße zugute, in dem die neu eingestellten Arbeitskräfte industrielle Konsumgüter nachfragen. Diese Arbeitskräfte werden nur ein geringes Versorgungsniveau erreichen. Daher wenden sie nach den bekannten Überlegungen einen großen Anteil ihrer Einkommen für Nahrungsmittel und einen entsprechend geringen Anteil für industrielle Konsumgüter auf. Es ist also zu erwarten, daß für die expandierenden Unternehmen eine beträchtliche Spanne zwischen den zusätzlichen Kosten für die neu eingestellten Arbeitskräfte und dem Erlöszuwachs aus dem Absatz an diese Wirtschaftssubjekte auftritt. Die Erhöhung der in der Landwirtschaft bezogenen

---

[18] Es wird also von den Bedingungen einer linear-homogenen Produktionsfunktion ausgegangen.

I. Nachhinken der Landwirtschaft

Einkommen kann ein Anwachsen der Nachfrage nach industriellen Konsumgütern induzieren. Wie ausgeführt wurde, dürfte dieser Effekt die negative Bilanz der Produktionsausdehnung für die Produzenten industrieller Konsumgüter nur unwesentlich verbessern. Auch hier ist das Verhalten der Unternehmerhaushalte im Bereich industrieller Konsumgüter zu berücksichtigen. In dem Maße, in dem diese Haushalte auf Grund der Produktionsausweitung eine Erhöhung ihrer Einkommen erwarten, ihre Konsumgüterausgaben erhöhen und dabei vermehrt industrielle Konsumgüter nachfragen, erhöhen sie den Erlös aus dem Absatz industriell gefertigter Konsumgüter. Das Verhalten wird wiederum bestimmt durch die Einkommenserwartungen der betrachteten Unternehmerhaushalte, durch die Elastizität ihrer Nachfrage in bezug auf erwartete Einkommensveränderungen und durch die Verteilung zusätzlicher Nachfrage auf industriell und landwirtschaftlich gefertigte Konsumgüter. Indem die Unternehmerhaushalte ihre eigenen Produkte vermehrt nachfragen, vermindern sie unter den jetzigen Bedingungen zunächst nur die Differenz zwischen Kostenanstieg und Erlöszuwachs; d. h., sie vermindern den Verlust, der ihnen aus der Mehrproduktion droht.

Die Gewinnsituation der Produzenten industrieller Konsumgüter verschlechtert sich weiter, wenn der verstärkte Kapitaleinsatz und die diesem Kapitaleinsatz zuzurechnende Verzinsung in die Betrachtung einbezogen werden. Zur Erläuterung wird die bekannte Gleichung herangezogen:

$$1 = \frac{K \cdot r}{O \cdot P} + \frac{A \cdot l}{O \cdot P}$$

Es wurde davon ausgegangen, daß sich Arbeitsproduktivität $\frac{O}{A}$ und Kapitalkoeffizient $\frac{K}{O}$ im Zuge der Produktionsausdehnung nicht verändern. Da der Lohnsatz konstant bleibt, während das Preisniveau industrieller Konsumgüter (P) sinkt, steigt der vom Unternehmer zu zahlende Reallohn $\frac{l}{P}$. Es steigt damit der Anteil der Arbeitseinkommen am Gesamteinkommen des Sektors industrieller Konsumgüter. Die Lohnquote vergrößert sich, je stärker P sinkt. Der Zunahme der Lohnquote entspricht notwendig ein Fallen des Anteils der Unternehmereinkommen. Bei gleichbleibendem Kapitaleinsatz pro Produkteinheit schlägt sich dies in einem Absinken der Rendite (r) des eingesetzten Kapitals nieder. Die Verzinsung — gemessen als Geldbetrag pro Einheit des eingesetzten Kapitals — sinkt durch zwei Einflüsse: Bei gleichbleibendem Wert des Quotienten, der den Anteil des Kapitaleinkommens repräsentiert, impliziert jedes Absinken von P ein Fallen der Verzinsung in gleicher Proportion. Darüber hinaus beinhaltet die soeben abgeleitete Verringerung des Kapitalanteils eine weitere Abnahme des Betrages, der den Unternehmern als Verzinsung pro Kapitaleinheit verbleibt. Die Rendite sinkt also überproportional zum Preisniveau industrieller Konsumgüter. Sinken die Preise so stark, daß der Erlöszuwachs der Mehrproduktion (absolut) hinter den zusätzlichen Lohnkosten zurückbleibt, so wird die effektive Verzinsung des neu eingesetzten Kapitals negativ.

Da die expandierenden Unternehmen privatwirtschaftliche Zielsetzungen verfolgen, lassen sie eine absolute Verringerung ihres Kapitaleinkommens durch die Produktionsausweitung nicht zu. Sie schränken Produktion und Beschäftigung wieder ein. Steigt die Nachfrage nach industriellen Konsumgütern stark genug, um eine positive Verzinsung des neu eingesetzten Kapitals zu ermöglichen, so hängen weitere Produktionsentscheidungen der Unternehmer vom Verhältnis dieser Verzinsung zu der als angemessen betrachteten Rendite ab. Selbst wenn jede positive Verzinsung ausreichen sollte, die Rücknahme der Produktionsausdehnung zu verhindern, so ist damit noch nicht viel erreicht. Entscheidend ist, daß ein Anreiz zu weiterer Expansion erhalten bleibt. Dieser Anreiz ist nur gegeben, wenn die tatsächliche nicht unter der geforderten Rendite liegt. Die Vorstellungen über eine angemessene Verzinsung und einen angemessenen Anteil des Unternehmereinkommens am Gesamteinkommen orientieren sich häufig an den in der Vergangenheit realisierten Werten. Trifft dies zu, so darf die Rendite des neu eingesetzten Kapitals nicht wesentlich unter der bisher erzielten liegen. Das bedeutet wiederum, daß die Preise industrieller Konsumgüter nur geringfügig fallen dürften.

3. Die Antinomie zwischen Preisstabilität und Wachstum

Der mögliche Zielkonflikt zwischen Geldwertstabilität und Entwicklung ist nach den vorhergehenden Überlegungen leicht nachzuweisen. Werden die betrachteten Produktionssteigerungen im Interesse einer Förderung der Entwicklung als notwendig oder erwünscht angesehen, so sind Bedingungen zu schaffen, die ihre Realisierung belohnen und nicht bestrafen[19]. Wie soeben gezeigt wurde, beinhaltet diese Forderung, daß die Preise industrieller Konsumgüter als Folge der Produktionsausdehnung nicht unter eine bestimmte Grenze fallen dürfen. Es wurde ausgeführt, daß mit den Strukturverlagerungen von Angebot und Nachfrage in der Expansion das Ausmaß *relativen* Sin-

---

[19] Die Annahme, daß der Staat die Produktionsausdehnung begünstigt habe, kann nicht bedeuten, daß er die Produktion durch ständige Subventionierung rentabel erhält.

kens der Preise industrieller Konsumgüter festgelegt ist. Mit der zulässigen *absoluten* Senkung der Preise industrieller Konsumgüter ist der marktdeterminierte Anstieg der Agrarpreise gegeben. Zugleich ist eindeutig bestimmt, wie stark die Gesamtnachfrage steigen muß, um bei gegebenen strukturellen Bedingungen auf dem Markt industrieller Konsumgüter die Nachfrage zu schaffen, die den Preis dieser Güter auf dem gewünschten Niveau hält.

Wird der Primat des Entwicklungspostulats gegenüber der Forderung nach Preisstabilität anerkannt, so ist demnach die Gesamtnachfrage als Variable anzusehen und so zu steuern, daß eine bestimmte Höhe der Nachfrage nach industriellen Konsumgütern resultiert. Das unter diesen Gesichtspunkten zu wählende Niveau der Gesamtnachfrage wird in der Regel mit der Stabilität des Geldwertes nicht zu vereinbaren sein. Ein Anwachsen der Gesamtnachfrage überproportional zum Gesamtangebot wird also zugelassen oder bewußt induziert, um bestimmte Wachstumsimpulse zu erhalten. Der Einsatz der globalen Mittel der Geld- und Fiskalpolitik kann nicht an der Zielsetzung einer Stabilisierung des Geldwertes orientiert werden, sondern ist einem anderen widerstreitenden Postulat unterzuordnen. "If agricultural output is not rising, or rising but very slowly, then the terms of exchange between agricultural goods and industrial goods must move strongly in favour of the former, if demand for the latter is to make the continued expansion of output worthwhile to private entrepreneurs. As we have said, this is very difficult to achieve except in the context of a rise in the general price level. Governments may therefore be forced to choose between on the one hand, allowing the rate of agricultural development to determine the overall rate of growth, and on the other, breaking the restriction by permitting inflation[20]." Solange nur das Volumen, nicht aber die Struktur der gesamten Nachfrage nach Konsumgütern als beeinflußbar gilt und solange die Ausdehnung des Angebots in der bisher unterstellten Weise erfolgt, ist das aufgezeigte Dilemma nicht lösbar.

Damit sind zwei Fragen angeschnitten: (1) Läßt sich die Struktur der Nachfrage an die gegebene Struktur des Angebots so weit anpassen, daß die marktdeterminierte Verschiebung der Preisrelationen bei Konsumgütern aufgehoben oder so beschränkt wird, daß ein Ansteigen des Preisniveaus als Anreiz für die Produzenten industrieller Konsumgüter unterbleiben kann? (2) Ist die Expansion des Angebots in der bisher angenommenen Struktur fixiert oder kann sie beeinflußt und der Zusammensetzung der Nachfrage angepaßt werden?

---

[20] Maynard, G.: Economic Development and the Price Level. a.a.O. S. 58.

Umstrukturierung und Anpassung der Mehrnachfrage nach Konsumgütern an die gegebene Struktur des Angebotszuwachses muß auf eine Umleitung der Nachfrage vom Markt für Agrarprodukte zum Markt industrieller Produkte abzielen. Es könnte ein Substitutionseffekt in der gewünschten Richtung als marktgerechte Reaktion auf die Verschiebung der Preisrelationen auftreten, indem die Konsumenten die relativ teurer werdenden Agrarerzeugnisse durch industrielle Konsumgüter substituieren. Die Stärke des Substitutionseffektes läßt sich mit Hilfe der Substitutionselastizitäten zwischen beiden Gütergruppen bemessen. Wie ausgeführt wurde, unterscheiden sich Nahrungsmittel und industriell gefertigte Konsumgüter in ihrem Beitrag zur Bedürfnisbefriedigung so wesentlich, daß der Anpassungsfähigkeit der Nachfragestruktur an die veränderten Preisrelationen keine Bedeutung zukommt. Da der Preismechanismus demnach keinen ausreichenden Beitrag zur Beeinflussung der Nachfragestruktur leisten kann, stellt sich diese Aufgabe der Wirtschaftspolitik.

Kann der Staat die gewünschte Umstrukturierung der Konsumgüternachfrage durch wirtschaftspolitische Eingriffe herbeiführen? Ein Ansatzpunkt für solche Maßnahmen könnte in der Tatsache gesehen werden, daß einzelne Konsumentengruppen unterschiedliche Präferenzen bei der Aufteilung ihrer Ausgaben auf Agrargüter und industrielle Konsumgüter aufweisen. Es ist bekannt, daß Einkommensempfänger mit hohem Versorgungsniveau einen höheren Anteil steigender Einkommen für industrielle Konsumgüter ausgeben, als dies bei einkommensschwachen Bevölkerungsgruppen der Fall ist. Durch eine Verteilung der Steuerlast, die hohe Einkommen zu Lasten kleiner Einkommen begünstigt, könnte daher theoretisch der Anteil der Nahrungsmittelausgaben gesamtwirtschaftlich gesenkt, die Quote der Ausgaben für industrielle Konsumgüter entsprechend angehoben werden. Offensichtlich steht eine solche Politik sozialen Zielsetzungen entgegen. Abgesehen von diesem Zielkonflikt erfordert eine solche Steuerpolitik starke und unabhängige finanzpolitische Instanzen sowie einen leistungsfähigen Verwaltungsapparat. Das gleiche gilt für eine Steuerpolitik, die durch Incentives und Disincentives eine Umstrukturierung der Konsumgüternachfrage anstrebt. Eine solche Politik hat freilich ohnehin nur geringe Erfolgsaussichten, da schon Incentives und Disincentives sich verschiebender Preisrelationen die Nachfragestruktur kaum beeinflussen können.

Nimmt der Staat die Struktur der privaten Nachfrage als gegeben hin und beschränkt sich auf die Beeinflussung des Volumens dieser Nachfrage, so könnte er durch globale Besteuerung der Einkommen die private Gesamtnachfrage nach Konsumgütern so weit drosseln, daß die Agrarpreise nicht stärker steigen, als mit dem zulässigen Preisfall industrieller Konsumgüter — der also ausreichend Anreiz für die Produktionsausdehnung beläßt — und der Aufrechterhaltung der Preisstabilität vereinbar ist. Eine solche globale Reduzierung der Konsumgüternachfrage erhöht jedoch auf dem Markt industrieller Konsumgüter den Überhang des Angebots bei herrschendem Preis. Sie vermindert das Ungleichgewicht auf dem Markt für Agrargüter um den Preis einer weiteren Verschlechterung der Absatzlage bei industriellen Konsumgütern. Um die Wachstumsimpulse zu erhalten, müßte der Staat seinerseits Nachfrage nach industriellen Konsumgütern ausüben. Der Staat wird in großem Umfang Nutznießer jeder Produktionssteigerung, die privaten Wirtschaftssubjekte werden in gleichem Umfang zu einem Verzicht auf zusätzlichen Konsum gezwungen. Könnten die Faktorleistungen innerhalb des industriellen Sektors als transferabel angesehen werden, so könnte der Staat die Nachfragelücke, die durch den zwangsweisen Konsumverzicht der Privatwirtschaft aufgetan wird, wahlweise mit öffentlichen Konsum- oder Investitionsausgaben schließen. Eine solche Politik verschiebt das Problem auf die Ebene, auf der diskutiert wurde, welcher Konsumverzicht der Privatwirtschaft ohne Gefährdung der Preisstabilität auferlegt werden kann.

Die Realisierbarkeit bestimmter wirtschaftspolitischer Zielvorstellungen hängt wesentlich von Einsatzbereitschaft und Leistungsfähigkeit des Staats- und Verwaltungsapparates ab. Es wurde deutlich, daß in Entwicklungsländern gestaltende und korrigierende Eingriffe wirtschaftspolitischer Instanzen besonders dringlich und erwünscht sind. Offensichtlich ist aber, daß in Entwicklungsländern nicht ein hochentwickelter, leistungsfähiger Staats- und Verwaltungsapparat einer mit allen Merkmalen der Unterentwicklung ausgestatteten Wirtschaft gegenübersteht. Auch hier gilt das Prinzip zirkulärer Abhängigkeit und Verbundenheit im Zustand der Unterentwicklung. „Zu den Arbeitsbedingungen unserer hochindustrialisierten und sozial kompliziert gefügten Wirtschaften gehört der leistungstüchtige Staat, der mit einer geschulten, von einem starken Amtsethos getragenen und nicht korrupten Verwaltung arbeitet. Nun wird ein Staat, der zu einer durchgeformten Nationalwirtschaft erst kommen will, einer solchen Staatsverwaltung ganz besonders bedürfen, aber diese wieder braucht eine leistungsfähige Wirtschaft, allein schon zur steuerlichen Aufbringung der Mittel, die eine solche Staatsverwaltung kostet. Der Zirkel ist so offensichtlich, daß der Generalsekretär der United Nations, Hammerskjöld, nach seinen Erfahrungen aussprach, das Fehlen einer qualifizierten und nicht korrupten ... Beamtenschaft sei der eigentlich entscheidende Engpaß für die wirtschaftliche Entwicklung der jungen Länder. Die Entwicklung einer leistungsfähigen Staatsverwaltung und einer leistungstüchtigen nationalen Wirtschaft sind also im Grunde ein einheitlich durchzuführender Prozeß[21]."

Wirtschaftspolitische Eingriffe, die über die globale Beeinflussung der Gesamtnachfrage hinausgehen, haben sich vor allem auf gezielten Einsatz steuerlicher Maßnahmen zu stützen. Die geringe Leistungsfähigkeit wirtschaftspolitischer Instanzen wird daher durch Hinweise auf die Steuersysteme in Entwicklungsländern sinnvoll belegt. *Sunkel* kritisiert an dem chilenischen Steuersystem "its inflexibility, regressivity and major instability"[22]. Diese Kritik kann auf die meisten Länder Latein-Amerikas und auf viele andere Entwicklungsländer übertragen werden[23]. Das gesamte Steueraufkommen macht einen relativ geringen Anteil des Sozialprodukts aus. Der Anteil betrug in Indien 1955/56 knapp 8 %[24]. Zur Begründung wird darauf hingewiesen, daß sich die ökonomische Aktivität zum Teil außerhalb des Marktbereichs vollzieht und daher steuerlich nicht zu erfassen ist, daß direkte Steuern relativ unergiebig sind, weil die Mehrzahl der Einkommen für eine Belastung durch direkte Steuern zu niedrig ist, weil bei höheren Einkommen die Investitionsbereitschaft erhalten werden soll, weil die Steuermoral mangelhaft ist und weil "... the administration of the tax laws leaves much to be desired"[25]. Allgemein scheint der Anteil des Volkseinkommens, den die öffentliche Hand auf sich zu ziehen vermag, mit dem Entwicklungsniveau anzusteigen.

Die öffentlichen Einnahmen werden zu einem erheblichen Teil aus Export- und Importzöllen, aus Konzessionen an ausländische Unternehmen sowie aus der Besteuerung von Exportunternehmen gewonnen. In sieben von dreizehn Berichtsländern Latein-Amerikas betrug die Quote der genannten Einnahmen an den Gesamteinnahmen der öffentlichen Hand — zum Teil erheblich — mehr als 45 %; nur in zwei Ländern lag sie unter 25 %[26]. Wegen starker Fluktuationen von Einkommen und Erlösen in diesem Bereich sind die öffentlichen Einnahmen durch Instabilität gekennzeichnet. Die Regressivität der Steuersysteme leitet sich aus dem großen Gewicht der indirekten Steuern im Rahmen dieser Systeme ab. Indirekte Steuern zeichnen sich dadurch aus, daß sie leicht zu erheben und relativ unmerklich

---

[21] Paulsen, A.: Die Eingliederung armer Länder in den Prozeß der wirtschaftlichen Entwicklung. In: Universitätstage 1960. Veröffentlichung der Freien Universität Berlin. Berlin 1960. S. 90.

[22] Sunkel, O.: a.a.O. S. 121.

[23] Vgl. u. a. UN: Economic Survey of Latin America 1955. New York 1956. S. 131 ff.; Chelliah, R. J.: a.a.O. S. 106 ff.

[24] Vgl. Chelliah, R. J.: a.a.O. S. 107.

[25] UN: Economic Survey of Latin America 1955. New York 1956. S. 131.

[26] Vgl. ebd., S. 132 f.

I. Nachhinken der Landwirtschaft

sind[27]. Die geringe Ausprägung der direkten Steuern schwächt die anderen Steuersystemen innewohnende Automatik ab, mit der aus wachsenden Volkseinkommen überproportional steigende Steuereinnahmen gezogen werden. Dieser Exkurs macht deutlich, daß eine erfolgreiche Umstrukturierung der Konsumgüternachfrage durch staatliche Eingriffe kaum erwartet werden darf.

Es bietet sich daher an, die Struktur des zusätzlichen Angebots einer näheren Betrachtung zu unterziehen. Bisher wurde davon ausgegangen, daß die Produktion industrieller Konsumgüter einseitig expandiert, während das Angebot an Nahrungsmitteln stagniert. Es bleibt zu untersuchen, wie das Angebot landwirtschaftlicher Güter auf das absolute und relative Ansteigen der Absatzpreise reagiert. Der Preismechanismus hat u. a. die Funktion einer gewissen Angleichung der Nachfrage- an die Angebotsstruktur. Im Vordergrund steht aber die Aufgabe, das Angebot an die Nachfrage anzupassen. Die Präferenzen der Nachfrage bestimmen über die Bildung der relativen Preise, was in welcher Menge produziert wird. Entspricht in der Expansion die Struktur des Angebots nicht den in der Zusammensetzung der Nachfrage manifestierten Präferenzen der Konsumenten, so entstehen Ungleichgewichte auf Teilmärkten, die Verschiebungen der Preisrelationen induzieren. Diese Ungleichgewichte und die resultierenden Anpassungsprozesse sind charakteristisch für die Funktionsweise jeder marktwirtschaftlichen Ordnung. Daß partielle Ungleichgewichte auftreten und Ausgleichsprozesse der betrachteten Art auslösen, kann nicht ausreichen, eine Antinomie zwischen Wachstum und Preisstabilität zu begründen. In dem Maße, in dem sich durch das Abfließen zusätzlicher Nachfrage in den Agrarbereich der Anreiz zur Produktionssteigerung für den industriellen Sektor abschwächt, wird notwendig im Agrarsektor ein Anreiz geschaffen, das Steigen der Absatzpreise auf den Märkten der eigenen Produkte mit einer Ausdehnung der Erzeugung zu beantworten. Wenn die Verschiebung der Preisrelationen in dem vorpreschenden Sektor eine gewisse Stagnation auslöst, so kann erwartet werden, daß der gleiche Anstoß in der Landwirtschaft eine Expansion induziert. Diese Expansion im Agrarsektor strahlt dann ihrerseits Impulse zur Produktionsausweitung auf den industriellen Sektor aus, etc.

Mit anderen Worten: Wenn die Produzenten industrieller Konsumgüter nach den bisher angestellten Überlegungen bei stabilem Geldwert eine weitere Ausdehnung ihrer Produktion für unrentabel halten und daher unterlassen, so ist die Betrachtung in einer Marktwirtschaft mit funktionsfähigem Steuerungsmechanismus der Preise aus-

---

[27] Vgl. ebd., S. 137 ff.

zuweiten auf die Reaktion des zunächst stagnierenden Agrarbereichs. In der zweiten Phase wird die landwirtschaftliche Erzeugung bei stagnierender Produktion industrieller Konsumgüter ausgedehnt. Jetzt profitieren die Anbieter industrieller Konsumgüter ohne eigene Mehraufwendungen von der Leistungssteigerung der Landwirtschaft. In einem marktwirtschaftlichen System strahlt der auf einen Sektor konzentrierte Anstoß zur Produktionsausdehnung Impulse aus, die ein wechselseitiges Hochschaukeln induzieren, wenn der Preismechanismus Abstimmungs- und Steuerungsfunktion befriedigend löst. Die Verschiebung der Preisrelationen zugunsten der Agrarprodukte und zu Lasten industrieller Konsumgüter kann demnach ein einmaliger und reversibler Vorgang sein. Eine Antinomie zwischen Wachstum und Preisstabilität kann nur durch Störung der Wirkungs- und Reaktionsketten auftreten, die einer funktionsfähig preisgesteuerten Wirtschaft immanent sind. Für das konkrete Verhältnis zwischen Landwirtschaft und Konsumgüterindustrie heißt das: Versickern die Incentives sich verbessernder Austauschrelationen in der Landwirtschaft, ohne die Produktion auszuweiten, so ist der normale Prozeß unterbrochen, in dem sich beide Sektoren wechselseitig zum Wachstum anregen. Der stagnierende Agrarsektor zwingt den vorpreschenden Sektor industrieller Konsumgüter ebenfalls zu einem gewissen Verharren, indem er ihm zusätzliche Nachfrage entzieht, ohne seinerseits zum Entstehen von Mehrnachfrage nach industriellen Konsumgütern beizutragen. Es wirken sich allein die Disincentives, nicht aber die Incentives der betrachteten partiellen Ungleichgewichte auf die Produktion aus.

Es bleibt nachzuweisen, daß und warum die Landwirtschaft ihr Angebot trotz günstiger Entwicklung der Absatzpreise nicht oder nicht ausreichend erhöht. Dabei sind zunächst Besonderheiten herauszustellen, die der Bestimmung des auf dem Markt erscheinenden Angebots an Agrargütern eigen sind. Diese Besonderheiten ergeben sich aus der Tatsache, daß die landwirtschaftliche Erzeugung zum Teil in kleinen und kleinsten Produktionseinheiten — den Subsistenzwirtschaften — erstellt wird. "The outstanding feature of the agrarian structure in many underdeveloped countries is the extremely small size of the average farm holding[28]." Diese Aussage charakterisiert die Entwicklungsländer mit großer Bevölkerungsdichte, also vor allem die auf dem asiatischen Kontinent gelegenen. Sie gilt in geringerem Maße für die Länder Südamerikas. Im folgenden wird zunächst allein der Subsistenzbereich der Landwirtschaft betrachtet. In diesem Bereich ist die einzelne Produktionseinheit so klein, die Technik der Bearbeitung so primitiv, daß die relativ große Zahl der in dem Betrieb tätigen

---

[28] UN: Problems of Agrarian Structure in Underdeveloped Countries. a.a.O. S. 367.

I. Nachhinken der Landwirtschaft

und im Verband der Familie zu ernährenden Menschen auf einen Versorgungsstand am Rande des absoluten Existenzminimums beschränkt ist. Wie ausgeführt wurde, folgt aus der Umkehrung des Engel'schen Gesetzes, daß diese Wirtschaftssubjekte ihr verfügbares Realeinkommen vor allem auf den Erwerb von Nahrungsmitteln konzentrieren. Ihre Nachfrage nach Nahrungsmitteln ist im wesentlichen Nachfrage nach selbsterstellten Produkten. In den Subsistenzwirtschaften wird daher die Erzeugung nach Art und Umfang zunächst und vor allem auf die Deckung des Eigenbedarfs ausgerichtet. Nur ein begrenzter Teil der Produktion — der "marketable surplus" — wird als Angebot auf den Markt geleitet.

Das Volumen der Gesamtproduktion bewertet mit den auf dem Markt erzielbaren Preisen kann als das gesamte im Subsistenzbereich geschaffene Einkommen definiert werden[29]. Das im Subsistenzbereich insgesamt geschaffene Einkommen ist nicht in voller Höhe frei verfügbares Einkommen der in diesem Bereich tätigen und zu versorgenden Menschen. Denn Pacht-, Zins- und Steuerzahlungen können bei gegebenem Wert der Gesamtproduktion den frei verfügbaren Einkommensteil wesentlich herabsetzen. Über ihren Einfluß auf die Höhe des frei verfügbaren Einkommens im Subsistenzbereich bestimmen diese Abgaben den "marketable surplus" mit.

Zahlungsverpflichtungen aus Pachtverträgen haben im Subsistenzbereich große Bedeutung: "Tenancy is a feature of the land-tenure system in many underdeveloped countries[30]." Während das Landeigentum in relativ wenigen Händen konzentriert ist, bearbeiten und nutzen die Pächter das Land überwiegend in kleinen und kleinsten Betriebseinheiten. Auch in einigen latein-amerikanischen Ländern nimmt das Pachtsystem breiten Raum ein. Die Pachthöhe wird im allgemeinen als Anteil des Produktionsertrages festgelegt. In Südostasien, wo Pachtboden besonders knapp und begehrt ist, sind bis zu 50 % des Produktionsertrages an den Landeigentümer abzuführen. In Argentinien wurde die Pachthöhe auf eine Größenordnung um 35 % geschätzt, bis 1948 durch Gesetz eine Obergrenze von 20 % geschaffen wurde[31].

Neben den Zahlungen aus Pachtverträgen hat die Zinsbelastung in den Subsistenzwirtschaften Gewicht. Dies folgt aus einer verbrei-

---

[29] Der Einsatz von Vorleistungen anderer Bereiche wird vernachlässigt.
[30] UN: Problems of Agrarian Structure in Underdeveloped Countries. a.a.O. S. 370. Die folgenden Ausführungen über Formen und Merkmale landwirtschaftlicher Produktion in Entwicklungsländern stützen sich wesentlich auf diese Untersuchung der UN. Die Ergebnisse dieser Untersuchung werden durch verstreute Angaben anderer Autoren bestätigt.
[31] Vgl. ebd., S. 371.

teten, relativ großen Verschuldung und aus ungünstigen Bedingungen, zu denen Inhaber landwirtschaftlicher Kleinbetriebe, die zudem nicht Eigentümer des von ihnen bewirtschafteten Bodens sind, Kredite aufnehmen können. In Indien haben Inhaber landwirtschaftlicher Kleinbetriebe bei gesicherten Krediten Zinsraten zwischen 12 % und 50 %, bei ungesicherten Krediten Zinsraten bis zu 300 % aufzubringen[32].

Die Angaben erhellen, daß ein nicht geringer Teil der Einkommen, die in den Subsistenzwirtschaften geschaffen werden, auf Grund der Verpflichtungen aus Pacht- und Kreditverträgen an Bodeneigentümer und Geldgeber abfließt. Die Präferenzen der Zahlungsempfänger bei der Verwendung ihrer Einkommen weichen erheblich von den Präferenzen derer ab, die die Zahlungen zu leisten haben. Die Unterschiede ergeben sich aus den stark differierenden Einkommens- und Versorgungsniveaus. Während Pacht und Zins als Minderungen des frei verfügbaren Einkommens vor allem auf eine Drosselung des Nahrungsmittelkonsums im Subsistenzbereich hinwirken, führen sie kaum zu einer Ausweitung des Verbrauchs an Agrargütern bei den Bodeneigentümern und Kreditgebern. Die Umlenkung von Einkommen durch Pacht und Zins erhöht bei gegebenem Wert der Produktion den Anteil des "marketable surplus". Das gleiche gilt für Steuerleistungen.

Steigende Absatzpreise bei landwirtschaftlichen Erzeugnissen erhöhen die durch landwirtschaftliche Produktion geschaffenen Einkommen. Von diesem Einkommenszuwachs wird ein Anreiz zur Ausdehnung von Produktion und Angebot landwirtschaftlicher Erzeugnisse erwartet. Erhöhen sich die soeben behandelten Abgaben proportional zu dem Wert der Produktion, so wird den Produzenten ein wesentlicher Teil des Leistungsanreizes entzogen. Zur Deckung der Abgaben ist ein gleichbleibender Anteil des Produktionsvolumens abzuführen. Es wurde darauf hingewiesen, daß eine proportionale Bindung der Abgaben an den Produktionsertrag zum Teil bei Pachtzahlungen besteht. Bei Steuern wird diese Bindung bei dem geringen Gewicht direkter Steuern, die an den Leistungserfolg anknüpfen, selten sein. Die Zinsraten werden in der Regel zumindest kurzfristig von dem Wert landwirtschaftlicher Produktion unabhängig sein. Daraus ergibt sich, daß die Summe aus Pacht-, Zins- und Steuerzahlungen unterproportional zu den Einkommen der Subsistenzwirtschaften ansteigen dürfte. Der reale Gegenwert dieser Abgaben, gemessen in Agrargütern, sinkt. Zweifellos führt dies bei den Empfängern der Abgaben nicht zu einer Reduzierung ihres Realverbrauchs an Agrargütern.

Die reale Verminderung der Abgaben könnte aber die Wirtschaftssubjekte des Subsistenzbereichs in die Lage versetzen, den Verzehr

---

[32] Vgl. ebd., S. 378.

selbsterstellter Produkte zu erhöhen. Bei gleichbleibendem Produktionsumfang können die Inhaber der Subsistenzwirtschaften über eine größere Menge landwirtschaftlicher Produktion frei verfügen. Darüber hinaus profitieren sie allgemein von der Verschiebung der Preisrelationen zugunsten der Agrarprodukte. Nach den bekannten Präferenzen wird der Einkommenszuwachs vor allem den Eigenverzehr des Subsistenzbereichs verstärken. Jede Vermehrung des Eigenverzehrs reduziert bei gegebener Produktion das auf den Markt geleitete Angebot an Nahrungsmitteln. Es muß daher mit einer atypischen Reaktion gerechnet werden, bei der ein Preisanstieg bei Nahrungsmitteln das auf dem Markt erscheinende Angebot des Subsistenzbereichs vermindert. Eine solche atypische Reaktion wird in der Literatur von verschiedenen Autoren herausgestellt[33].

Es bleibt zu prüfen, ob der Preisanstieg nicht längerfristig die Produktion im Subsistenzbereich stimuliert und auf diese Weise eine Ausdehnung des Marktangebots induziert. Die absolute und relative Verteuerung der Agrarprodukte ist ein Zeichen zunehmender Verknappung. Steuerung der Produktion über die Preise impliziert, daß Produktionsfaktoren verstärkt in die Bereiche gezogen werden, deren Produkte relativ knapper werden. Verbesserte Verdienstmöglichkeiten könnten einen verstärkten Einsatz von Produktionsfaktoren im Subsistenzbereich bewirken. Es fällt jedoch auf, daß eine Vermehrung des Arbeitseinsatzes nicht erwünscht sein kann. Vielmehr entspricht eine entgegengesetzte Wanderungsbewegung, also ein Abwandern aus der Landwirtschaft, den ökonomischen Notwendigkeiten. Wie ausgeführt wurde, ist die Verringerung der Zahl der im Subsistenzbereich tätigen Menschen Vorbedingung einer sinnvollen Entwicklung dieses Sektors. Die Verschiebung der Preisstruktur zugunsten der Landwirtschaft und zu Lasten der Industrie steht im Widerspruch zu der gewünschten Umsetzung von Arbeitskräften. Sie behindert die Umsetzung, indem sie das Versorgungsniveau im Subsistenzbereich relativ und absolut anhebt.

Vielleicht ist aber die Verschiebung der Preisrelationen geeignet, einen wirksamen Anreiz zu vermehrtem Einsatz von Kapital in der Landwirtschaft abzugeben? Zunächst ist wieder auf die Schwierigkeit hinzuweisen, daß der Mehreinsatz von Kapital im Subsistenzbereich in der Regel den Abzug von Menschen voraussetzt. Da die Übernahme von Arbeitskräften aus der Landwirtschaft in der Industrie Erweiterungsinvestitionen bedingt, kann der zusätzliche Kapitalbedarf der Landwirtschaft weniger durch Kapitalumlenkung als durch vermehrte

---

[33] Vgl. u. a. Rao, V.K.R.V.: Investment, Income and the Multiplier in an Underdeveloped Economy. In: Agarwala, A. N. and Singh, S. P. (eds.): The Economics of Underdevelopment. New York, Oxford 1963. S. 209.

Kapitalbereitstellung befriedigt werden. Das Vorhandensein versteckt Arbeitsloser im landwirtschaftlichen Bereich der Entwicklungsländer läßt die Preissteuerung der Produktion fragwürdig erscheinen.

Es unterliegt keinem Zweifel, daß eine Verbesserung der Produktionsverfahren zur nachhaltigen Erhöhung der Pro-Kopf-Produktion im Subsistenzbereich erwünscht und notwendig ist und daß dies vermehrten Einsatz von Kapital erfordert. Die Aufgaben, die mit erhöhtem Kapitaleinsatz zu erfüllen sind, stellen zum Teil echte Gemeinschaftsaufgaben dar und sind daher von der Gemeinschaft zu lösen. Zu denken ist an Be- und Entwässerungsanlagen, an verkehrsmäßige Erschließung, Erziehung und Ausbildung der in der Landwirtschaft Tätigen und weitere Maßnahmen zur Schaffung einer Infrastruktur. Daneben bestehen aber für den einzelnen Betrieb umfangreiche Möglichkeiten, durch Übergang von den primitiven Urformen der Bewirtschaftung zum Einsatz moderner technischer Verfahren die Produktion erheblich zu steigern. Trägt der Preisanstieg bei Agrarprodukten zur Aktivierung dieses in den einzelnen Produktionseinheiten ruhenden Entwicklungspotentials bei?

Eine solche Wirkung könnte eintreten, indem der Zuwachs an frei verfügbarem Einkommen, der dem Subsistenzbereich aus der Preissteigerung zukommt, auf dem Wege der Selbstfinanzierung zusätzliche Investitionen induziert. Zu fragen ist also nach der Verwendung der Mehreinkommen durch die Inhaber der Subsistenzwirtschaften. Vornahme von Investitionen durch Selbstfinanzierung setzt für die Inhaber der Subsistenzwirtschaften Verzicht auf möglichen Konsum aus dem Mehreinkommen voraus. Ein solcher Verzicht auf gegenwärtigen zugunsten zukünftigen Konsums dürfte bei der bekannten Versorgungslage im Subsistenzbereich häufig als untragbares Opfer empfunden und daher unterlassen werden. Die gleiche Wirkung dürfte von der Tatsache ausgehen, daß Inhaber von Subsistenzwirtschaften ihren Boden in der Regel im Rahmen von Pachtverträgen bewirtschaften. Die Institution der Pacht gewährt dem Pächter keine Sicherheit, daß er einen bestimmten Betrieb über längere Zeit führen kann; denn die Pachtverträge werden in der Regel nur über wenige Jahre abgeschlossen. Unter diesen Umständen kann der Pächter kein Interesse daran haben, sich durch Vornahme von Investitionen mit längerfristigem Kapazitätseffekt zu binden. "The peasant therefore has usually one aim, to get the best out of his land during his short tenancy, regardless of the effect on the fertility of the soil[34]."

Die Aufnahme von Krediten zur Finanzierung von Investitionen unterliegt den gleichen Beschränkungen. Sie wird weiter durch die

---

[34] UN: Problems of Agrarian Structure ... a.a.O. S. 373.

hohen Zinskosten gehemmt, die eine Rentabilität kreditfinanzierter Investitionen auch bei steigenden Produktpreisen in der Regel ausschließen. Zu den Möglichkeiten landwirtschaftlicher Kleinbetriebe in Latein-Amerika, Darlehen von privaten Kreditinstituten zu erhalten, schreibt *Márquez:* "If a small industrialist and a small farmer compete for a limited supply of funds, there is little doubt which the private banker will favour. Indeed, in many countries, private banks prefer to keep funds idle rather than to lend to the small farmers who constitute the majority and the most needy part of Latin American producers[35]."

Allein die Charakterisierung der Subsistenzwirtschaft als einer Institution, die primär der Eigenversorgung dient und nur in geringem Maß dem Prozeß der Spezialisierung und Arbeitsteilung eingegliedert ist, enthält den Hinweis, daß eine Anpassung der Produktion an Veränderungen der Marktdaten nur unvollkommen und zögernd vorgenommen wird.

Dieses Urteil wird erhärtet, wenn Einstellung und Interessenlage der Verpächter als Eigentümer des bewirtschafteten Bodens berücksichtigt werden. Sie sind der Wahrnehmung von Produktionsanreizen im Subsistenzbereich nicht förderlich, wie das folgende Zitat zeigt: "Landowners are less interested in maintaining the fertility of the soil, or in increasing agricultural production, than in holding wealth in a secure form[36]." Die gleiche Einstellung ist dem Bericht der UN-Experten zufolge den Eigentümern der Latifundien zu eigen. Latifundien sind die beherrschende Betriebsform in der Landwirtschaft Latein-Amerikas. Sie umfassen etwa 50 % der landwirtschaftlichen Nutzfläche[37].

Die Latifundien fassen große Landgebiete in einer landwirtschaftlichen Produktionseinheit zusammen. Die Nutzung des Bodens erfolgt in extensiver Form; zum Teil liegen innerhalb der Besitzungen große Flächen landwirtschaftlich nutzbaren Bodens brach. Auch in den Latifundien wird das Bodeneigentum nicht als Verfügungsmöglichkeit über einen knappen Produktionsfaktor angesehen, dessen Einsatz dem Streben nach Erzielung größtmöglicher Rendite unterliegt. Im Vordergrund steht das Bestreben, bereits angesammeltes Vermögen in sicherer, bequemer und soziales Ansehen schaffender Weise zu halten. Neben den Latifundien besteht in Latein-Amerika als entgegen-

---

[35] Márquez, J.: Financial Institutions and Economic Development. In: Ellis, H. S. (ed.): Economic Development for Latin America. Proceedings of a Conference held by the International Economic Association. London 1961. S. 177.

[36] UN: Problems of Agrarian Structure in Underdeveloped Countries. a.a.O. S. 373.

[37] Vgl. ebd., S. 374.

gesetztes Extrem eine Vielzahl von Kleinbetrieben mit intensiver Bodennutzung. Diese Betriebe verfügen häufig über Böden, die für eine intensive Nutzung ungeeignet sind oder durch eine solche Nutzung innerhalb kürzerer Zeit Schaden erleiden. Sie liegen vielfach geographisch so ungünstig, daß aufnahmefähige Absatzmärkte nur unter Aufwendung großer Kosten erreichbar sind. Im übrigen weisen diese Kleinbetriebe die Unzulänglichkeiten in den Produktionsbedingungen und -verfahren auf, die bei den Subsistenzwirtschaften behandelt wurden. "The pattern of land utilization is thus the reverse of that which market conditions and natural resources require. The hillside land, which is best suited for pasture and woodland, is intensively cultivated for subsistence crops by hoe culture which destroys the top soil, while the valley floors, more suited for arable cultivation, are used for grazing ..." "One obvious effect of this type of structure is that agricultural production is not adjusted to the demand for food...[38]."

Zu dem Ergebnis, daß die Preissteuerung der landwirtschaftlichen Produktion außerordentlichen Mängeln unterliegt, kommt auch *Balogh*. Er führt aus: "It would be far from accurate to say that the owners of large and tiny estates (the latifundia and minifundia) are not actuated by rational or economic motives. It would be more appropriate to assert that their motivations differ considerably from what is assumed in the instantaneous profit maximization model of perfect competition... The owners of the vast feudal landholdings which characterize certain parts of Latin America have no interest in improving the land, or even in maximizing output in the short run. They are interested in a maximization of their income over time, with the constraints of being able to maintain the most effective supervision of the work of their labourers and of incurring as little effort and risk, both economic and political, as possible. Thus in a large part of Latin America as well as of the Afro-Eurasian area, there is a heavy concentration on crops or animals needing relatively little care and enabling the holder to absent himself for the maximum of time. Moreover, modern techniques would necessitate education, and education might encourage change. The aversion to change thus contributes to the continuance of out-moded production techniques.. The minifundia, on the other hand lack both the capital and, what is more important, the knowledge to react in the conventional way to price changes. They often are subject to the power of merchants and moneylenders, whose reaction to improvements might well be to increase their charges. Thus the interest of the small farmer — and also of share-

---

[38] Ebd., S. 375 und 374.

croppers — in improvements is much reduced, if not entirely eliminated[39]."

Nun stellen Latifundien und Subsistenzwirtschaften in bestimmten Regionen zwar die jeweils dominierende, nicht jedoch die einzige Form der Bewirtschaftung dar. Es wird überall eine Gruppe leistungsfähiger landwirtschaftlicher Betriebe geben, die marktgerecht auf den Stimulus steigender Preise reagiert. Insgesamt könnten daher steigende Absatzpreise auf längere Sicht ein Anwachsen landwirtschaftlicher Produktion induzieren. Sicher scheint aber zu sein, daß das Angebot landwirtschaftlicher Erzeugnisse überwiegend zu unelastisch ist, um mit der Zunahme der Nachfrage bei steigenden Einkommen Schritt zu halten. Wie ausgeführt, gründet sich diese Aussage vor allem auf Mängel in der Agrarstruktur: "The most important brake and limit on the potential expansion in productive activity in underdeveloped areas is represented by the defective operational framework of agriculture[40]."

Mit den letzten Bemerkungen wurde zum längerfristigen Beziehungszusammenhang zwischen Landwirtschaft und Industrie im Entwicklungsprozeß übergeleitet. Dieser Zusammenhang soll noch einmal kurz skizziert werden. Aufbau und Ausbau der Industrie in Entwicklungsländern sind mit wachsendem Arbeitseinsatz und steigenden Arbeitseinkommen verbunden. Der Abzug von Arbeitskräften aus dem Subsistenzbereich der Landwirtschaft kann ohne Einschränkung der Produktion verwirklicht werden; das Pro-Kopf-Einkommen im Subsistenzbereich steigt. Da das Versorgungsniveau im Subsistenzbereich und bei den industriellen Arbeitskräften niedrig ist, verwenden beide Gruppen von Einkommensbeziehern durchschnittlich und marginal einen hohen Anteil ihrer Einkommen für Nahrungsmittelausgaben. Die Einkommenselastizität der Nachfrage nach Agrarprodukten liegt nur geringfügig unter eins. Wächst das Pro-Kopf-Einkommen im Subsistenzbereich durch Abzug von Menschen und/oder durch Produktionsausweitung, so wird zunächst und vor allem der Eigenverzehr erhöht, während das auf den Markt geleitete Angebot an Nahrungsmitteln nur geringfügig ansteigt. Das Wachstum des industriellen Sektors bestimmt die Zunahme der industriellen Arbeitseinkommen. Diese determinieren im Zusammenhang mit der Einkommenselastizität der Nahrungsmittelausgaben die Mehrnachfrage nach Agrargütern. Wachsen Nachfrage nach und auf den Markt geleitetes Angebot an Nahrungsmitteln in gleicher Proportion, so bleibt das Preisniveau agrarischer Produkte

---

[39] Balogh, Th.: Economic Policy and the Price System. In: UN: Economic Bulletin for Latin America. Vol. VI, No. 1. March 1961. S. 46.
[40] Balogh, Th.: Agricultural and Economic Development. In: Oxford Economic Papers. N. S. Vol. 13, No. 1. February 1961. S. 28.

unverändert. Die in dieser Arbeit herausgestellte Gefährdung der Preisstabilität tritt nicht auf.

Weil die Förderung der Industrialisierung in den Entwicklungsplänen häufig Priorität besitzt und weil "... it has proved much less difficult, on the average, to expand the output of industrial consumer goods than the output of food...[41]", expandiert in Entwicklungsländern die Nachfrage nach Nahrungsmitteln überwiegend stärker als das Angebot. Die Preise für Nahrungsmittel steigen mehr oder weniger kontinuierlich an. Preisstabilität bedingt ein kompensierendes Absinken der Preise anderer Produkte. Die Preissenkungen müßten im expandierenden industriellen Sektor eintreten. Einseitige Verschiebungen der Austauschrelationen zu Lasten der Industrie werden von dieser auf längere Sicht nur hingenommen, wenn sie sich in engen Grenzen halten und durch günstige Gestaltung von Produktivität und Stückkosten ausgeglichen werden können. Die Produzenten industrieller Konsumgüter werden langfristig den Umfang ihrer Produktion so steuern, sie werden die Ausdehnung ihrer Produktion gegebenenfalls so beschränken, daß ein gewisser Gleichschritt mit dem Agrarbereich resultiert. Das Wachstum des industriellen Bereichs wird dabei durch die Struktur der zusätzlichen Nachfrage, durch die Angebotsexpansion bei Nahrungsmitteln und durch das Maß an Preissenkungen bestimmt, das die Produzenten hinzunehmen bereit sind. Die industrielle Expansion wird demnach in starkem Maße von der Anpassungsfähigkeit der landwirtschaftlichen Produktion an steigende Nachfrage bestimmt. Die Bindung des industriellen Sektors an das Wachstum der Landwirtschaft läßt sich unter bestimmten Bedingungen lockern, wenn sich strukturbedingte Verschiebungen der Preisrelationen nicht bei gleichbleibendem, sondern bei steigendem Preisniveau vollziehen. Das impliziert, daß ein Ansteigen der Gesamtnachfrage auf ein Volumen zugelassen wird, das zwar mit Preisstabilität unvereinbar ist, dafür aber Vollausnutzung und ein befriedigendes Anwachsen der industriellen Produktionskapazitäten gewährleistet.

4. Unvollkommenheiten der Lohn- und Preisbildung als Beschleunigungsmechanismen

Eine abstrahierende Annahme, die den bisherigen Ausführungen unterlag, betraf die Formen der Lohn- und Preisbildung. Es wurde volle Flexibilität der Preise unterstellt; mögliche Veränderungen der Lohnhöhe in den betrachteten Prozessen wurden vernachlässigt. Die Ergebnisse spiegelten das Problem strukturbedingter Inflation in reiner

---

[41] UN: World Economic Survey 1957. New York 1958. S. 12.

Form wider. Durch Einführung realitätsnäherer Annahmen über die Lohn- und Preisbildung werden im folgenden Elemente kostenbedingter Inflation mit denen strukturbedingter Inflation verwoben. Der Zielkonflikt zwischen Preisstabilität und Förderung der Industrialisierung verliert die einfache Form, die ihm bisher eigen war.

Aus der Hypothese flexibler Preisanpassung ergab sich, daß die Mehrproduktion industrieller Konsumgüter bei jeder Höhe der monetären Nachfrage voll absetzbar war. Die Preise sanken, solange beim herrschenden Preis ein Angebotsüberschuß bestand. Wenn Zweifel an einer flexiblen Anpassung der Preise in der Realität auftauchen, dann beziehen sie sich vor allem auf den industriellen Bereich, in dem die Preise fortlaufend zu senken wären. Ein Blick in die Literatur zeigt, daß die Zweifel berechtigt sind. Es besteht dort weitgehend Einigkeit darüber, daß die Entwicklungsländer allgemein durch einen hohen Grad der Unvollkommenheit ihrer Märkte gekennzeichnet sind. "A pronounced tendency toward single-firm or oligopolistic industries and undersized plants permeated the Latin American industrial structure[42]." Was *Felix* für Latein-Amerika anführt, kann als Beispiel für viele gleichartige Hinweise dienen, die Entwicklungsländer allgemein betreffen. *Balogh* spricht von "ubiquitous excesses of monopoly"[43]. Die Ursache für die Konzentration industrieller Produktion und die Monopolisierung des Angebots ist vor allem in der Enge der heimischen Märkte zu sehen, die aus geringer Kaufkraft und starker räumlicher Aufsplitterung der Märkte resultiert. Die geringe Aufnahmefähigkeit der Märkte einzelner Güter bietet nur einer begrenzten Zahl industrieller Produktionseinheiten Absatzmöglichkeiten. Die Monopolisierung der heimischen Märkte wird verstärkt durch die Abschirmung dieser Märkte gegen ausländische Konkurrenz, über die noch zu sprechen sein wird.

Während demnach im industriellen Bereich nicht mit marktdeterminierter Preisanpassung, sondern mit einer von den Unternehmern administrierten Preisbildung gerechnet werden muß, gilt gleiches für die Märkte der Agrarprodukte offenbar nicht. Im Rahmen der hier anzustellenden Überlegungen kann das zunächst damit begründet werden, daß die Preise im allgemeinen in einer anderen Bewegungsrichtung anzupassen sind. Der Markt fordert eine Heraufsetzung der Absatzpreise bei Nahrungsmitteln. Darüber hinaus scheinen sich aber die Marktformen zwischen industriellem und landwirtschaftlichem Bereich dadurch zu unterscheiden, daß die Agrarpreise allgemein nachfrage-

---

[42] Felix, D.: a.a.O. S. 90.
[43] Balogh, Th.: Economic Policy and the Price System. a.a.O. S. 50.

empfindlicher reagieren als die Preise industrieller Produkte[44]. Zur Begründung der größeren Preisflexibilität kann darauf hingewiesen werden, daß die Produktion in einer Vielzahl zum Teil zersplitterter Betriebseinheiten erfolgt und daß die geringen Preiselastizitäten von Angebot und Nachfrage bei Nahrungsmitteln größere Preisausschläge begünstigen. Es ist damit die Asymmetrie in der Beweglichkeit der Preise gegeben, die in der Grundlegung als Ursache eines Inflationstyps kostentheoretischer Prägung herausgestellt wurde.

Werden diese Besonderheiten der Preisbildung berücksichtigt, so läßt sich das aus dem Stagnieren der landwirtschaftlichen Produktion entstehende Dilemma leichter nachweisen, als es unter der Annahme flexibler Preise möglich war. Wie angeführt wurde, erklärt es sich unter diesen Umständen nur zum Teil aus den strukturellen Merkmalen von Produktion, Angebot und Nachfrage, zum anderen Teil aus den Strukturbedingungen der Produktmärkte. Wie bei den zuvor angestellten Erwägungen trifft eine Ausdehnung industrieller Produktion mit einem Nachhinken landwirtschaftlicher Erzeugung zusammen. Ein primäres Anwachsen der Gesamtnachfrage über das Gesamtangebot bei herrschendem Preisniveau wird ausgeschlossen. Auf den Märkten landwirtschaftlicher Erzeugnisse entsteht bei gegebenen Preisen Überschußnachfrage; die Agrarpreise steigen. Der Mehrproduktion industrieller Konsumgüter steht bei gleichbleibenden Preisen kein größengleicher Zuwachs der Nachfrage gegenüber. Abweichend von den Ergebnissen der vorhergehenden Modellbetrachtung werden die Preise industrieller Konsumgüter unter den jetzigen Bedingungen nicht so weit sinken, daß die erhöhte Produktion bei ermäßigten Preisen voll abgesetzt werden kann. Erkennen die Produzenten industrieller Konsumgüter, daß der Absatz der gesamten Mehrproduktion ihre Preise stärker als erwünscht senken würde, so halten sie einen Teil der zusätzlichen Produktion vom Markt fern. Obwohl sich demnach bei gegebenem Preisniveau eine inflatorische Lücke zwischen Gesamtnachfrage und potentiellem Gesamtangebot nicht auftut, wird das Preisniveau dadurch angehoben, daß ein Teil des potentiellen Angebots mit dem Ziel der Verwirklichung einer bestimmten Preispolitik zurückgehalten und dadurch nicht zu tatsächlichem und die Preisbildung beeinflussendem Angebot wird[45].

Der Nachfrageüberschuß, der die Preise für Agrargüter anhebt, ist bei herrschenden Preisen dem potentiellen Angebotsüberschuß auf

---

[44] Vgl. Maynard, G.: Inflation and Growth: Some Lessons to be Drawn... a.a.O. S. 195.

[45] Die eingeführten Annahmen über Absatz- und Preispolitik werden für Entwicklungsländer u. a. auch von Balogh vertreten. Vgl. Balogh, Th.: Economic Policy and the Price System. a.a.O. S. 51.

I. Nachhinken der Landwirtschaft

dem Markt industrieller Konsumgüter wertgleich. Er ist aber größer als der tatsächliche und sich in der Preisbildung industrieller Konsumgüter niederschlagende Angebotsüberschuß. Das Preisniveau steigt an. Es könnte eingewendet werden, daß eine nachfrageinduzierte allgemeine Preissteigerung vorliege, weil die Gesamtnachfrage über das tatsächliche Gesamtangebot hinauswächst. Soll dieser Einwand Gehalt haben, so muß er sich darauf stützen können, daß eine globale Beschränkung der Gesamtnachfrage auf das Niveau des tatsächlichen Gesamtangebots ausreicht, das Preisniveau zu stabilisieren. Das scheint aber nicht möglich. Wird durch globale Maßnahmen die Gesamtnachfrage bei gleichbleibender Struktur reduziert, so tritt als stabilisierender Effekt eine Verringerung des Preisanstiegs bei Nahrungsmitteln auf. Als negative Folgeerscheinung wird das Nachfragedefizit auf dem Markt industrieller Konsumgüter vergrößert. Dies wirkt sich wiederum primär auf das Absatzvolumen dieser Güter und nur in geringerem Maße auf deren Absatzpreise aus. Jede Beschränkung des allgemeinen Preisanstiegs durch global-restriktive Maßnahmen wird mit einem Verzicht auf den Absatz produzierter Güter und in weiterer Konsequenz mit einem Druck auf Produktions- und Beschäftigungsvolumen erkauft. Die Stabilisierung des Preisniveaus dürfte eine gezielte Beschränkung von Produktion und Beschäftigung im Sektor industrieller Konsumgüter in einem Ausmaß erfordern, das als untragbar angesehen wird. Allein das Versagen der Abstimmungsfunktion der Preise — konkret die mangelnde Flexibilität der Preise industrieller Konsumgüter in der Abwärtsbewegung — induziert ein Ansteigen des Preisniveaus.

Die dargestellte Anhebung des Preisniveaus ist hinzunehmen, um den Unternehmern des Bereichs industrieller Konsumgüter zusätzliche Absatzschwierigkeiten zu ersparen. Trotz dieses allgemeinen Preisanstiegs setzen die Unternehmer einen Teil ihrer Mehrproduktion nicht ab. Damit wird der depressive Effekt der ungenügenden Nachfrageexpansion bei industriellen Konsumgütern auf die weitere Produktion dieser Güter unmittelbar wirksam. Die Produzenten steuern bei einem realisierbaren Absatzerlös, der ihnen durch die Höhe der monetären Nachfrage vorgegeben ist, oder bei gegebener Preis-Absatzfunktion die angebotene Menge so, daß der gewünschte Preis durchgesetzt wird. Sie richten aber nicht nur kurzfristig die Angebotsmenge, sondern langfristig Produktionskapazität und Beschäftigungsvolumen auf diese Preispolitik hin aus, wie oben bereits dargestellt wurde. Das Wachstum des Sektors industrieller Konsumgüter ist damit an die Ausweitung der Agrarproduktion gebunden. Die Bindung ist diesmal enger und unmittelbarer als in dem vorher betrachteten Fall. Wird die Gesamtnachfrage angehoben, um für die Produzenten industrieller Konsumgüter Absatzbedingungen zu schaffen, die den Anreiz zur Produktionsausdehnung erhalten, so werden damit unter den jetzt diskutierten Voraussetzungen bereits wirksame Preisauftriebstendenzen verstärkt. Die Antinomie zwischen der Forderung nach Preisstabilität und dem Ziel voller Ausnutzung und nachhaltiger Ausweitung vorhandener Produktionskapazitäten tritt also in zwei sich überlagernden und verschärfenden Formen auf, wenn neben der Steuerungs- auch die Abstimmungsfunktion der Preise in der angegebenen Weise versagt.

Um dem Zielkonflikt auszuweichen, unterbinden die wirtschaftspolitischen Instanzen einiger Entwicklungsländer den Preisanstieg bei Agrargütern durch Preisvorschriften und Preiskontrollen. Preisstabilität bei Nahrungsmitteln läßt ein Gleichbleiben der Preise industrieller Konsumgüter ohne Gefährdung des Geldwertes zu. Es stellt sich das Problem, wie die erhöhte Produktion industrieller Konsumgüter bei gleichbleibenden Preisen Absatz finden kann; denn die Preisfestsetzung für Agrargüter greift in eine Situation ein, in der bei gegebenen Preisen ein Überhang der Nachfrage nach Agrarerzeugnissen und ein Angebotsüberschuß bei industriellen Konsumgütern besteht. Ideal wäre eine Lösung, bei der die überschüssige Nachfrage nach Nahrungsmitteln, die durch Anpassung der Agrarpreise nicht abgebaut werden kann und daher unbefriedigt bleibt, auf den Markt industrieller Konsumgüter umgelenkt wird. Sie gewährleistet, daß auf den Märkten industrieller Konsumgüter ein Gleichgewicht zwischen Angebot und Nachfrage ohne Preisverschiebung erzielt wird. Zugleich schafft die Fixierung der Agrarpreise unter diesen Umständen jedenfalls kein anhaltendes Ungleichgewicht auf den Agrarmärkten. Diese Lösung einer Anpassung der Nachfrage- an die Angebotsstruktur wurde bereits als nicht realisierbar eingestuft. Realisierbar sind Lösungen, bei denen mit der Nachfrage nach industriellen Konsumgütern die Gesamtnachfrage steigt. Sie implizieren, daß durch die Preisfestsetzung ein permanenter Kaufkraftüberhang auf den Agrarmärkten entsteht.

Die Preisregulierung bei Agrargütern mag für eine kurze Übergangszeit geeignet sein, die Stabilität des Preisniveaus zu sichern. Auf längere Sicht — die anstehenden Probleme bedürfen einer Lösung auf lange Sicht — überwiegen die nachteiligen Folgen einer solchen Politik. Zunächst entstehen administrative Schwierigkeiten bei der Durchsetzung von Preisvorschriften, die in jedem demokratischen, vor allem aber auch in jedem unterentwickelten Staatswesen kaum zu überwinden sind. Die Wirtschaftssubjekte versuchen, den obrigkeitlichen Zwang zu umgehen, der den Konsumenten verbietet, höhere Preise zu zahlen, obwohl sie dazu bereit sind, und den Verkäufern untersagt, höhere Preise anzunehmen, obwohl sich diese auf Grund der Marktsituation anbieten. Den Entwicklungsländern fehlt der gut

I. Nachhinken der Landwirtschaft

funktionierende, ausgedehnte Verwaltungsapparat und in der Regel auch die weitreichende Machtvollkommenheit der wirtschaftspolitischen Instanzen, die das gewünschte Verhalten erzwingen könnten. Schwerwiegender sind jedoch die Einwände, die sich auf die Rückwirkungen einer solchen Preispolitik auf die landwirtschaftliche Produktion stützen. Zwar wurde ausgeführt, daß die landwirtschaftliche Erzeugung bei gegebener Agrarstruktur nur schwach auf den Anreiz steigender Preise reagiert. Wenn aber auf längere Sicht durch gezielte und umfassende Förderungsmaßnahmen eine Anhebung der Agrarproduktion erreicht werden soll, so kann auf den Stimulus marktdeterminierter Preisbildung bei Agrargütern nicht verzichtet werden. Der Preisanstieg bei Agrargütern stellt zwar keine hinreichende, wohl aber eine notwendige Bedingung für die Anpassung der Nahrungsmittelproduktion an gesamtwirtschaftliche Erfordernisse dar.

Nach der Preis- wird nun die Lohnbildung einer näheren Betrachtung unterzogen. Bisher wurde die Darstellung durch Vernachlässigung möglicher Veränderungen der Lohnhöhe vereinfacht. Im einzelnen wurde — zum Teil implizit — unterstellt, daß der Preisfall bei industriellen Konsumgütern nicht auf die Lohneinkommen zurückgewälzt wird, daß die Lohnhöhe auf Produktivitätsfortschritte nicht reagiert, daß die Beschäftigung bei gleichbleibenden Löhnen ausgedehnt wird und/oder daß die Lohnhöhe nicht an allgemeine Preissteigerungen oder steigende Agrarpreise angepaßt wird.

Die Bedeutung der ersten Hypothese — die Unternehmer des Bereichs industrieller Konsumgüter wälzen Preissenkungen nicht auf das Entgelt des Faktors Arbeit zurück — kann durch Hinweis auf die Überlegungen in Erinnerung gebracht werden, die mit Hilfe der folgenden Gleichung angestellt wurden:

$$1 = \frac{K \cdot r}{O \cdot P} + \frac{A \cdot l}{O \cdot P}$$

Es wird an den für viele Entwicklungsländer relevanten Fall angeknüpft, in dem der reziproke Wert der Arbeitsproduktivität $\frac{A}{O}$ und der Kapitalkoeffizient $\frac{K}{O}$ im Zuge der Produktionsausdehnung nicht verändert werden. P als Preisniveau industrieller Konsumgüter sinkt. Bleibt der Lohnsatz (l) konstant, so steigt die Lohnquote zu Lasten des Anteils der Kapitaleinkommen. Gelingt es den Unternehmern, den Lohnsatz proportional zu P herabzusetzen, so unterbleiben der Anstieg der Lohnquote und die entsprechende Abnahme des Kapitalanteils. Die effektive Verzinsung, wiederum gemessen als Geldbetrag pro Einheit des eingesetzten Kapitals, sinkt nur noch proportional, nicht mehr

C. Inflation als Folge struktureller Störungen

überproportional zu P. Damit verbessert sich die Gewinnlage der Produzenten industrieller Konsumgüter nach der Produktionsausdehnung. Die depressiven Rückwirkungen eines Stagnierens der Agrarproduktion auf die Gesamtentwicklung werden abgeschwächt.

Wird unterstellt, daß der Lohnsatz von den Unternehmern frei gewählt wird, so können sie den Gewinn aus der Produktionssteigerung gerade auf die Höhe einstellen, die als notwendig zur Erhaltung des Expansionsanreizes angesehen wird. Es könnte eingewendet werden, daß mit den Lohneinkommen zugleich die Nachfrage aus diesen Einkommen sinkt. Diese Tatsache hebt jedoch den positiven Einfluß einer Lohnsenkung auf die Gewinnsituation der Produzenten industrieller Konsumgüter nicht auf. Die Abnahme der Lohnkosten kommt den betrachteten Unternehmern in voller Höhe als Kostenersparnis zugute. Der Einkommens- und Nachfrageeffekt der Lohnsenkungen dagegen reduziert die Erlöse aus dem Absatz industrieller Konsumgüter nur in dem Umfang, in dem die Einkommensminderung zu einem Ausfall an Nachfrage nach industriellen Konsumgütern führt. Wie ausgeführt wurde, ist der Ausgabenanteil für industrielle Konsumgüter bei Lohnempfängern marginal wie durchschnittlich nicht hoch.

Es erheben sich zwei Fragen: (1) Ist die Lage auf dem Arbeitsmarkt unter den hier diskutierten Bedingungen geeignet, bei marktdeterminierter Lohnbildung eine Senkung des Lohnsatzes herbeizuführen? (2) Ist die Lohnbildung in Entwicklungsländern in der Weise flexibel, daß ein möglicher Überschuß des Arbeitsangebots beim herrschenden Lohn einen Druck auf die Lohnhöhe ausübt? Die betrachteten Veränderungsprozesse werden durch eine Ausweitung von Produktion und Beschäftigung im industriellen Sektor ausgelöst. Voraussetzungsgemäß bedingt vermehrter Arbeitseinsatz nicht die Zahlung höherer Löhne. Die Absatzschwierigkeiten auf den Märkten industrieller Konsumgüter, die der Produktionssteigerung folgen, üben einen Druck auf die Beschäftigung aus. Es besteht die Tendenz, zumindest einen Teil der zusätzlich eingestellten Arbeitskräfte wieder aus dem Produktionsprozeß auszuschalten. Die Arbeitskräfte, denen eine Entlassung droht, haben vor ihrer Einstellung in industrielle Tätigkeit offenbar keinen Druck auf den herrschenden Lohnsatz ausgeübt. Es ist daher zunächst nicht einsichtig, warum sie nach einer Entlassung als überschüssiges Arbeitsangebot auf den Markt treten und damit eine Tendenz zur Lohnsenkung auslösen sollten.

Soweit sich die Arbeitskräfte jedoch aus dem Reservoir versteckt Arbeitsloser rekrutieren, erscheint ein entsprechendes Verhalten nicht als unwahrscheinlich. Solange diese Arbeitskräfte z. B. in den Subsistenzwirtschaften im Verband der Familie mitarbeiten und versorgt

I. Nachhinken der Landwirtschaft

werden, treten sie als Anbieter von Arbeitsleistungen für die Industrie nicht offen in Erscheinung. Sie üben keinen unmittelbaren Druck auf den in der Industrie zu zahlenden Marktlohn aus[46]. Ist aber der Übergang zu einer Betätigung in der Industrie vollzogen, so erfolgt eine Anpassung der Lebensbedingungen und -gewohnheiten an die von der industriellen Umwelt geprägten Lebensformen. Die Arbeitskräfte widersetzen sich der Rückkehr in den ursprünglichen Lebensbereich und konkurrieren um die knappen Arbeitsplätze. Gelingt es demnach, das Arbeitskräftepotential der unproduktiv Tätigen für eine Beschäftigung im industriellen Bereich zu aktivieren, so kann sich damit in Höhe der Zuwanderung das Arbeitsangebot für die Industrie bleibend erhöhen. Die Erörterungen zeigen, daß ein Überschuß des Arbeitsangebots bei herrschendem Lohn entstehen kann, wenn im industriellen Bereich die Beschäftigung eingeschränkt werden muß.

Es bleibt die Frage, ob die Formen der Lohnbildung eine marktbedingte Herabsetzung der Lohnhöhe zulassen. Diese Frage ist auch für Entwicklungsländer zu verneinen. Auch für diese Länder gilt, daß "... wage costs tend to be inflexible in the downward direction ... they will, once having been adjusted upward, tend to remain at their higher level. They thus stand in contrast to other factor incomes, such as profits, which tend to contract when demand subsides"[47]. Da die Möglichkeit einer Rückwälzung von Senkungen der Produktpreise auf die Entlohnung des Faktors Arbeit nicht gegeben ist, gilt weiterhin, daß Preissenkungen bei industriellen Konsumgütern depressiv auf deren Produktion wirken.

Die Annahmen, daß erhöhte Nachfrage nach und vermehrte Einstellung von Arbeitskräften die Lohnhöhe ebenso unverändert lassen wie Produktivitätsverbesserungen, werden hier nicht näher untersucht. Die Elastizität des Arbeitsangebots bei herrschendem Lohnsatz wird an späterer Stelle dieser Arbeit diskutiert. Gesicherte und allgemein anerkannte Aussagen über die Auswirkungen erhöhter Quantität und verbesserter Produktivität des industriellen Arbeitseinsatzes auf die Lohnhöhe sind nur schwer möglich. Die Rückwirkungen möglicher Variationen der Lohnhöhe auf die betrachteten Zusammenhänge sind hinreichend bekannt.

Im folgenden werden mögliche Reaktionen der Lohnhöhe auf ein Ansteigen des Preisniveaus und auf Verschiebungen der Preisrelationen in die Betrachtung einbezogen. Eine Anhebung des Preisniveaus wurde als Mittel zur Erhaltung des Expansionsanreizes bei industriellen Konsumgütern herausgestellt. Durch den allgemeinen Preisanstieg soll

---

[46] Dieser Tatbestand wird an späterer Stelle eingehender diskutiert.
[47] UN: World Economic Survey 1957. New York 1958. S. 75.

ein (absolutes) Sinken der Preise industrieller Konsumgüter vermieden oder jedenfalls begrenzt werden. Dadurch wird der Transfer von Realeinkommen an die Landwirtschaft, auf den hingewiesen wurde, nicht — oder nicht primär — von den Produzenten industrieller Konsumgüter in der Form von Gewinneinbußen getragen. Die Belastung wird vielmehr auf die Konsumenten überwälzt. Offensichtlich hängt der Erfolg einer Politik, die Wachstumsimpulse im Bereich industrieller Konsumgüter durch allgemeine Preissteigerungen erhalten will, von der Möglichkeit ab, den Arbeitnehmern eine Verminderung ihrer Realeinkommen — oder ihres Realeinkommenszuwachses — aufzuzwingen. Werden mit den Preisen zugleich die Löhne angehoben, sind also die Löhne reagibel gegenüber steigenden Kosten der Lebenshaltung, so wachsen mit den Erlösen aus dem Absatz industrieller Konsumgüter die Produktionskosten dieser Güter.

Ob die Arbeitnehmer ein Abfallen ihrer Reallöhne hinnehmen (müssen) oder ob ihnen eine Anpassung ihrer Nominallöhne an steigende Lebenshaltungskosten gelingt, wird wesentlich durch die Stärke der Institutionen bestimmt, denen die Festsetzung der Lohnhöhe obliegt. Es hängt weiter von der Häufigkeit und dem Ausmaß ab, in dem inflationäre Preissteigerungen auftreten. Bei einmaligen, geringfügigen Realeinkommenseinbußen durch allgemeine Preissteigerungen ist der Anreiz und das Verlangen nach Anpassung der Nominallöhne gering. Bei fortlaufender, stärkerer Geldentwertung dagegen kann sich ein Mechanismus voller und unverzüglicher Anpassung entwickeln. Nach den Angaben einer UN-Untersuchung besteht ein solcher — zum Teil gesetzlich verankerter — Mechanismus z. B. in Argentinien, Chile, Bolivien und Israel[48]. Die Fähigkeit der Arbeitnehmer, inflationsbedingte Verluste an Realeinkommen ganz oder teilweise auf dem Wege der Nominallohnanpassung zu kompensieren, ist aber nicht auf diese Länder beschränkt.

So wird in dem UN-Bericht allgemein zur Gefahr der Lohn-Preisspirale in Entwicklungsländern ausgeführt: "... an inflationary impulse may be converted into galloping inflation much more quickly in underdeveloped than in developed countries. Irresistible pressure for wage increases is, of course, part of the answer in many of the under-developed countries, particularly in those where an inflexible food supply leads to sharp increases in the cost of living; indeed, in countries with a long history of inflation wages may be contractually or legally linked to the cost of living. Though industry alone may be in position to mark up prices on the basis of higher wage costs, the indirect effect upon prices resulting from the spending of the incremental

---

[48] Vgl. UN: World Economic Survey 1957. New York 1958. S. 76 f.

money wages may spread to the entire economy. Thus, though the wage sector may be considerably smaller in under-developed than in developed countries, the pressure of labour to protect its real wage rates, in the face of rising living costs associated with economic development, may set off an apparently endless wage-price spiral[49]."

In dem Zitat klingt an, daß vor allem ein Ansteigen der Nahrungsmittelpreise starke Lohnreaktionen auslösen kann. Dies läßt darauf schließen, daß nicht allein Bewegungen des Niveaus der Konsumgüterpreise, sondern auch Verschiebungen der Preisrelationen zugunsten landwirtschaftlicher Erzeugnisse Bestrebungen nach einer Lohnanpassung wecken können. Es ist bekannt, daß Nahrungsmittel im Warenkorb der Lohnempfänger größeres Gewicht besitzen, als ihnen bei der Bestimmung des allgemeinen Preisniveaus der Konsumgüter zukommt. Daher werden Lohneinkommen durch steigende Agrarpreise realiter auch dann vermindert, wenn die Wirkung dieser Preiserhöhungen auf das Niveau aller Konsumgüterpreise — bei dessen Bestimmung den Nahrungsmitteln also ein geringeres Gewicht zukommt — durch fallende Preise industrieller Konsumgüter ausgeglichen wird. Die Verschiebung der Preisrelationen impliziert eine Verschiebung der Realeinkommensstruktur zu Lasten der Lohnempfänger.

"... the slow growth of agricultural output made stable food prices incompatible with rising per capita income and rapid population growth. Rising food prices affect with varying severity the real income of the urban classes, budget studies indicating that the proportion spent on food ranges from 50—60 per cent of disposable income for blue collar workers, 40 per cent for white collar workers, to progressively smaller percentages for higher income groups. Thus even with a stable aggregate price level and no compensating wage adjustments, a substantial part of each increment to real wages and salaries would be lost in higher food prices, and there would be a chronic tendency for income distribution in the urban sector to shift adversely for the wage-salary classes. Understandably, wage and salary demands have been sensitive to rising food prices. To the extent that these demands have been acceded to by government legislation or private bargaining, industrial costs have risen and a food-wage-price spiral has set in, with prices rising by a multiple of the initial increase of food prices[50]." Die Gefahr einer "food-wage-price spiral" veranlaßt *Maynard* zu der Forderung: "The course of the terms of trade between agriculture and manufacturing must be prevented from moving in favor of agriculture, not, of course, by administra-

---

[49] Ebd., S. 12.
[50] Felix, D.: a.a.O. S. 87.

tive subterfuges such as price control, but through the interaction of supply and demand. To allow the demand for food to outrun supply is to court the risk that the pressure of excess demand will quickly be replaced by cost inflation, that is, the wage-price spiral, a risk which is considerably less in the case of excess demand for other goods[51]."

Aus der Einbeziehung der Lohnreaktionen auf steigende Preise ergibt sich, daß allein die Verschiebung der Preisrelationen bei gleichbleibendem Preisniveau die Löhne im industriellen Bereich anheben kann. Die Produzenten industrieller Konsumgüter werden also bei gleichbleibendem Preisniveau nicht nur durch ein Absinken ihrer Absatzpreise und/oder durch fehlende Absatzmöglichkeiten für einen Teil der Mehrproduktion, sondern darüber hinaus durch Lohnerhöhungen für die Ausdehnung ihrer Produktion bestraft. Beide Einflüsse verstärken sich in der Wirkung, das Wachstum des Sektors industrieller Konsumgüter in den Rahmen zu zwingen, der durch das Nachhinken der landwirtschaftlichen Erzeugung gesteckt ist. Der Versuch, die Produktion industrieller Konsumgüter von diesen Beschränkungen durch Anheben des Preisniveaus zu befreien, wird fragwürdig, wenn jede Erhöhung des Preisniveaus weitere Lohnanpassungen induziert. Die Kostenmehrbelastung steigender Löhne trifft wiederum voll die Produzenten industrieller Güter; die aus den erhöhten Lohneinkommen fließende Mehrnachfrage dagegen wächst zu einem wesentlichen Teil den Anbietern landwirtschaftlicher Erzeugnisse zu. Da das Angebot an Agrargütern preisunelastisch ist, treibt die Mehrnachfrage die Nahrungsmittelpreise in die Höhe, ohne das Angebotsvolumen merklich zu erhöhen. Steigende Agrargüterpreise können neue Lohnanpassungen auslösen, etc. Während Lohnerhöhungen im industriellen Bereich auf die Preise der Agrargüter über ihren Nachfrageeffekt wirken, beeinflussen sie Produktions- und Preispolitik im industriellen Sektor vor allem durch ihren Kosteneffekt.

Wegen der hohen marginalen Quote, die von den Lohnempfängern aus wachsendem Einkommen für den Kauf von Nahrungsmitteln verwendet wird, ist die Gefahr einer Lohn-Preisspirale groß. Kommt der Prozeß wechselseitigen Hochschaukelns von Preisen und Löhnen in Bewegung, so wird er aus den gleichen Gründen großes Eigengewicht erlangen und entsprechend starke Steigerungen von Preisen und Nominallöhnen induzieren. Nutznießer einer solchen Entwicklung ist unter den gegebenen Bedingungen die Landwirtschaft, an die Realeinkommen aus dem industriellen Sektor transferiert wird. Wie sich innerhalb des industriellen Sektors der Verlust von (zusätzlichem) Realeinkommen

---

[51] Maynard, G.: Inflation in Economic Development. a.a.O. S. 101.

auf Unternehmer und Lohnempfänger verteilt, hängt von der Fähigkeit der Arbeitnehmer ab, Reallohneinbußen durch Anpassungen ihrer Nominallöhne abzuwehren. Daß die Produzenten industrieller Konsumgüter aus der Bewegung der Lohn-Preisspirale auf längere Sicht einen Gewinn zu ziehen vermögen, erscheint zweifelhaft.

5. Die Bedeutung des Problems in der Realität

An den Schluß dieser Untersuchungen werden einige empirische Angaben gestellt, die über die Entwicklung der Landwirtschaft im Rahmen der Gesamtwirtschaft Auskunft geben. Die Modellvoraussetzung einer geschlossenen Wirtschaft wird aufgegeben.

Tabelle (2) informiert über die Entwicklung der Nahrungsmittelproduktion und der landwirtschaftlichen Erzeugung insgesamt in Latein-Amerika[52]. Die Indices in Spalte (1) zeigen, daß die Nahrungsmittelproduktion vom Basiszeitraum 1934/38 bis zu den Berichtsjahren 1954/55 in absoluter Größe um 39 % anstieg. Das Produktionswachstum in absoluter Höhe sagt nichts über mögliche Veränderungen im Versorgungsniveau pro Kopf der Bevölkerung aus. Hierüber gibt der Zuwachs der Nahrungsmittelproduktion je Kopf der Bevölkerung Auskunft. Wie Spalte (2) zeigt, sank die Pro-Kopf-Produktion an Nah-

Tabelle 2

Indices der landwirtschaftlichen Produktion in Latein-Amerika[a]

Jahr	(1) Nahrungs- mittel	(2) Nahrungsm. je Kopf d. Bevölk.	(3) Landwirtsch. ges. je Kopf d. Bevölk.
1934/38	100	100	100
1946/47	115	94	91
47/48	120	96	92
48/49	121	94	91
49/50	122	94	91
50/51	130	97	93
51/52	125	91	88
52/53	135	96	93
53/54	136	95	91
54/55	139	94	92

a) Quelle: UN: The Selective Expansion of Agricultural Production in Latin America. Joint Report of the Economic Commission for Latin America and the Food and Agriculture Organization of the United Nations. 1957. S. 14.

---

[52] Die Nahrungsmittelproduktion macht nicht die gesamte landwirtschaftliche Erzeugung aus. Da aber die landwirtschaftliche Erzeugung insgesamt einem einheitlichen Entwicklungstrend unterliegt, ist eine exakte Trennung der Gesamtproduktion in Nahrungsmittel und Nichtnahrungsmittel nur bei quantitativen Aussagen notwendig.

rungsmitteln gegenüber dem Basiszeitraum ab. Das Bevölkerungswachstum übertraf die Produktionsausweitung. Die Verminderung der Pro-Kopf-Produktion fällt in den Zeitraum zwischen 1934/38 und 1946/47. In der folgenden Zeit hielten sich die Zuwachsraten von Bevölkerung und Nahrungsmittelproduktion bei vorübergehenden Abweichungen insgesamt die Waage. Die Nahrungsmittelerzeugung je Kopf der Bevölkerung konnte also in den zehn Jahren der Nachkriegszeit nicht gesteigert werden. Sie liegt nicht unbeträchtlich unter dem Niveau der Vorkriegszeit.

Diese Angaben bestärken die Aussage, daß die Expansion der landwirtschaftlichen Produktion in Entwicklungsländern starken Beschränkungen unterliegt. Werden die außenwirtschaftlichen Beziehungen in die Betrachtung einbezogen, so kann das Angebot an Nahrungsmitteln im Inland durch Exporte und/oder Importe von der heimischen Produktion abweichen. Tabelle (3) zeigt die Veränderung des Nahrungsmittelangebots je Kopf der Bevölkerung unter Berücksichtigung des Außenhandels. Die Entwicklung der Bruttoeinkommen je Kopf der Bevölkerung wurde in die Tabelle aufgenommen als Maßstab für den Zuwachs der Gesamtproduktion und als Anhaltspunkt für die Ausweitung der Nachfrage nach Nahrungsmitteln. Veränderungen des Bruttoeinkommens je Kopf bestimmen im Zusammenhang mit der Einkommenselastizität der Nachfrage die Veränderungen der Nachfrage nach Nahrungsmitteln.

Die Angaben in Klammern wurden vom Verfasser hinzugefügt. Sie wurden aus den Werten des Bruttoeinkommens je Kopf errechnet

Tabelle 3

Bruttoeinkommen und Nahrungsmittelangebot je Kopf der Bevölkerung; jeweils real; 1934/38 = 100[a]

	Nahrungsm.-Angebot je Kopf		Bruttoeinkommen je Kopf	
	1949/51	1952/53	1949/51	1952/53
Latein-Amerika	108	108	144	146
	(122)	(123)		
Argentinien	97	93	135	121
	(117,5)	(110,5)		
Brasilien	105	105	150	162
	(125)	(131)		
Chile	113	113	122	133
	(111)	(116,5)		
Kolumbien	134	134	135	149
	(117,5)	(124,5)		
Mexiko	113	114	177	180
	(138,5)	(140)		

a) Quelle: UN: The Selective Expansion of Agricultural Production ... a.a.O. Zusammengestellt aus Chapter IV, S. 20 ff. Nähere Erklärungen und Qualifizierungen des Materials siehe daselbst.

I. Nachhinken der Landwirtschaft

unter der Annahme, daß die Elastizität der Nachfrage in bezug auf das angegebene Einkommen den Wert 0,5 habe. Wie ausgeführt wurde, dürfte diese Annahme für Latein-Amerika nicht unrealistisch sein, wenn eine gleichmäßige Verteilung des veränderten Einkommens unterstellt wird. Die in Klammern angegebenen Zahlenwerte können daher als grobe Anhaltspunkte für den Zuwachs des Nahrungsmittelangebots gelten, der zur Befriedigung der wachsenden Nachfrage bei gleichbleibenden Preisen notwendig gewesen wäre. Die Gegenüberstellung mag gewisse Mängel aufweisen und daher besser als qualitative, denn als exakte quantitative Aussage verstanden werden. Immerhin wird bei einem Vergleich der Indices von 1949/51 mit dem Basiszeitraum 1934/38 deutlich, daß der Zuwachs des Nahrungsmittelangebots je Kopf der Bevölkerung in Latein-Amerika insgesamt, in Argentinien, Brasilien und Mexiko im besonderen bei weitem nicht ausgereicht hat, um mit der Entwicklung der Nachfrage Schritt zu halten[53]. In Chile und Kolumbien stagnierte das Agrarangebot im angegebenen Zeitraum der Nachkriegszeit, während das Pro-Kopf-Einkommen in der gleichen Zeit um 11 % und 14 % stieg. In Kolumbien kommt dieser Tatsache angesichts der stark überproportionalen Expansion des Nahrungsmittelangebots im ersten Beobachtungszeitraum keine Bedeutung zu. Sie kann als Anpassung der Expansion des landwirtschaftlichen Sektors an die gesamtwirtschaftliche Entwicklung gedeutet werden.

Beredtes Zeugnis von einer mangelhaften Ausrichtung der landwirtschaftlichen Produktion auf gesamtwirtschaftliche Erfordernisse legt auch der folgende Hinweis ab: "Between 1950 and 1954 ... the fixed capital invested in agriculture expanded by only 6.5 per cent, as against an increment of 40 per cent in industry, building and mining activities considered as a whole, and of 20.4 per cent in services[54]." Die Erhöhung des Kapitalbestandes reichte in der Landwirtschaft nicht aus, ein Absinken des Kapitaleinsatzes bezogen auf die Zahl der Arbeitskräfte zu verhindern. Die Kapitalintensität in den anderen Bereichen stieg nicht unerheblich an[55]. Wie betont wurde, ist der Faktor Arbeit in Latein-Amerika gemessen an der Ausstattung mit Boden und am gesamtwirtschaftlichen Arbeitskräftebedarf überwiegend knapp, so daß sinkende Kapitalintensität in der Landwirtschaft ökonomisch widersinnig ist. Schließlich finden sich in der UN-Publi-

---

[53] Das Bild wird freundlicher, wenn bestimmte Länder (Argentinien und Brasilien) und/oder bestimmte Produkte aus der Betrachtung ausgeschlossen werden. Vgl. UN: The Selective Expansion of Agricultural Production ... a.a.O. S. 21 ff. Die qualitative Aussage des angegebenen Materials bleibt davon unberührt.
[54] Ebd., S. 8.
[55] Ebd., S. 9.

kation Aussagen über die Verschiebung der internen Terms of Trade zugunsten landwirtschaftlicher Produkte: "The apparent inadequacy of agricultural supplies in the region as a whole has had manifest repercussions on the relative prices of agricultural products[56]."

Maynard kommt in seinen Darstellungen über das Inflationsproblem in Latein-Amerika zu dem Ergebnis, daß "... food prices led the way in the great inflations experienced by Latin-American countries[57]." Aber nicht nur in diesen Ländern stellt das Nachhinken der Produktion und des Angebots von Nahrungsmitteln ein wesentliches Problem dar. Dies wird durch eine Vielzahl von Hinweisen in der Literatur bestätigt. So schreibt *Tripathy*: "In an under-developed country, rising aggregate demand is bound to impinge, to a large extent, on the supply of food grains and cloth; but there was (in India; d. Verf.) a large shortage in the supply of food grains and of cloth, resulting in the aggravation of the inflationary gap[58]." Nach Angaben der "Food and Agriculture Organization" der UN lag die Produktion von Nahrungsmitteln je Kopf der Bevölkerung nicht nur in Latein-Amerika, sondern auch im „Fernen Osten" — Festland-China ausgeschlossen — im Durchschnitt der Jahre 1958/59—1962/63 unter dem Niveau der Vorkriegsjahre[59].

In dem unausgewogenen Wachstum zwischen Landwirtschaft und Industrie ist nach den bisherigen Ausführungen ein strukturelles Ungleichgewicht zu sehen, dem als Inflationsursache in Entwicklungsländern große Bedeutung zukommt. Werden die Beschränkungen in der Ausdehnungsfähigkeit der landwirtschaftlichen Erzeugung nicht überwunden, so bleibt als Mittel zur Beseitigung der Ungleichgewichte nur die Drosselung der industriellen Expansion. Diese Feststellungen sind jedoch nicht unbestritten. Sie werden angegriffen u. a. von *Prebisch* und *Seers,* die Inflation zwar auch aus strukturellen Bedingungen erklären, dabei aber den außenwirtschaftlichen Engpaß in den Vordergrund stellen. Das Stagnieren der landwirtschaftlichen Produktion oder die übermäßige Ausdehnung des industriellen Sektors hat bei ihnen kaum eigene Bedeutung[60].

---

[56] Ebd., S. 21.

[57] Maynard, G.: Inflation and Growth: Some Lessons to be Drawn ... a.a.O. S. 202.

[58] Tripathy, R. N.: Fiscal Policy and Economic Development in India. Calcutta 1958. S. 73.

[59] Vgl. UN: Food Aid and Other Forms of Utilization of Agricultural Surpluses. A Review of Programs, Principles and Consultations. Rome 1964. S. 27.

[60] Vgl. Prebisch, R.: The Structural Crisis in Argentina and its Prospects of Solution. In: Nelson, E. (ed.): Economic Growth: Rationale, Problems, Cases. Austin 1960. S. 107 ff.; Seers, D.: A Theory of Inflation and Growth in Under-Developed Economies ... a.a.O. S. 174.

I. Nachhinken der Landwirtschaft

Um der Kritik dieser Autoren an der bisherigen Argumentation näher zu kommen, wird der Außenhandel der Entwicklungsländer durch folgende — irreale — Hypothesen in die Betrachtung einbezogen: Die Volkswirtschaft eines Entwicklungslandes sei durch freien Handelsaustausch, dessen Regulator ein funktionsfähiger Preismechanismus ist, mit der Außenwelt verbunden; in der Ausgangssituation herrsche bei gegebenen relativen Preisen, die den Wechselkurs einschließen, außenwirtschaftliches Gleichgewicht; dieses Gleichgewicht ist dadurch definiert, daß eine Tendenz zur Veränderung der relativen Preise und/oder zum Aufbau oder Abbau des Devisenbestandes nicht besteht. Expandiert die heimische Produktion in der als realistisch angenommenen Weise ungleichgewichtig, so können mögliche Verschiebungen der Preisrelationen im Inland nicht unabhängig von den Bedingungen auf den Weltmärkten erfolgen. Die Preisbildung im Inland ist eng an die Preisgestaltung auf den Weltmärkten gebunden[61]. Ein Ansteigen der Nahrungsmittelpreise im Inland induziert — cet. par. — zusätzlichen Import und/oder es reduziert gegebenen Export dieser Waren. Die Preiselastizität des Angebots wird nicht mehr durch die Anpassungsfähigkeit der heimischen Produktion bestimmt, sondern durch die Angebotsverhältnisse auf dem Weltmarkt. Steigende Netto-Importe erhöhen das Angebot an Nahrungsmitteln auf heimischen Märkten und stabilisieren bei gegebenem Wechselkurs die Nahrungsmittelpreise im Inland. Ein Preisanstieg bei Nahrungsmitteln kann sich nur ergeben, wenn und soweit auf dem Weltmarkt bei gegebenen Preisen die Nachfrage über das Angebot hinauswächst.

Da das Nahrungsmittelangebot auf dem Weltmarkt im relevanten Bereich als voll elastisch angesehen werden kann, wird das Nahrungsmittelangebot bei gegebenen Preisen auf den heimischen Märkten so weit ausgedehnt, daß der Nachfrageüberschuß gedeckt ist. Aus den verstärkten Nahrungsmittelimporten ergibt sich ein Mehraufwand an Devisen, der dem ursprünglichen Nachfrageüberhang wertmäßig entspricht. Das außenwirtschaftliche Gleichgewicht wird bei gegebenem Wechselkurs nicht gestört, wenn der Absatz des überschüssigen Angebots an industriellen Konsumgütern zusätzliche Devisen in Höhe des Mehraufwandes erlöst. Dies gelingt, wenn die überschüssige Menge industrieller Konsumgüter zu unveränderten Preisen auf dem Weltmarkt abgesetzt werden kann — oder wenn sich der Import dieser Güter

---

[61] Unterschiede in den Preisen gleicher Produkte können zwischen Inlands- und Auslandsmarkt in Höhe der Transportkosten und der Zollbelastung bestehen. Werden beide Kostenarten vernachlässigt, so müssen Inlandspreis und Auslandspreis bei Umrechnung in eine einheitliche Währung übereinstimmen. Eine Ausnahme bilden die Preise der Güter, die dem internationalen Handel nicht zugänglich sind.

so weit vermindert, daß der Druck auf die Preise industrieller Konsumgüter im Inland gerade aufgehoben wird. Ersichtlich ist die Prämisse beibehalten worden, daß sich Gesamtnachfrage und Gesamtangebot bei herrschenden Preisen decken. Der Abbau der partiellen Ungleichgewichte vollzieht sich in dem gewählten Modell über den Außenhandel. Störungen des außenwirtschaftlichen Gleichgewichts treten nicht auf, wenn auf den Weltmärkten die Preiselastizität der Nachfrage nach den industriellen Konsumgütern des Entwicklungslandes und die Preiselastizität des Nahrungsmittelangebots in den relevanten Bereichen den Wert unendlich haben. Sind diese Bedingungen nicht gegeben, so ist bei gegebenem Wechselkurs mit einer Störung des außenwirtschaftlichen Gleichgewichts zu rechnen. Das Ausmaß des Ungleichgewichts hängt von den Elastizitätsverhältnissen auf den betroffenen Märkten ab.

Der Gedankengang wird an dieser Stelle nicht fortgesetzt. Es war zu zeigen, daß sich die Anpassungsprozesse, die als Folge eines unausgewogenen Wachstums der inländischen Produktion auftreten, in einer offenen Wirtschaft unter bestimmten Bedingungen in einer Veränderung der Ausfuhr und Einfuhr bestimmter Güter erschöpfen können, ohne das binnen- und außenwirtschaftliche Gleichgewicht zu gefährden. Wären diese Bedingungen in der Realität gegeben, so stellte das Nachhinken der landwirtschaftlichen Erzeugung im Entwicklungsprozeß nicht das Problem dar, als das es bisher hingestellt wurde. Ein Blick in die Realität, ein Blick auf die verschiedenen empirischen Angaben zeigt jedoch, daß der im Modell für eine offene Wirtschaft dargestellte Mechanismus nicht funktionsfähig ist. Der Mechanismus vermag offensichtlich nicht, die Disproportionalitäten in der Struktur der heimischen Produktion in eine ausgewogene, den Bedürfnissen der Nachfrage entsprechende Struktur des Angebots zu transformieren. Dies läßt darauf schließen, daß die Prämissen der Modellbetrachtung die Realität nicht zutreffend erfassen. Im folgenden Abschnitt werden die Merkmale der außenwirtschaftlichen Verflechtung der Entwicklungsländer eingehend untersucht.

II. Die Reaktion sich entwickelnder Wirtschaften auf Fluktuationen und langfristige Trendbewegungen der Auslandsnachfrage

1. Merkmale außenwirtschaftlicher Verflechtung der Entwicklungsländer

Der vorhergehende Abschnitt wurde mit der Feststellung eingeleitet, daß Entwicklungsländer durch "onesided, nondiversified" Produktionsstrukturen gekennzeichnet sind, "specializing in primary production (food and raw materials)". Diese einseitige Ausrichtung der Produktion bestimmt den Charakter der Außenhandelsverflechtung der Entwicklungsländer. Die Konzentration auf die Erzeugung von Nahrungsmitteln für heimischen Verbrauch ist bekannt. Daneben umschließt die Erzeugung der Entwicklungsländer in großem Ausmaß Primärproduktion, die im Inland keine oder bereits gesättigte Absatzmärkte vorfindet. So entstammen in Kuba 37 % (1947) des Volkseinkommens der Zuckerproduktion, in El Salvador trägt Kaffee mit 12 % (1946) zur Schaffung des Bruttosozialprodukts bei; in Guatemala entspringen 13 % (1947/48) des Bruttosozialprodukts der Produktion von Bananen und Kaffee; in der Föderation Malaya beträgt der Anteil der Kautschukproduktion an der Erstellung des Nettosozialprodukts annähernd 20 % (1948)[1], in Venezuela liegt der entsprechende Anteil der Ölproduktion bei über 33 %[2]. Wie ausgeführt, entspricht der große Produktionsanteil einzelner Primärprodukte nicht den Nachfragebedingungen auf den heimischen Märkten. Der Absatz dieser Erzeugnisse kann nur auf Auslandsmärkten erfolgen.

Die Außenhandelsverflechtung der Entwicklungsländer ist relativ groß. Nach Angaben einer UN-Expertenkommission trägt der Exportsektor im Durchschnitt der Entwicklungsländer nur wenig unter 20 % zur Erstellung des Sozialprodukts bei[3]. Die einzelnen Volkswirtschaften sind auf die Erzeugung bestimmter Primärprodukte spezialisiert, so daß die Exporterlöse eines Entwicklungslandes im wesentlichen dem Auslandsabsatz einiger weniger Güter entspringen. Tabelle (4) belegt

---

[1] Heller, W.: Fiscal Policies for Underdeveloped Economies. In: Okun, B., Richardson, R. W. (eds.): Studies in Economic Development. New York 1961. S. 459.
[2] Maynard, G.: Economic Development and the Price Level. a.a.O. S. 241.
[3] UN: Measures for the Economic Development of Under-Developed Countries. a.a.O. S. 71.

dies an Hand von Beispielen. Der gleiche Tatbestand wird durch das folgende Zitat verdeutlicht, das sich auf neueres Material stützt: "Of 99 countries for which detailed information is available for 1960—61, 57 (three-fifths) specialised in the export of a fairly narrow group of products; 'specialisation' for this purpose being defined as exceeding 50 per cent, by value, of the country's total exports in these two years. Most of the remaining countries (two-fifths) specialised in two commodity groups; only five countries specialised in three groups...[4]."

Tabelle 4

Der Beitrag einzelner Primärprodukte zum Exporterlös bestimmter Länder[a]

Land	Jahr	Produkt	Beitrag z. Exporterlös
Bolivien	1938/48	Mineralien	95 %
Ceylon	1951	Tee	42 %
		Kautschuk	31 %
Chile	1950	Kupfer	50 %
El Salvador	1950	Kaffee	89 %
Guatemala	1949	Kaffee	72 %
Indonesien	1951	Kautschuk	42 %
		Öl	20 %
Irak	1950	Öl	51 %
Iran	1949	Öl	90 %
Kuba	1949	Zucker und Zuckerprodukte	90 %
Thailand	1949	Reis	63 %
Venezuela	1950	Öl	97 %

a) Zusammengestellt aus Heller, W.: a.a.O., S. 311.

Die Exporte der Entwicklungsländer bestehen im wesentlichen aus Primärprodukten: "Exports of the under-developed — particularly the least developed — countries are entirely, or almost entirely, composed of primary commodities, and a minimum of processing is done before exporting[5]." *Maizels* gibt an, daß (1962) etwa 14 % der Exporte aus Entwicklungsländern industriell gefertigt sind, daß aber diese industriell gefertigten Exportgüter im wesentlichen aus weiterverarbeiteten industriellen Rohstoffen (simply-processed industrial materials) bestehen[6]. Diese in einfacher Form verarbeiteten Rohstoffe unterliegen in ihrem Auslandsabsatz den gleichen Einflüssen wie die Rohstoffe selbst.

[4] Maizels, A.: Trade and Development Problems of the Under-Developed Countries: The Background to the United Nations' Conference. In: National Institute Economic Review. No. 28. May 1964. S. 28 f.

[5] UN: Relative Prices of Exports and Imports of Under-developed Countries. A Study of Post-War Terms of Trade Between Under-developed and Industrialized Countries. New York 1949. S. 7.

[6] Vgl. Maizels, A.: a.a.O. S. 25.

II. Fehlentwicklung der Auslandsnachfrage

Die Fähigkeit der Entwicklungsländer, sich in Umfang und Zusammensetzung ihres Auslandsabsatzes den jeweiligen Bedingungen auf den Weltmärkten anzupassen, ist außerordentlich gering. Das folgt zunächst aus der allgemein gültigen Tatsache, daß Produktion und Angebot primärer Erzeugnisse kurzfristig wenig elastisch sind. Es leitet sich weiter aus strukturellen Unzulänglichkeiten ab, die in Entwicklungsländern die Produktionsumstellung aller Bereiche behindern. Es ergibt sich schließlich aus der mangelnden Wettbewerbsfähigkeit der in Entwicklungsländern erstellten Industrieprodukte auf internationalen Märkten. Die beiden zuletzt genannten Gesichtspunkte werden später eingehend erörtert.

Dies sind die Ausgangsbedingungen, vor deren Hintergrund die Bewegungen und Entwicklungen der Exporterlöse zu sehen sind. Sie erklären, warum die Entwicklungsländer von Fehlentwicklungen auf den internationalen Märkten primärer Produkte in ungleich stärkerem Maße betroffen werden als die westlichen Industrienationen, obwohl die Primärproduktion dieser Länder die entsprechende Erzeugung der Entwicklungsländer in absoluter Höhe weit übertrifft. So sollen bereits 1950 zwei Drittel aller industriellen Rohstoffe und drei Viertel aller Mineralien und forstwirtschaftlichen Rohstoffe in den entwickelten Industrieländern (USA, Kanada, Westeuropa, Japan, Australien) gewonnen worden sein[7]. Sollten sich die Relationen in der Zwischenzeit verschoben haben, so dürfte sich der Anteil der Industrienationen vergrößert haben. Während demnach die Primärproduktion der Industrieländer absolut groß ist, hat sie doch nur einen geringen Anteil an der Gesamtproduktion dieser Länder. Ungünstige Absatzbedingungen bei primären Erzeugnissen lassen sich im Rahmen der breitgestreuten, leistungsfähigen Produktionsstrukturen der entwickelten Länder auffangen, ohne daß gesamtwirtschaftliche Störungen auftreten.

Das ist anders in Entwicklungsländern, die mit ihrer einseitigen Produktionsstruktur stark auf internationalen Güteraustausch und internationale Arbeitsteilung ausgerichtet und dabei auf den Absatz einzelner Primärprodukte im Ausland angewiesen sind. Diese Produktionsausrichtung kann im Einzelfall vorteilhaft sein, wenn und solange die Absatzlage der Exportgüter auf den Weltmärkten günstig ist. Sie kann aber die heimische Entwicklung empfindlich stören, sobald sich die Absatzbedingungen ungünstig gestalten. In jedem Fall impliziert die Einseitigkeit in der Produktionsausrichtung ein großes Risiko. Die Bedingungen, zu denen die Entwicklungsländer ihre Primärprodukte auf den Weltmärkten absetzen können, spiegeln sich in der zeitlichen Entwicklung der Exporterlöse wider. Bei der Betrachtung

---

[7] Vgl. Guth, W.: a.a.O. S. 117.

dieser Entwicklung empfiehlt sich die gedankliche Trennung zweier Phänomene, die sich in der Realität überlagern. Es wird daher unterschieden zwischen den kurzfristigen Schwankungen der Exporterlöse einerseits, der langfristigen, von Schwankungen bereinigten Trendbewegung andererseits.

Die Exporterlöse der Entwicklungsländer unterliegen starken kurzfristigen Fluktuationen. Diese Tatsache wird allgemein anerkannt, sie bedarf keiner detaillierten Darstellung. Immerhin wird durch Wiedergabe einigen Zahlenmaterials in Tabelle (5) ein Eindruck vom Ausmaß dieser Schwankungen vermittelt. Die Angaben basieren auf einer Untersuchung der Ausfuhr achtzehn ausgewählter Primärprodukte und erfassen den wesentlichen Teil des Exports der Entwicklungsländer.

Tabelle 5

Durchschnittliche Fluktuation beim Export von Primärprodukten aus Entwicklungsländern pro Jahr; 1901—1950 (prozentuale Veränderung gegenüber dem Vorjahr)[a]

Produkt	Preise	Volumen	Exporterlöse monetär	real
Baumwolle	18	21	26	23
Erdöl	10	18	19	19
Hanf	19	17	22	22
Jute	16	17	22	20
Kaffee	14	12	21	19
Kakao	17	17	20	24
Kautschuk	21	29	36	35
Kupfer	13	16	21	21
Leinsaat	18	31	28	27
Natriumnitrat	5	22	22	21
Reis	12	21	21	23
Seide	14	13	19	12
Tabak	10	16	18	18
Tee	9	10	15	15
Weizen	16	33	33	32
Wolle	15	6	15	16
Zinn	14	18	25	23
Zucker	15	18	23	27
Durchschnitt der Produkte	13,7	18,7	22,6	22

a) Quelle: UN: Instability in Export Markets of Under-Developed Countries in Relation to their Ability to obtain Foreign Exchange from Exports of Primary Commodities 1901 to 1950. New York 1952. S. 4 ff.

Die Zahlen geben die durchschnittliche Schwankungsbreite pro Jahr während eines Betrachtungszeitraums von 50 Jahren wieder; die Schwankungen sind also von Extremwerten bereinigt. Der Zyklus erstreckt sich bei den Preisbewegungen über vier bis fünf Jahre. In zwei aufeinander folgenden Jahren wurde demnach eine gleichsinnige

II. Fehlentwicklung der Auslandsnachfrage

Bewegung, nach dieser Zeit ein Umschlag in die entgegengesetzte Bewegungsrichtung beobachtet. Die Zahl 13,7 in der Spalte der Preise als Durchschnittsgröße der achtzehn betrachteten Produkte und des Beobachtungszeitraums von fünfzig Jahren sagt aus, daß im Durchschnitt der Jahre und Produkte der Preisindex in jedem Jahr von 100 auf 86,3 abfiel oder von 86,3 auf 100 anstieg. Die Intensität der Schwankungen war allgemein vor dem ersten Weltkrieg (1901—1913) geringer als nach diesem Krieg (1920—1939), in der letzteren Periode wiederum geringer als nach dem zweiten Weltkrieg (1946—1950). Die Preisschwankungen nahmen also im Zeitablauf an Intensität zu[8].

Die Exportmengen fluktuierten noch stärker als die Preise. Die jährliche Veränderung betrug im Durchschnitt der Jahre und Produkte 18,7 %. Die größten durchschnittlichen Veränderungen pro Jahr finden sich bei Weizen (33 %), Leinsaat (31 %) und Kautschuk (29 %). Die Erlöse aus dem Auslandsabsatz von Primärprodukten — jeweils gemessen in Dollar — errechnen sich als Produkt aus Ausfuhrmengen und -preisen. Die Angaben für Exporterlöse verdeutlichen den bekannten Sachverhalt, daß bei Primärprodukten Bewegungen von Preisen und Mengen in der Regel gleichgerichtet sind und sich daher in ihrer Wirkung auf den Erlös verstärken. Lediglich bei Leinsaat lag die Fluktuation der Erlöse mit 28 % geringfügig unter dem Schwankungswert einer der beiden Komponenten (31 % bei den Ausfuhrmengen). Hier fand also eine geringfügige Kompensation intensiver Mengenschwankungen durch entgegengesetzte Preisausschläge statt. Bei der überwiegenden Zahl der betrachteten Güter verstärken sich dagegen Preis- und Mengenschwankungen insgesamt. Die Exporteure hatten demnach beim Absatz ihrer Produkte häufig zugleich Preissenkungen und Mengeneinbußen in Kauf zu nehmen oder sie konnten — in einer für sie günstigen Situation — erhöhte Mengen zu steigenden Preisen absetzen.

Die letzte Spalte in Tabelle (5) gibt die Entwicklung der Exporterlöse "real" wieder. Dabei wird von der Überlegung ausgegangen, daß die Exporterlöse den Entwicklungsländern Devisen einbringen, die im wesentlichen zum Import industrieller Erzeugnisse eingesetzt werden. Die Kaufkraft der von den Entwicklungsländern erzielten Exporterlöse wird daher unter Berücksichtigung von Preisveränderungen der industriellen Importgüter ermittelt. Das Ergebnis der Berechnungen ist: "The instability is not only in terms of the foreign exchange which a ton of tin or a bag of coffee will bring in, but also in terms of the clothing, machinery or chemicals which it will buy. If all prices

---

[8] Vgl. UN: Instability in Export Markets of Under-Developed Countries... a.a.O. S. 4.

fluctuated together in the same direction and to a similar degree, the effect of price fluctuations on the ability of under-developed countries to obtain foreign goods might not be serious. In fact ... the ability of under-developed countries to obtain foreign goods was affected by a price change in almost the same degree as their ability to obtain foreign exchange[9]."

Es stellt sich die Frage, ob die Fluktuationen der Exporterlöse durch entgegengesetzte Schwankungen der Netto-Kapitalimporte ausgeglichen werden. Diese Frage wird verneint: "... foreign exchange receipts from capital inflow and from invisible items failed to counteract the wide fluctuation in export proceeds[10]." Zwar schwankte der Kapitalimport zum Teil noch stärker als die Exporterlöse. Häufig aber verstärkten sich diese Fluktuationen in ihrer Wirkung auf die Importfähigkeit.

Ebenso wie die Existenz der betrachteten Schwankungen sind deren Ursachen hinreichend bekannt. Sie werden kurz skizziert. Die Preiselastizitäten von Angebot und Nachfrage sind bei Primärprodukten kurzfristig überwiegend gering, so daß jede Abweichung zwischen Angebot und Nachfrage beim herrschenden Preis große Preisausschläge hervorruft. Dies gilt verstärkt, weil sich der Wettbewerb bei primären Produkten im allgemeinen voll auswirken kann. Das Angebot ist bei einem Teil der Güter, den landwirtschaftlichen Produkten im weitesten Sinne, wetterabhängig und daher einer gewissen Unbeständigkeit unterworfen. Die Nachfrage — vor allem die Nachfrage nach Rohstoffen — ist abhängig von der konjunkturellen Situation in den importierenden Industriestaaten. Konjunkturschwankungen in diesen Ländern bestimmen die Absatzbedingungen der von Entwicklungsländern angebotenen Primärprodukte. Der Import von primären Produkten hat in den Industrieländern vielfach die Funktion, die jeweilige Lücke zwischen dem Bedarf und der Eigenproduktion zu decken. Die Eigenproduktion ist in ihrer Höhe zum Teil ebenfalls unbestimmbaren Einflüssen unterworfen, und sie genießt den vollen Schutz wirtschaftspolitischer Instanzen. Dies geht so weit, daß entwickelte Länder ihrer Überproduktion in Zeiten unzureichender Nachfrage dadurch Absatz verschaffen, daß sie den im Inland nicht absetzbaren Teil der Produktion zu subventionierten Preisen im Ausland absetzen und damit den Entwicklungsländern weitere Absatzmärkte entziehen. Jeder konjunkturelle Rückschlag in den Industrieländern bewirkt so ein starkes Schrumpfen der Erlöse, die Entwicklungsländer aus dem Export ihrer Primärprodukte erzielen.

---

[9] Ebd., S. 24 f.
[10] Ebd., S. 7.

II. Fehlentwicklung der Auslandsnachfrage

Singer weist darauf hin, daß die Schwankungen auf den Märkten primärer Produkte trotz einer gewissen Stabilisierung der konjunkturellen Lage in den Industrieländern kaum nachgelassen haben[11]. *Nurkse* führt dies darauf zurück, daß die Fluktuationen der Nachfrage weniger von Veränderungen der gesamtwirtschaftlichen Aktivität als von zyklischen Bewegungen der Anlageinvestitionen herrühren. Diese zyklischen Bewegungen der Investitionstätigkeit seien die typische Begleiterscheinung des Fortschreitens entwickelter Volkswirtschaften[12]. Außerdem dürfte bedeutsam sein, daß Primärprodukte typischer Weise an Börsen gehandelt werden, wo die Spekulation Nachfrageschwankungen größeren Ausmaßes initiieren oder verstärken kann[13].

Die längerfristige Trendbewegung der Exporterlöse verläuft nicht für alle Entwicklungsländer einheitlich. Einige Entwicklungsländer können aus der Konzentration auf bestimmte Primärprodukte großen Nutzen für ihre Gesamtentwicklung ziehen. Dies gilt vor allem für die Erdöl fördernden und liefernden Länder. Die Mehrzahl der Entwicklungsländer hat sich jedoch auf lange Sicht mit einer mangelnden Ausdehnungsfähigkeit ihrer Erlöse aus dem Auslandsabsatz der traditionellen Primärprodukte auseinanderzusetzen. Die folgenden Erörterungen beschränken sich auf diesen Teil der Entwicklungsländer. In einigen Ländern — so u. a. in Argentinien, Chile, Ägypten, Kuba und Indien — fielen die Exporterlöse in der Zeit von 1948/49 bis 1953/55 ab, in einem Zeitraum also, in dem von kurzfristigen Fluktuationen nicht mehr gesprochen werden kann[14]. Diese Entwicklungen können allerdings nicht als typisch angesehen werden. Sie stellen Sondererscheinungen dar, die zum Teil auch auf binnenwirtschaftlichen Einflüssen beruhen. Verbreitet scheint jedoch die geringe Ausdehnungsfähigkeit der Exporterlöse zu sein, die aus einer relativ schwachen Expansion der Nachfrage der Industrieländer nach den Primärprodukten der Entwicklungsländer resultiert: "In most of the countries... exports... have not increased as rapidly as has total real product. In certain instances... this has partly been attributable to the absorption of exportable supplies, or of productive resources by the home market. But, in general, it has reflected primarily the relatively slow growth ... of world import demand for primary products as a whole during

---

[11] Vgl. Singer, H. W.: The Terms of Trade and Economic Development. Comment. In: The Review of Economics and Statistics. Vol. 40, Supplement. February 1958. S. 87.
[12] Vgl. Nurkse, R.: Trade Fluctuations and Buffer Policies of Low-Income Countries. Zu: The Quest for a Stabilization Policy in Primary Producing Countries. A Symposium. In: Kyklos. Vol. XI. 1958. S. 142.
[13] Vgl. Byé, M.: Comment on Nurkse, R.: Trade Fluctuations and Buffer Policies ... a.a.O. S. 180.
[14] Vgl. UN: World Economic Survey 1956. New York 1957. S. 103 f.

the post-war years. It is this which explains why the exports of the primary producing countries as a whole have lagged, not only behind growth in the industrial countries, but even frequently behind their own rates of growth[15]."

Zur Begründung der geringen Expansion der Nachfrage in Industrieländern nach den Primärprodukten der Entwicklungsländer ist bei Nahrungsmitteln auf das Engel'sche Gesetz, bei industriellen Rohstoffen auf steigende Produktivität des Rohstoffeinsatzes und zunehmende Verwendung synthetischer Substitutionsgüter, bei beiden auf den hohen und wachsenden Selbstversorgungs- und Protektionsgrad der Industrieländer hinzuweisen.

Es wurde geschätzt, daß "... 30 per cent of exports from underdeveloped areas compete with protected agricultural industries in the developed importing areas..."[16]. Die Exporte primärer Erzeugnisse aus Industrieländern steigen an und ziehen einen wachsenden Anteil der Nachfrage auf internationalen Märkten auf sich: "Exports of food from the developed areas rose five times as fast as those from underdeveloped countries, while for crude materials they rose 2 1/2 times as fast. For both these commodity groups together, exports from the developed areas in 1962 ($ 24.5 billion) exceeded those from underdeveloped countries ($ 15.8 billion) by over 50 per cent[17]." Die Zuwachsraten beziehen sich auf die Zeitspanne von 1952/54 bis 1962. Die Ausfuhr primärer Erzeugnisse aus Industrieländern wird im wesentlichen auch in Industrieländern abgesetzt. "In 1962 this intra-trade accounted for three-quarters of their food exports and nearly nine-tenths of their total exports of crude materials... Both these flows of trade have risen substantially over the past decade — by three-fifths and two-fifths in value, respectively, from 1952-54 to 1962. This contrasts sharply with the increases in exports from the underdeveloped to the developed areas in the same commodity groups: for food the increase was marginal, while for crude materials the value of exports rose by only a tenth[18]." Diese Entwicklung der Handelsströme dürfte wesentlich aus diskriminierenden und dirigistischen Eingriffen der Industrieländer zu erklären sein. Soweit Kostenvorteile der entwickelten Volkswirtschaften ausschlaggebend waren, dürften sie weniger auf natürlichen und unveränderlichen Bedingungen beruhen als auf Entwicklungsunterschieden.

Die Exporterlöse sind eine Bestimmungsgröße der Importkapazität oder -fähigkeit der Entwicklungsländer. Der Begriff der Importfähig-

---

[15] Ebd., S. 109.
[16] Maizels, A.: a.a.O. S. 46.
[17] Ebd., S. 24.
[18] Ebd., S. 25.

II. Fehlentwicklung der Auslandsnachfrage

keit "... means the total foreign exchange receipts from exports, from the inflow of capital and from service transactions. It is intended to show the foreign exchange that a country, or a region, has available to spend in a year, *without* having to rely on 'compensatory movements' of capital, such as drawing on gold reserves, borrowing from the International Monetary Fund, or running up trade debts through failure to meet them when they are due[19]." Die Bilanz der "service transactions" weist für Latein-Amerika ein Defizit auf[20]. Diese Bilanz zeigt also einen Devisenabfluß an, der die Importfähigkeit vermindert. Da die betrachtete Bilanz den Schulden- und Zinsendienst für Auslandskapital in Entwicklungsländern umfaßt, dürfte sie überwiegend mit einem Passivsaldo abschließen.

Die Importfähigkeit der Entwicklungsländer wird im positiven Sinn durch die Exporterlöse und die Netto-Kapitalimporte als Differenz zwischen Kapitalimport und -export begründet. Dabei fällt den Exporterlösen das weitaus größere Gewicht zu. Obwohl die Kapitalbereitstellung aus öffentlichen Mitteln und Mitteln internationaler Institutionen in neuerer Zeit erheblich zunimmt und dabei einige bevorzugte Entwicklungsländer großzügig bedenkt, machen die Kapitalimporte für Entwicklungsländer insgesamt einen relativ geringen Anteil der Importkapazität aus[21].

Wird die Veränderung der Importfähigkeit in der Zeit als Bewegung realer Größen untersucht, so sind Preisvariationen bei Importgütern — Preise gemessen in ausländischer Währung — in die Betrachtung einzubeziehen. Real ergibt sich eine Erhöhung (Verminderung) der Importfähigkeit, wenn die Auslandspreise importierter Güter sinken (steigen). Es kann davon ausgegangen werden, daß sich die Importfähigkeit auf längere Sicht in realen Größen jedenfalls nicht günstiger gestaltet als in monetären Größen. Zusammenfassend kann festgestellt werden, daß der Anstieg der Importfähigkeit in einer Vielzahl von Entwicklungsländern durch Bedingungen begrenzt ist, die dem Entwicklungsland von außen gesetzt sind. Die Bedeutung dieser Begrenzung der Importfähigkeit wird sichtbar durch Gegenüberstellung mit dem Trend des Importbedarfs.

Auch der Importbedarf der Entwicklungsländer wird wesentlich durch die einseitige Produktionsausrichtung geprägt. Vor allem im Entwicklungsprozeß entsteht Bedarf an einer Vielzahl von Gütern, die im

---

[19] UN: Economic Survey of Latin America 1957. New York 1959. S. 65.
[20] Vgl. ebd., S. 75.
[21] Vgl. Singer, H. W.: a.a.O. S. 86; Seers, D.: Inflation and Growth: A Summary of Experience in Latin America. In: UN: Economic Bulletin for Latin America. Vol. VII, No. 1. February 1962. S. 40 f.

Inland nicht oder nur unzureichend produziert werden. Das gilt für einen großen Teil industriell gefertigter Investitionsgüter; es gilt weiter für bestimmte Roh-, Hilfs- und Betriebsstoffe, deren Einsatz mit der Produktion wächst; es gilt schließlich für Massenkonsumgüter des Existenzbedarfs und für industriell gefertigte Konsumgüter, die mit wachsendem Einkommen in den Begehrskreis der Haushalte fallen.

Wie ausgeführt wurde, ist Entwicklung mit einer beträchtlichen Steigerung der Investitionstätigkeit verbunden. Zunehmende Bildung von Realkapital läßt sich in Entwicklungsländern nur über ein Anwachsen der Investitionsgüterimporte realisieren. "Indeed, it may not be going too far to say that investment in under-developed countries depends as much on the capacity to buy capital goods from abroad as it does on the capacity to save[22]." In der Literatur wird in diesem Zusammenhang von einem „Importgehalt" der Investitionen gesprochen. Gemeint ist die Tatsache, daß bei gegebener Produktionsstruktur ein bestimmter Anteil der Kapitalgüter aus inländischer Produktion nicht angeboten werden kann und daher vom Ausland zu beziehen ist. Der Importgehalt eines Investitionsprojekts gibt diesen Anteil notwendiger Importe an. *Nurkse* schätzt, daß ein Drittel bis ein Halb der Realkapitalbildung mit Hilfe importierter Investitionsgüter durchgeführt wird[23]. Konkrete Hinweise finden sich bei *Guth:* „Der Importgehalt der Investitionen in unterentwickelten Ländern variiert nach den bisherigen Erfahrungen etwa zwischen 0,2 und 0,7. Er ist am niedrigsten bei reinen Bauinvestitionen (rd. 0,2), in der Landwirtschaft beträgt er etwa 0,5 und bei Industrieinvestitionen erreicht er Werte von 0,6 und 0,7. Mit zunehmender Differenzierung der Produktionsstruktur des Landes wird der Importgehalt der Investitionen abnehmen[24]." Während eines weiten Bereichs des Entwicklungsprozesses beinhaltet der notwendige Anstieg der Investitionsquote, daß die Investitionsgüterimporte überproportional zum Volkseinkommen wachsen (müssen).

Wie die Kapitalbildung so steht der Einsatz von Rohstoffen und Vorprodukten in engem Zusammenhang mit der Höhe der Produktion. Viele Entwicklungsländer sind nicht in der Lage, den steigenden Bedarf an bestimmten Rohstoffen und Vorprodukten aus eigener Produktion zu decken. Das folgt aus dem im Vergleich zu den Industrieländern geringen Gesamtumfang der Rohstoffproduktion sowie aus mangelnder Vielseitigkeit dieser Produktion und aus fehlender oder qualitativ unzureichender Verarbeitung vorhandener Rohstoffe. *Bruton*

---

[22] Maynard, G.: Economic Development and the Price Level. a.a.O. S. 46.
[23] Vgl. Nurkse, R.: Problems of Capital Formation in Underdeveloped Countries. Oxford 1958. S. 113.
[24] Guth, W.: a.a.O. S. 131. Fußnote 2.

diskutiert den Zusammenhang zwischen dem Import von Investitionsgütern, Rohstoffen und Vorprodukten einerseits und der Höhe der Gesamtproduktion andererseits; er kommt zu dem Ergebnis, daß der Importbedarf bei den genannten Gütergruppen im Entwicklungsprozeß kaum unterproportional, überwiegend aber überproportional zum Sozialprodukt ansteigt[25].

Konsumgütereinfuhren der Entwicklungsländer haben zunächst die Aufgabe, die Spanne zwischen heimischer Produktion von und Nachfrage nach Massenkonsumgütern auszufüllen. "... a number of these (under-developed; d. Verf.) countries have to import substantial quantities of food for the basic diet of their populations...[26]" Wie im vorhergehenden Abschnitt dargestellt wurde, kann die Notwendigkeit zu ständig steigender Einfuhr von Nahrungsmitteln daraus entstehen, daß eine stark expandierende Nachfrage auf eine relativ stagnierende heimische Produktion trifft. Mit dem Industrialisierungsprozeß ist eine Wanderungsbewegung der Menschen in die Städte verbunden. Die Umsetzung in die Industrie schafft den Arbeitskräften erhöhte Einkommen; die Ansiedlung in der Stadt weckt zusätzliche Bedürfnisse und ändert die Bedarfsstruktur. Soweit sich die heimische Produktion in Umfang und Struktur diesen Bedingungen nicht anzupassen vermag, entsteht zusätzliche Nachfrage nach Importgütern. Die Empfänger höherer Einkommen konzentrieren ihre mit den Einkommen wachsende Konsumgüternachfrage auf Güter des gehobenen Bedarfs, die in starkem Maße modischen und technischen Veränderungen unterworfen sind. Was den neuesten technischen und modischen Gesichtspunkten entspricht, wird häufig über den Demonstrationseffekt von den entwickelten Wirtschaften her bestimmt. Während somit der Wunsch auf Erwerb „hochwertiger" und „moderner" Konsumgüter vom entwickelten Ausland her geweckt wird, richtet sich die entsprechende Nachfrage zunächst ebenfalls ins Ausland; denn die heimische Produktion vermag sich nur mit beträchtlicher zeitlicher Verzögerung auf veränderte Nachfragebedingungen einzustellen. Wenn sich die Produktion angepaßt hat, mag die Entwicklung bereits fortgeschritten und über die neu produzierten Güter hinweggegangen sein.

All diese Faktoren bewirken ein relativ starkes Anwachsen der Nachfrage nach Auslandsgütern. Die Elastizität der Importnachfrage in bezug auf das Volkseinkommen liegt bei Entwicklungsländern im allgemeinen während einer langen Phase der Entwicklung nicht uner-

---

[25] Vgl. Bruton, H. J.: Growth Models and Underdeveloped Economies. In: Agarwala, A. N. and Singh, S. P. (eds.): The Economics of Underdevelopment. New York, Oxford 1963. S. 238.
[26] UN: Relative Prices of Exports and Imports of Under-developed Countries. a.a.O. S. 7.

heblich über dem Wert eins. Nachfrage nach Auslandsgütern ist allerdings nicht mit dem Import dieser Güter gleichzusetzen, da viele Entwicklungsländer zu Importkontrollen und Importrestriktionen Zuflucht nehmen. Diese Eingriffe können jedoch nicht verhindern, daß auch die realisierten Importe überproportional zum Volkseinkommen anwachsen (müssen). "... post-war balance of payments experience in the primary producing countries has been characterized predominantly by a more than proportional rise in imports in relation to total real product side by side with a less than proportional rise in exports[27]."

Nachdem die Strukturmerkmale außenwirtschaftlicher Verflechtung der Entwicklungsländer bekannt sind, soll im folgenden untersucht werden, wie bestimmte von der Außenwirtschaft ausgehende Anstöße im ökonomischen System der Entwicklungsländer aufgenommen und verarbeitet werden. Als auslösendes Moment werden zunächst die Fluktuationen, sodann die längerfristige Trendbewegung der Exporterlöse herangezogen.

2. Die Auswirkungen fluktuierender Exporterlöse auf das Preisniveau

a) Im Aufschwung

Es sei noch einmal daran erinnert, daß die Erlöse aus dem Auslandsabsatz von achtzehn Primärprodukten, die im wesentlichen den Export der Entwicklungsländer ausmachen, während eines Beobachtungszeitraums von 50 Jahren durchschnittlich um 22,6 % pro Jahr schwankten. Bei Kautschuk betrugen die Schwankungen 36 %, bei Weizen 33 % jährlich. Bei der durchschnittlichen Dauer eines Zyklus von etwa 4 Jahren stiegen beispielsweise die Erlöse aus dem Auslandsabsatz von Kautschuk in zwei aufeinander folgenden Jahren um 72 %, um darauf innerhalb von 2 Jahren in gleichem Umfang abzusinken. Kautschuk trug 1951 mit 42 % zum Exporterlös Indonesiens, mit 31 % zum Exporterlös Ceylons bei. Annähernd 20 % des 1948 in der Föderation Malaya erstellten Nettosozialprodukts entstammten der Produktion von Kautschuk. Diese Angaben erhellen noch einmal, welche Größenordnungen mit den Fluktuationen der Exporterlöse für Entwicklungsländer angesprochen werden.

Zahlreiche Autoren weisen darauf hin, daß die zyklischen Schwankungen der Exporterlöse die binnenwirtschaftliche Stabilität der Entwicklungsländer in starkem Maße gefährden. Die folgenden Zitate mögen beispielhaft für viele gleichartige Äußerungen stehen: "Fluc-

---

[27] UN: World Economic Survey 1956. New York 1957. S. 137.

tuations in foreign demand immediately set up inflationary or deflationary movements. Thus a sudden boom in exports, through the operation of the foreign-trade multiplier, leads to a rise in national income and prices; the converse happens when there is a fall in exports[28]."
Oder: "Any steep fall of raw material prices (whether agricultural or mineral in origin) cuts the purchasing power of a big part (say as an average about 20 %) of the population, thereby immediately reducing the activity in secondary industries, bringing investment for expansion to a standstill and reducing investment for replacement very considerably — a general depression of a first class magnitude[29]."

Zunächst wird die Phase des konjunkturellen Aufschwungs betrachtet, in der die Exporterlöse zyklisch ansteigen. Die Wechselkursrelationen werden als fixiert angenommen, so daß jeder Erlöszuwachs die im Exportsektor entstehenden Einkommen erhöht. Ausstrahlungseffekte auf die Binnenwirtschaft können von der Verwendung dieser zusätzlichen Einkommen ausgehen. Der Zusammenhang wird mit Hilfe von Einkommensgleichungen veranschaulicht:

(1) $$Y = C_i + I_i + X$$

(2) $$Y = C_i + S_i + M$$

C_i gibt den Wert der im Inland produzierten und abgesetzten Konsumgüter an, I_i die Höhe der aus eigener Produktion stammenden Inlandsinvestitionen, S_i den Teil des Einkommens, der weder dem Konsum inländischer Erzeugnisse zugeführt, noch zur Gütereinfuhr verwendet wird[30]. X bezeichnet die Höhe des Exports, M diejenige des Imports.

Die Veränderung des Einkommens (dY) als Folge steigender Exporterlöse (dX) wird durch den Exportmultiplikator angegeben; er lautet:

(3) $$dY = \frac{1}{s_i + m} \cdot dX$$

oder:

(3a) $$dY = \frac{1}{1 - c_i} \cdot dX$$

---

[28] Chelliah, R. J.: a.a.O. S. 34.
[29] Goudriaan, J.: Comment on Nurkse, R.: Trade Fluctuations and Buffer Policies ... a.a.O. S. 195.
[30] Das Sparen (S_i) ist hier nicht — wie sonst üblich — als Konsumverzicht definiert. Der Konsumverzicht ist größer S_i, wenn die Importe einer Periode nicht voll dem Konsum zugeführt werden.

Die Symbole s_i, m, c_i stellen die Variationen von S_i, M, C_i bezogen auf eine marginale Veränderung von Y dar. Der Anstieg der Exporte ist exogen vorgegeben. Er bewirkt primär ein wertgleiches Anwachsen von Y. Weitere Auswirkungen auf das Volkseinkommen ergeben sich entsprechend der Multiplikatorgleichung aus der Verwendung dieses im Exportsektor neu entstehenden Einkommens. Schafft die Verwendung der Mehreinkommen des Exportsektors zusätzliche Einkommen im übrigen Bereich der Wirtschaft, so ist die Verwendung dieser Einkommen einzubeziehen, etc. Schließlich sind akzelerationsbedingte Einflüsse auf die Höhe der Inlandsinvestitionen (I_i) zu berücksichtigen, die durch die angegebene Multiplikatorgleichung nicht erfaßt werden.

Aussagen über die Verwendung können sinnvoll nur im Zusammenhang mit einer bestimmten Verteilung des Einkommenszuwachses gemacht werden. Als Verteilungshypothese wird zunächst eingeführt, daß Nutznießer der steigenden Exporterlöse allein die Unternehmer des Exportsektors sind, deren Gewinne um die zusätzlichen Erlöse wachsen. Weiter wird unterstellt, daß sich die Unternehmen des Exportbereichs in ausländischem Besitz befinden. Die Einkommen, die durch die günstige Absatzlage auf den Weltmärkten zusätzlich entstehen, fallen also Wirtschaftssubjekten des Auslandes zu. Damit erhöht sich nach herrschender Definition zwar das Netto-Inlandseinkommen, nicht aber das Nettosozialprodukt des Entwicklungslandes. Wird Y in den obigen Gleichungen als Nettosozialprodukt verstanden, so sind nach dieser Definition Einkommensbestandteile, die Wirtschaftssubjekten des Auslands aus inländischer Produktion zufließen, bei der Ermittlung von Y abzusetzen. Die Erhöhung der Exporterlöse läßt unter diesen Bedingungen die Größen X und Y in der Gleichung der Einkommensentstehung (1) unverändert. Der Exportmultiplikator wird nicht wirksam. Wird von der angegebenen Einkommensdefinition abgewichen und das Einkommen ausländischer Wirtschaftssubjekte aus inländischer Produktion nicht vom Export abgesetzt, sondern als Inanspruchnahme von Leistungen des Auslands dem Import hinzugefügt[31], so erhöhen sich in Gleichung (1) durch den Erlöszuwachs die Werte von X und Y. In der Gleichung der Einkommensverwendung (2) schlägt sich das Mehreinkommen in einer Erhöhung der Importe bei gleichbleibenden Werten von C_i und S_i nieder. In Gleichung (3) hat die marginale Sparneigung (s_i) den Wert null, die marginale Importneigung (m) den Wert eins. Die Multiplikatorwirkung beträgt eins.

Es bleibt die Frage, wie die ausländischen Unternehmer über ihren Einkommenszuwachs verfügen. Werden diese Einkommen ins Ausland

---

[31] So auch Schneider, E.: Einführung in die Wirtschaftstheorie. I. Teil. Theorie des Wirtschaftskreislaufs. 7., durchgesehene Auflage. Tübingen 1958. S. 72.

abgezogen, so verliert das Entwicklungsland die Devisen, die durch den Exportboom zusätzlich erzielt werden. Das Entwicklungsland profitiert von der günstigen Absatzlage auf den Exportmärkten überhaupt nicht. Die Auswirkungen beschränken sich auf den außenwirtschaftlichen Sektor. Weder erhöht sich das Einkommen inländischer Wirtschaftssubjekte, noch steigt die Importfähigkeit zum Nutzen der gesamtwirtschaftlichen Entwicklung an. Der Exportsektor ist als reiner Außenposten anderer — entwickelter — Volkswirtschaften anzusprechen. Unter den bisher diskutierten Annahmen überträgt die Expansion der Auslandsnachfrage keine inflationären Tendenzen auf das Entwicklungsland.

Es könnte nun der Fall untersucht werden, in dem die ausländischen Unternehmer ihre zusätzlichen Gewinne nicht aus dem Entwicklungsland abziehen. Der Gegenwert der im Entwicklungsland belassenen Gewinne ist als Kapitalimport des Entwicklungslandes anzusehen. Die Importfähigkeit erhöht sich mit den Exporterlösen. Der weitere Ablauf hängt von der Verwendung der zusätzlichen Gewinne durch die ausländischen Unternehmer ab. Die Gedankenführung wird im Rahmen der dargestellten Modellbedingungen nicht fortgesetzt, da sie gegenüber den vorhergehenden und nachfolgenden Erörterungen keine zusätzlichen Erkenntnisse vermittelt. Die Hypothese, daß sich die Unternehmen des Exportsektors in ausländischem Besitz befinden mit den daraus abgeleiteten speziellen Verwendungsformen der Gewinne, wird aufgegeben. Sie dürfte der Realität überwiegend nicht mehr entsprechen.

Für die Klärung der Frage, welche Einkommen im Exportsektor erhöht werden, ist zunächst von Bedeutung, ob dieser Bereich in der Ausgangssituation vollbeschäftigt ist. Trifft die Expansion der Auslandsnachfrage auf unausgenutzte Kapazitäten und konjunkturelle Arbeitslosigkeit im Exportsektor, so steigen mit der Ausdehnung der Beschäftigung Faktor- und Gewinneinkommen. Nach Erreichen der Vollbeschäftigung werden die Faktoreinkommen erhöht, wenn die Kapazitäten ausgedehnt und neue Arbeitsplätze geschaffen werden und/oder wenn bereits eingesetzte Arbeitskräfte eine Erhöhung ihrer Entlohnung durchsetzen. Die Entscheidung darüber, ob eine Ausweitung von Produktion und Beschäftigung im Exportsektor vorgenommen wird, hängt wesentlich von den Erwartungen über die weitere Absatzentwicklung ab. Diese Erwartungen sind in hohem Maße mit Unsicherheit behaftet, da Nachfragesteigerungen mit zyklischem Charakter nur selten von solchen Nachfrageausweitungen zu unterscheiden sind, denen ein langfristig ansteigender Trend unterliegt. Eine Bereitschaft zur Anpassung von Produktion und Beschäftigung an expandierende Nachfrage kann angenommen werden, wo ein Umschlagen der Nachfrageentwicklung nicht abzusehen ist. Bei der durchschnittlichen

Dauer einer Phase konjunkturellen Aufschwungs von mehr als zwei Jahren wird dies nicht selten der Fall sein.

Der Exportsektor in Entwicklungsländern arbeitet im allgemeinen mit Produktionsverfahren, die sich im gesamtwirtschaftlichen Vergleich durch hohe Produktivität auszeichnen. Das schließt ein, daß dieser Sektor vor allem qualifizierte Arbeitskräfte beschäftigt. Wie an anderer Stelle ausgeführt wird, sind qualifizierte Arbeitskräfte in allen Entwicklungsländern knapp. Erhöhte Nachfrage nach diesen Arbeitskräften wird nur bei steigendem Entgelt zu befriedigen sein. Darüber hinaus sind qualifizierte Arbeitskräfte durch Marktkonstellation und gewerkschaftliche Organisation in der Regel befähigt, an einer günstigen Einkommensentwicklung ihres Sektors durch Lohnerhöhungen zu partizipieren. Bei länger anhaltender Expansion von Erlösen und Gewinnen im Exportsektor ist daher mit Lohnanpassungen zu rechnen.

Unter Vernachlässigung staatlicher Aktivität wird im folgenden davon ausgegangen, daß ein Exportboom Gewinn- und Lohneinkommen im Exportsektor anhebt. Der Anstieg der Gewinneinkommen induziert zusätzliche Nachfrage nach Investitionsgütern, in geringem Umfang erhöhte Nachfrage nach Konsumgütern. Der Zuwachs der Lohneinkommen wird im wesentlichen für Konsumzwecke ausgegeben, wie frühere Überlegungen zeigen. Die im Entwicklungsland ausgeübte Nachfrage steigt durch das Auftreten von Multiplikator- und Akzeleratoreffekten anwachsender Exporterlöse.

Um die Auswirkungen zunehmender Gesamtnachfrage und damit die weitere Ausstrahlung der Multiplikator- und Akzeleratoreffekte analysieren zu können, sind Annahmen über den Auslastungsgrad der Produktionsanlagen und -faktoren außerhalb des Exportsektors einzuführen. Das Vorhandensein oder Fehlen konjunktureller Arbeitslosigkeit im Entwicklungsland bestimmt, ob die Nachfrageexpansion durch Ausdehnung der Produktion im Inland befriedigt werden kann oder ob sie bei herrschendem Preisniveau einen Überschuß der Gesamtnachfrage über das bei Vollbeschäftigung realisierbare Inlandsangebot schafft. Unter bestimmten Bedingungen kann der Aufschwung im Exportsektor im Ausgangsstadium mit konjunktureller Unterbeschäftigung der übrigen Wirtschaftsbereiche zusammenfallen. Dies kann sich daraus ergeben, daß Vollbeschäftigung und Vollbeschäftigungseinkommen Einfuhren in einer Höhe erfordern, die in Zeiten einer Baisse auf den Exportmärkten nicht verfügbar ist[32].

Es werden drei Phasen unterschieden, in denen Erlöse und Einkommen im Exportsektor ansteigen und der Exportsektor erhöhte Nach-

---

[32] Dieser Zusammenhang wird noch eingehend zu erörtern sein.

II. Fehlentwicklung der Auslandsnachfrage

frage ausübt. In der ersten Phase trifft die zusätzliche Nachfrage von Wirtschaftssubjekten des Exportsektors auf konjunkturelle Unterbeschäftigung in allen Bereichen der heimischen Wirtschaft. Die zusätzliche Nachfrage führt die heimische Wirtschaft über Multiplikator- und Akzeleratoreffekte an den Zustand der Vollbeschäftigung heran. Preissteigerungen treten nicht auf. Nachfrage nach Importgütern entsteht, soweit bestimmte Güter im Inland nicht produziert werden; dies kann z. B. für Investitionsgüter und Rohstoffe gelten. Im folgenden beschränken sich die Erörterungen auf die Probleme, die im Aufschwung nach Überwinden dieses Beschäftigungsbereichs auftreten.

In der zweiten Phase stoßen weite Bereiche heimischer Produktion auf ihre Kapazitätsgrenze; die Produktion kann bei steigender Nachfrage nicht oder nur bei erheblich erhöhten Absatzpreisen ausgedehnt werden. Andere Sektoren dagegen verfügen noch über unausgenutzte Kapazitäten und können ihre Produktion elastisch an expandierende Nachfrage anpassen. Wie noch zu zeigen ist, nimmt dieses Stadium in den von Disproportionalitäten, Engpässen und mangelnder Anpassungsfähigkeit der Produktion gekennzeichneten Systemen unterentwickelter Volkswirtschaften breiten Raum ein. Die Ausweitung der Gesamtnachfrage kann in dieser Phase erwünscht sein, um Vollbeschäftigung der Produktionsbereiche herbeizuführen, die noch über Kapazitätsreserven verfügen. Die Nachfrageexpansion läßt aber auf den Märkten der bereits vollbeschäftigten Produktionsbereiche einen Nachfrageüberhang entstehen, der durch Preissteigerungen und/oder zusätzliche Importe abgebaut wird. Soweit Preissteigerungen auftreten, werden sie in ihrer Wirkung auf das Preisniveau nicht durch Preissenkungen auf anderen Märkten kompensiert.

Ob Überschußnachfrage in Teilbereichen die Preise anhebt oder durch zusätzliche Importe abgebaut wird, hängt von den Konkurrenzbeziehungen zwischen heimischen Produkten und Importgütern auf den Inlandsmärkten ab. Im Falle vollkommener Konkurrenz und vollständiger Substituierbarkeit zwischen Inlands- und Auslandsprodukten auf den heimischen Märkten werden Preissteigerungen durch Zunahme der Importe ausgeschlossen, solange nur das Angebot eines bestimmten Gutes auf dem Weltmarkt hinreichend elastisch ist. Der Zusammenhang wurde bereits behandelt. Sind diese idealtypischen Bedingungen internationalen Freihandels gegeben, so wird in der zweiten Phase der Expansion Vollbeschäftigung aller Wirtschaftsbereiche gesichert, ohne daß inflationäre Preissteigerungen auftreten. Die Importneigung in den oben angegebenen Multiplikatorgleichungen erhöht sich in Phase (2) gegenüber Phase (1) zunehmend. Den steigenden Importen steht eine im Umfang dX zunehmende Importfähigkeit gegenüber. Wieweit der Zuwachs der Importfähigkeit durch erhöhte Importe ausgeschöpft wird, hängt im Wirkungsbereich des Exportmultiplikators von den Werten der marginalen Spar- und Importneigungen, darüber hinaus von dem Umfang ab, in dem akzelerationsbedingte Investitionsgüternachfrage zusätzliche Importe induziert.

In der dritten Phase der Expansion befindet sich die betrachtete Volkswirtschaft in allen Bereichen im Zustand der Vollauslastung der Produktionskapazitäten. Möglichkeiten einer Anpassung der Gesamtproduktion an steigende Gesamtnachfrage bestehen kurzfristig nicht. Mehrausgaben der Wirtschaftssubjekte des Exportsektors auf Grund steigender Einkommen treffen auf ein vollkommen unelastisches Angebot inländischer Produkte. Unter den angegebenen Bedingungen freien internationalen Güteraustauschs erhöht die Mehrnachfrage die Werte von C_i und I_i in den Einkommensgleichungen nicht; die gesamte Mehrnachfrage wird durch zusätzliche Importe gedeckt. Wird der Einkommenszuwachs im Exportsektor gerade in voller Höhe für Konsumtions- und Investitionszwecke verausgabt, so decken sich in Phase (3) der Anstieg der Importkapazität und die Zunahme der Importe. In der Gleichung des Exportmultiplikators ergibt sich für die marginale Importneigung der Wert eins, für die marginale Sparneigung (s_i) der Wert null. Das Volkseinkommen steigt um dX.

Die vorhergehenden Überlegungen machten deutlich, daß der Boom im Exportsektor nicht zwangsläufig inflationäre Erscheinungen auf das Entwicklungsland überträgt. Kann sich die Gütereinfuhr frei an die Marktbedingungen im Inland anpassen, so gewährleistet sie bei ausreichender Preiselastizität Gleichgewicht von Angebot und Nachfrage auf den Gütermärkten, ohne daß Preisverschiebungen notwendig werden. Wird den wirtschaftspolitischen Instanzen des Entwicklungslandes die Fähigkeit zuerkannt, die Einkommenswirkungen der Multiplikator- und Akzeleratorprozesse durch globale Maßnahmen in den Grenzen zu halten, die ein Anwachsen der Importe über die Importfähigkeit hinaus verhindern, so wird bei gegebenen Wechselkursrelationen ein Abfluß von Devisen vermieden. Der Exportboom scheint dem Entwicklungsland die Möglichkeit zu freiem internationalen Güteraustausch einzuräumen, wodurch die binnenwirtschaftliche ohne Gefährdung der außenwirtschaftlichen Stabilität gesichert würde.

Ein Entwicklungsland, das den Mechanismus internationalen Freihandels in der angegebenen Weise wirksam werden läßt, ermöglicht einen Einsatz des Devisenzuwachses, der den freien Entscheidungen privater Wirtschaftssubjekte über die Verwendung ihrer Mehreinkommen entspricht. Importiert werden Investitionsgüter, die die Produktionskapazität des traditionellen Exportsektors ausweiten, Konsumgüter, die den Präferenzen der verschiedenen Gruppen von Einkommensempfängern gerecht werden, und Investitionsgüter, die an zunehmender Konsumgüternachfrage orientiert sind. Die Devisenverwendung richtet sich an zyklisch steigender Auslandsnachfrage und daraus entstehender Inlandsnachfrage nach Konsumgütern aus. "If exports rise rapidly enough ... the economy can grow quickly without serious danger of inflation, even though labour and capital are immobile, enterprise is deficient, and the Government lacks an adequate development policy. In that case, however, the economy will *grow* rather than develop..."[33]

Seers gibt an, daß eine Gruppe latein-amerikanischer Länder — Venezuela, Ekuador, Guatemala, Nikaragua, Panama u. a. — eine liberale Außenwirtschaftspolitik betreibt. Diese Länder werden als "open economies" bezeichnet und sind durch stabile Wechselkurse, konvertible Währungen und eine relativ liberale Handelspolitik gekennzeichnet. Veränderungen der Preise in diesen Volkswirtschaften werden in der oben dargestellten Weise durch Preisbewegungen auf ausländischen Märkten bestimmt. "The price rises which did occur in these countries after the war were mainly the reflection of developments abroad[34]." Die Öffnung dieser Volkswirtschaften nach außen ist verbunden mit dem Fehlen einer autonomen Entwicklungspolitik im Innern, so daß die Produktionsstrukturen dieser Länder in ihrem Urzustand verharren. "They are mostly small economies, unindustrialized and heavily dependent on foreign trade..."[35] Diese Länder sind zwar als unterentwickelt, nicht aber als Entwicklungsländer im strengen Sinne dieser Arbeit anzusprechen[36].

Entwicklungspolitik als Voraussetzung der notwendigen De- und Re-Strukturierung unterentwickelter Volkswirtschaften bedarf im allgemeinen ergänzender Maßnahmen handels- und währungspolitischer Art. Heute wird nur noch von Vertretern eines extremen Liberalismus die Ansicht vertreten, eine volle Eingliederung unterentwickelter Volkswirtschaften in den Prozeß internationaler Arbeitsteilung unterstütze das Streben dieser Länder nach Entwicklung. Wie ausgeführt wurde, schließt Entwicklung die Überwindung der einseitigen, auf Primärerzeugung ausgerichteten Produktionsstrukturen durch einen breit angelegten Prozeß der Industrialisierung ein. Auf diese Weise ist zu ermöglichen, daß ein zunehmender Anteil der Inlandsnachfrage durch Eigenproduktion befriedigt wird. Die Skala der Produkte, die im

---

[33] Seers, D.: Inflation and Growth: A Summary of Experience in Latin America. a.a.O. S. 26 f.
[34] Ebd., S. 37.
[35] Ebd., S. 34.
[36] Die Gegenüberstellung offener und nicht offener Volkswirtschaften nach Seers wird an späterer Stelle dieser Arbeit vertieft.

Inland nachgefragt, aber nicht erzeugt werden, ist ständig herabzusetzen. „In dem Maße, wie die heimische Industrieproduktion in die schon bestehende inländische Nachfrage hineinwächst, werden Importe durch heimisches Angebot substituiert ... in der Importsubstitution (ist) der Kern der Industrialisierung der Entwicklungsländer zu sehen[37]." Die Spezialisierung der Exporte auf einzelne Primärprodukte ist abzubauen, es sei denn, daß sie durch den längerfristigen Trend der Auslandsnachfrage gerechtfertigt wird. Entwicklung beinhaltet die Lockerung einer unangemessenen Abhängigkeit von Exporten und Importen der Industrienationen, den Aufbau einer Nationalwirtschaft, für die der Außenhandel eine Bereicherung darstellt, nicht aber eine die gesamte binnenwirtschaftliche Entwicklung dominierende Stellung beansprucht. Es besteht kein Anlaß zu der Vermutung, daß die genannten Strukturwandlungen durch das ungehinderte Wirken des Preismechanismus auf internationaler Ebene begünstigt werden.

Der Mechanismus freier internationaler Arbeitsteilung und die Betonung komparativer Kostenunterschiede als Bestimmungskriterien optimaler Standortverteilung gehen von statischer Betrachtungsweise aus. Sie beziehen solche Kostendifferenzen in die natürlichen Standortbedingungen ein, die allein auf Entwicklungsunterschieden beruhen und daher durch Angleichung der Entwicklungsniveaus auf längere Sicht überwunden werden können. Da der Aufbau industrieller Produktion im Entwicklungsstadium durch vielfältige Verschränkungen der Unterentwicklung kostenmäßig belastet ist, wird diese Produktion unabhängig von natürlichen Kostenbedingungen durch Konkurrenzprodukte des entwickelten Auslands erdrückt, wenn sie nicht durch protektionistische Eingriffe gegen das Ausland abgeschirmt wird. Es handelt sich um den bekannten Erziehungs- oder Entwicklungsprotektionismus.

In den einleitenden Ausführungen dieses Abschnitts wurde herausgestellt, daß die Durchführung einer aktiven Entwicklungspolitik den Importbedarf (zunächst) erheblich ansteigen läßt und daß dieser Mehrbedarf an Importgütern bei der Mehrzahl der Entwicklungsländer auf die Grenzen unzureichender Importfähigkeit stößt. Dirigistische Eingriffe in den freien internationalen Güteraustausch dienen daher weiter dem Zweck, die Nachfrage nach Importgütern auf längere Sicht der beschränkten Importkapazität anzupassen und dabei eine im gesamtwirtschaftlichen Sinne optimale Verwendung knapper Devisen zu gewährleisten. Das Ziel einer gesamtwirtschaftlich optimalen Ver-

---

[37] Hesse, H.: Die Industrialisierung der Entwicklungsländer in ihren Auswirkungen auf den internationalen Handel. In: Gestaltungsprobleme der Weltwirtschaft. Festschrift für Andreas Predöhl. Herausgegeben von Jürgensen, H. Göttingen 1964. S. 335.

II. Fehlentwicklung der Auslandsnachfrage

wendung knapper Devisen wird durch das Einspielen des Wechselkurses auf ein Gleichgewichtsniveau nicht erreicht, da dies eine Struktur der Importe zuläßt, die den mit Kaufkraft ausgestatteten Präferenzen der privaten Wirtschaftssubjekte entspricht. Die Ausgabentätigkeit der privaten Wirtschaftssubjekte wird aber durch gegebene strukturelle Bedingungen bestimmt, während die Veränderung dieser Bedingungen Ziel der gesamtwirtschaftlich ausgerichteten Entwicklungspolitik ist. Die Festsetzung des Wechselkurses auf das Gleichgewichtsniveau hat darüber hinaus den Nachteil, daß der Preis ausländischer Währungen, gemessen in Einheiten der heimischen Währung, ansteigt und die Versorgung der inländischen Wirtschaft mit entwicklungsstrategischen Gütern verteuert. Da die Preiselastizität der Auslandsnachfrage nach den Primärprodukten des Entwicklungslandes gering ist, steht der Verschlechterung der Terms of Trade des Entwicklungslandes bei einer solchen Lösung keine Erhöhung der Exporterlöse und der Importkapazität gegenüber.

Die vorhergehenden Ausführungen machen deutlich, warum Entwicklungspolitik häufig dirigistische Eingriffe im währungs- und handelspolitischen Bereich einschließt. Der Grad der Abschirmung der heimischen Wirtschaft gegenüber einem freien internationalen Handelsaustausch schwankt innerhalb weiter Grenzen. Er wird beeinflußt von den speziellen Zielsetzungen und den vielfältig differierenden Ausgangsbedingungen der einzelnen Entwicklungsländer. Den „offenen" Volkswirtschaften stehen am entgegengesetzten Ende der Skala Entwicklungsländer gegenüber, in denen sich die Importe ausschließlich nach den Bedingungen bestimmen, die durch eine Politik gezielter Diskriminierung und Präferenzgewährung gesetzt sind. Die Einfuhren dieser Länder sind in Umfang und Struktur Ergebnis einer Politik, die eine im Entstehen begriffene heimische Industrie gegen ausländische Konkurrenz abschirmt und die eine gezielte Auswahl der zu importierenden Güter vornimmt, um die knappen Devisen einer optimalen — oder einer als erwünscht angesehenen — Verwendung zuzuführen. Neben diesen extremen Lösungen finden sich in der Realität viele Abstufungen des Protektionsgrades.

Zu den allgemeinen Bestimmungsgründen währungs- und handelspolitischer Eingriffe treten bei zyklischem Ansteigen der Exporterlöse spezielle Aspekte. Es wurde ausgeführt, daß die Liberalisierung der Einfuhren ein geeignetes Mittel sein kann, die im Exportboom steigende Inlandsnachfrage zu befriedigen und dadurch eine Gefährdung der Preisstabilität zu vermeiden. Eine Einsatzmöglichkeit der zusätzlich anfallenden Devisen besteht also in der Bekämpfung der Preisauftriebstendenzen. Dem treten konkurrierende Verwendungszwecke gegenüber. Die unzureichende Importkapazität begrenzt die Fähigkeit der Entwicklungsländer, Investitionsprojekte zu realisieren. Diese Begrenzung der gesamtwirtschaftlichen Entwicklung kann durch die günstige Gestaltung der Exporterlöse vorübergehend hinausgeschoben werden. Voraussetzung ist, daß die zusätzlichen Devisenerlöse für eine Erhöhung des Investitionsvolumens genutzt werden. Eine entsprechende Politik wird durch die Tatsache begünstigt, daß das Sparen als zweite Komponente des Investierens unter den gegebenen Bedingungen nicht den Verzicht auf ein bereits realisiertes Versorgungsniveau bedingt, sondern lediglich den Verzicht, den Einkommenszuwachs dem Konsum zuzuführen.

Anzustreben ist jedoch nicht allein eine Verstärkung der allgemeinen Investitionstätigkeit, sondern die Durchführung bestimmter, gesamtwirtschaftlich erwünschter Investitionsprojekte. Es wurde ausgeführt, daß bei länger anhaltender Expansion der Auslandsnachfrage Investitionen im Exportsektor und im Konsumgüterbereich induziert werden dürften. Der zyklische Charakter der Expansion läßt Zweifel zu, ob diese Investitionen aus gesamtwirtschaftlicher Sicht Vorrang besitzen gegenüber anderen Investitionsvorhaben, deren Ausführung alternativ ist. Die Strukturveränderungen, die als notwendiger Bestandteil der Entwicklungspolitik dargestellt wurden und u. a. eine größere Unabhängigkeit der Binnenwirtschaft von Fehlentwicklungen der Außenwirtschaft gewährleisten sollen, erfordern in der betrachteten Situation vor allem verstärkte Importsubstitution. Importsubstitution ist im Aufschwung notwendig und erwünscht, um das Entwicklungsland auf die nachfolgende Phase schrumpfender Importfähigkeit vorzubereiten. "Above all, it is essential to adopt substitution measures in advance without waiting until external disequilibrium imposes them as an unavoidable necessity. It is precisely in the ascending phase, when savings are mounting and there are greater resources for importing capital goods, that special emphasis should be laid on substitution policy[38]."

Der Kapazitätseffekt von Investitionen, die der Produktion von Importsubstituten dienen, mag aus produktionstechnischen Gründen kurzfristig gering sein und daher nur auf längere Sicht eine merkliche Verminderung des Importbedarfs herbeiführen. Unter diesen Umständen könnte als unmittelbare Vorsorge für die nachfolgende Baisse auf den Exportmärkten der Aufbau einer Devisenreserve — Buffer Fund — vorzuziehen sein. Die Anlage einer Devisenreserve in der Hochkonjunktur ermöglicht eine Stabilisierung der Importe über den Zyklus hinweg, sie wirkt der Notwendigkeit einer Importdrosselung in der Depression entgegen.

---

[38] Prebisch, R.: Economic Development or Monetary Stability: a.a.O. S. 4.

Drei konkurrierende Verwendungsweisen der zusätzlich anfallenden Devisen werden einander gegenübergestellt. (1) Einsatz des Devisenzuwachses zur Befriedigung der privaten Mehrnachfrage, die durch Einkommenssteigerungen im Exportsektor und deren Ausstrahlungseffekte entsteht. (2) Einsatz der zusätzlichen Devisenerlöse zur Durchführung oder Anregung gesamtwirtschaftlich erwünschter Investitionen, die nicht durch die Nachfrageexpansion unter (1) induziert werden. (3) Aufbau einer Devisenrücklage für den zyklischen Abschwung.

Analog den Investitionen haben Exporte Einkommens- und Nachfrageeffekte, denen (potentiell) ein Angebotseffekt gegenübertritt. Der Angebotseffekt der Exporterlöse besteht in dem allgemeinen Anspruch auf Erwerb ausländischer Produkte, den die Verfügung über Devisen verkörpert. Kann sich der Angebotseffekt im Rahmen eines freien internationalen Handels auswirken, so wird die zusätzliche Nachfrage unter den genannten Bedingungen auch bei Vollausnutzung der heimischen Produktionsanlagen ohne Gefährdung der Preisstabilität befriedigt. Wird der freie internationale Handel dagegen durch Reglementierung der Importe ausgeschlossen, so wird der Mechanismus einer flexiblen Anpassung des Angebots an die private Mehrnachfrage außer Kraft gesetzt. Im Extremfall können die Präferenzen der privaten Wirtschaftssubjekte bei der Verwendung der Mehreinkommen und die Entscheidungen wirtschaftspolitischer Instanzen über den Einsatz des Devisenzuwachses völlig auseinanderfallen. Die private Mehrnachfrage trifft auf ein starres Angebot und induziert allgemeine Preissteigerungen.

Wird die freie Anpassung des Angebots an die private Mehrnachfrage unterbunden, so kann Preisstabilität nur gewahrt werden, wenn neben dem Angebots- auch der Nachfrageeffekt steigender Exporterlöse ausgeschaltet wird. Genauer besteht die Aufgabe darin, die Erhöhung der privatwirtschaftlich orientierten Nachfrage auf das Maß zu beschränken, das durch zusätzliche Importe — und gegebenenfalls durch Produktionsausdehnung im Inland — gedeckt wird. Um die Darstellung zu vereinfachen, wird im folgenden von der Annahme ausgegangen, daß weder ein Zuwachs der Inlandsproduktion noch ein solcher der Importe zur Befriedigung privater Mehrnachfrage bereitsteht.

Zur Wahrung der Preisstabilität ist daher der sich frei einspielende Nachfrageeffekt expandierender Exporterlöse auszuschalten. Aus dem Instrumentarium, das der Erfüllung dieser Aufgabe dienen könnte, werden einige Lösungsversuche kurz skizziert und auf ihre Realisierbarkeit überprüft. Das Konzept der "Buffer Stocks" zielt darauf ab, die Preise der Primärprodukte durch Steuerung von Angebots- und/ oder Nachfragevolumen absolut oder innerhalb bestimmter Grenzen zu stabilisieren. Durch Herausnahme eines Teiles der Produktion aus dem Markt und Lageraufbau wird in der Depression dem Preisfall entgegengewirkt. Durch Abbau der Lagerhaltung im Boom wird die Lücke zwischen Nachfrage und Produktion, die bei gegebenen Preisen auftritt, ganz oder teilweise geschlossen. Wird die Anlagepolitik nach dem Konzept der "Buffer Stocks" von den importierenden Ländern betrieben, so stabilisiert sich die Auslandsnachfrage für die Lieferländer von Primärprodukten. Wird der Marktpreis durch diese Eingriffe jeweils über den vollen Zyklus hinweg auf einem mittleren Niveau stabilisiert, so ist die Erscheinung fluktuierender Exporterlöse mit allen negativen Konsequenzen aus der Welt geschafft, ohne daß die Entwicklungsländer eigene Maßnahmen zu ergreifen hätten. Eine solche Lösung wurde von Vertretern der Entwicklungsländer wiederholt gefordert, von den Abnehmerländern jedoch nicht realisiert.

Ist das Entwicklungsland somit auf eigene Aktionen verwiesen, so bietet sich eine Stabilisierungspolitik an, bei der Lageraufbau und -abbau von wirtschaftspolitischen Instanzen des Entwicklungslandes vorgenommen werden. Bei dieser Lösung bleiben für das Entwicklungsland die Fluktuationen der Exporterlöse und damit des Devisenaufkommens bestehen. Die Schwankungen können allerdings in beiden Richtungen abgeschwächt werden, wenn die Preiselastizität der Auslandsnachfrage jeweils bei gegebener Preis-Nachfragefunktion kleiner als eins ist[39]. Der staatliche Ankauf des Angebotsüberhangs in der Depression und die Befriedigung überschüssiger Nachfrage im Boom zu einem gleichbleibenden mittleren Marktpreis eliminiert die zyklischen Schwankungen der privaten Einkommen im Exportsektor. Der Einkommensstabilisierung entspricht eine Vergleichmäßigung der Nachfrage, die von diesem Sektor ausgeübt wird. In der speziellen Situation expandierender Auslandsnachfrage wachsen die zusätzlichen Einnahmen nicht dem Exportsektor, sondern dem Staat zu. Der Exportsektor überträgt keine expansiven Tendenzen auf die Gesamtwirtschaft. Die Verwendung der öffentlichen Mehreinnahmen bestimmt die Ausstrahlungseffekte auf die heimische Wirtschaft. Die Entscheidungsbefugnis über den Einsatz der zusätzlichen Devisen und über die Verwendung der Mehreinnahmen ist in einer Institution vereint. Der Gedankengang wird wieder aufgenommen.

"... the buffer stock idea, attractive as it is to both sides of the world market for primary commodities, has made no progress at all in its practical execution[40]." Ein wesentlicher Grund für das Fehlen praktisch-politischer Erfolge liegt darin, daß die Politik der "Buffer

---

[39] Schwankungen der Auslandsnachfrage schlagen sich in Verschiebungen der Preis-Nachfragefunktion nieder.
[40] Nurkse, R.: Trade Fluctuations and Buffer Policies ... a.a.O. S. 145.

Stocks" nicht von einem einzelnen Erzeugerland verwirklicht werden kann, es sei denn, daß es Produktion und Angebot eines bestimmten Gutes auf dem Weltmarkt ganz oder überwiegend kontrolliert. Ein Stabilisierungserfolg kann nur eintreten, wenn ein hinreichender Anteil des Marktes durch die Eingriffe erfaßt wird. Im allgemeinen sind daher Maßnahmen auf internationaler Ebene erforderlich. Eine erfolgreiche internationale Politik fehlt bisher auf den meisten Märkten. Dies liegt neben allgemeinen Schwierigkeiten internationaler Kooperation u. a. darin begründet, daß der Lageraufbau in Zeiten unzureichender Auslandsnachfrage in Unkenntnis des längerfristigen Trends dieser Nachfrage zu erfolgen hat. Das impliziert ein erhebliches Risiko und erhöht die Kosten der Lagerhaltung[41]. Primärprodukte sind zum Teil zeitlich nur begrenzt lagerfähig; die Dauer der Lagerhaltung kann daher häufig den Marktbedingungen nicht angepaßt werden. Es ließen sich weitere Gesichtspunkte anführen, die das Fehlen von Stabilisierungserfolgen erklären. Es wird jedoch darauf verzichtet.

Andere Instrumente sind entwickelt worden, die ebenfalls eine Einkommensstabilisierung im Exportsektor ermöglichen sollen. "The purpose of this policy is not to reduce the variations in world market prices, but to soften their impact on the domestic economy by steadying the disposable income realised by primary producers[42]." Durch Einsatz dieser Maßnahmen werden also die verfügbaren Einkommen des Exportsektors stabilisiert, während die zyklischen Schwankungen von Exportpreisen, -mengen und -erlösen unbeeinflußt bleiben. Die Einkommensstabilisierung im Exportsektor soll erreicht werden: (1) durch staatlichen Ankauf der gesamten Primärproduktion zu Preisen, die über den Zyklus hinweg unverändert bleiben; der Auslandsabsatz wird vom Staat auf eigene Rechnung zu den jeweiligen Marktbedingungen vorgenommen; (2) durch eine direkte Besteuerung und Subventionierung der Exporterlöse, die Abweichungen der verfügbaren Einkommen von einem mittleren Niveau aufheben; (3) durch variierende Wechselkurse, zu denen die Exporteure ihre Devisenerlöse bei staatlichen Institutionen gegen inländische Währung eintauschen (müssen). Alle drei Verfahren finden in der Realität Verwendung[43]. Die gemeinsame Wirkung dieser Eingriffe besteht in der Hochkonjunktur darin, daß der Einkommenseffekt expandierender Exporterlöse allein der öffentlichen Hand zugute kommt. Der Exportsektor kann nicht über erhöhte Einkommen verfügen.

---

[41] Vgl. Bauer, P. T. and Paish, F. W.: Comment on Nurkse, R.: Trade Fluctuations and Buffer Policies ... a.a.O. S. 169.
[42] Nurkse, R.: Trade Fluctuations and Buffer Policies ... a.a.O. S. 146.
[43] Vgl. ebd., S. 146 f.

Nurkse kritisiert an den bisher dargestellten Verfahren, daß sie eine Anpassung der Primärproduktion an die zyklischen Veränderungen der Marktlage verhindern. Die Stabilisierung der Absatzerlöse über den Zyklus hinweg nimmt den Produzenten primärer Erzeugnisse den Anreiz, ihre Produktion bei steigenden Absatzpreisen auszudehnen und bei ungünstiger Absatzlage einzuschränken[44]. Nurkse fordert daher, die Fluktuationen der Auslandsnachfrage in Einkommensschwankungen des Exportsektors wirksam werden zu lassen. Die unerwünschten Auswirkungen instabiler Einkommen des Exportsektors auf die Binnenwirtschaft sollten durch antizyklische Anpassung der *allgemeinen* Besteuerung und kompensatorische Ausgabengestaltung der öffentlichen Hand ausgeschaltet werden. "The crucial point is that in this case it would be done without interfering with incentives to shift resources into or away from production for export in response to varying market conditions. In the national income accounts this policy would aim at stabilising aggregate disposable income and not solely the disposable income arising from export production[45]."

Gegen diesen Vorschlag lassen sich verschiedene Einwände vorbringen, die Nurkse überwiegend antizipiert hat. Zunächst ist das Ziel Nurkses umstritten, den Anreiz zur Produktionsanpassung an zyklisch schwankende Auslandsnachfrage zu erhalten. Für einen großen Teil der Primärproduktion ist die Preiselastizität der Produktion kurzfristig zu gering, als daß eine vorteilhafte Anpassung der Erzeugung erfolgen könnte. Weiter wird häufig darauf hingewiesen, daß die Vielzahl kleiner Produzenten ihre Erzeugung atypisch an die Marktbedingungen anpaßt, um einkommensmindernde Preissenkungen durch erhöhte Absatzmengen auszugleichen. Ein solches Verhalten verstärkt bestehende Ungleichgewichte. Bei marktgerechter Reaktion der Produzenten begründet die lange Ausreifungszeit vieler Investitionen im primären Sektor die Gefahr, daß die Veränderungen des Ausstoßes zu einer Zeit auf den Markt gelangen, da sich die Marktbedingungen bereits umgekehrt haben. Schließlich ist erneut hervorzuheben, daß Reaktionen auf die Marktlage vor allem die Form von Lagerveränderungen annehmen, die den Zyklus verstärken[46].

Eine allgemeine Besteuerung in der von Nurkse geforderten Form impliziert, daß das Anwachsen der Einkommen im Exportsektor durch Reduzierung der verfügbaren Einkommen in den übrigen Bereichen der Wirtschaft neutralisiert wird. Dem Abfallen der Exporterlöse

---

[44] Vgl. ebd., S. 148 f.
[45] Ebd., S. 150 f.
[46] Vgl. Goudriaan, J.: a.a.O. S. 203.

II. Fehlentwicklung der Auslandsnachfrage

andererseits wird durch entsprechende Verminderung der Steuerlast ein Ansteigen der verfügbaren Einkommen außerhalb des Exportsektors entgegengesetzt. Die ständige zyklische Verschiebung der Einkommensrelationen zwischen Exportsektor und übriger Wirtschaft kann in der Theorie zur Lenkung des gesamtwirtschaftlichen Faktoreinsatzes erwünscht sein. In der Realität der Entwicklungsländer ist dieser Steuerungsmechanismus jedoch — zumindest kurzfristig — unwirksam, wie oben gezeigt wurde und wie an späterer Stelle noch eingehend zu zeigen ist. Wäre er wirksam, so dürften die Verluste durch Anpassungsfriktionen die Gewinne aus den fortlaufenden, sich jeweils selbst wieder aufhebenden Umsetzungen der Produktionsfaktoren übertreffen.

Im Rahmen der vorliegenden Themenstellung ist schließlich bedeutsam, daß der Vorschlag Nurkses in Entwicklungsländern kaum zu realisieren ist. Die fortgesetzte Anpassung der gesamtwirtschaftlichen Steuerbelastung an die Fluktuationen der Inlandseinkommen erfordert eine Flexibilität des Steuersystems, die überwiegend nicht gegeben ist. Der Exkurs über Mängel der Steuersysteme in Entwicklungsländern machte deutlich, daß vor allem die Erhebung direkter Steuern, denen ein gewisser Anpassungsautomatismus im gewünschten Sinne innewohnt, auf erhebliche und wirksame Hindernisse stößt. Weitere administrative Probleme werden bei *Bauer* und *Paish* behandelt[47]. Nurkse selbst stellt fest: " In reality, it must be conceded that in many countries the practical possibilities of conducting a general countercyclical fiscal policy are extremely limited[48]."

Es ist daher auf die vorher behandelten Verfahren zurückzugreifen, die auf eine Einkommensstabilisierung im Exportsektor abzielen. Sie übertragen bei erfolgreicher Anwendung den Erlöszuwachs aus expandierender Auslandsnachfrage vom Exportsektor auf den Staat. Bei der öffentlichen Hand vereinigt sich die Verfügungsmöglichkeit über den Zuwachs an Devisen und über das Mehr an Einnahmen, das dem Devisenzuwachs entspricht. Daraus ergibt sich die Möglichkeit, Angebots- und Nachfrageeffekt steigender Exporterlöse aufeinander abzustimmen. Die Entscheidung über den optimalen Einsatz der knappen Devisen bestimmt zugleich, welche Nachfrage aus den steigenden Einnahmen erwachsen darf, ohne daß inflationärer Preisauftrieb resultiert. Wird der Devisenzuwachs z. B. in voller Höhe den Devisenreserven zugeführt, so dürfen die öffentlichen Ausgaben nicht erhöht werden, wenn Preisstabilität gewahrt werden soll. Die öffentliche Hand hat durch Überschußbildung Nachfrage zurückzuhalten.

---

[47] Vgl. Bauer, P. T. and Paish, F. W.: a.a.O. S. 177 f.
[48] Nurkse, R.: Trade Fluctuations and Buffer Policies ... a.a.O. S. 151.

C. Inflation als Folge struktureller Störungen

Es mangelt also nicht an Konzepten, deren Verwirklichung die unerwünschten Auswirkungen expandierender Exporterlöse auf die Binnenwirtschaft ausschließen könnte. "The problem of fluctuations in prices and incomes in primary producing countries has been the subject of a great many studies by individual researchers and more particularly by international organisations, both before and since the war. On the practical plane, however, they have borne relatively little fruit. Producer prices of most raw materials are still left to the free play of world market forces, and the resulting price fluctuations remain a source of instability ... for the economies of the producer countries...[49]." Das Fehlen einer erfolgreichen Stabilisierungspolitik in der Realität erklärt sich daraus, daß praktisch-politische Schwierigkeiten den wirksamen Einsatz der genannten Maßnahmen verhindern. Heller weist darauf hin, daß "... the potential contribution to internal economic stability and development can be realized only through an uncommon fusion of political will and economic skill: ... skill not only in managing tax and exchange rates but also in so timing the changes and channeling the proceeds as to promote stable and balanced economic development[50]."

Neben den von Heller genannten Schwierigkeiten ergeben sich solche, die auf der zeitlichen Erstreckung, dem Ausmaß und dem ungewissen Charakter des Aufschwungs beruhen. Es wurde ausgeführt, daß sich eine Phase des Zyklus — hier der Aufschwung — über eine mittlere Dauer von 2 bis 3 Jahren erstreckt. Damit ist schon eine Expansion von „normaler" Dauer in ihren Ausmaßen und Folgeerscheinungen nur schwer zu überschauen. Jede politische Konzeption, jeder Eingriff muß auf unklaren Vorstellungen und Prognosen über den langfristigen Trend, über längerfristige Wellenbewegungen und kurzfristige Fluktuationen aufbauen. Bei einer durchschnittlichen Schwankung der Exporterlöse pro Jahr und Produkt von mehr als 20 % steigen die Exporterlöse während eines Expansionsprozesses von durchschnittlicher Dauer im Mittel um 40 % bis 60 %. Nur eine außerordentlich starke und unabhängige politische Führung könnte dem Exportsektor ein Ansteigen seiner Erlöse in dieser Größenordnung und über einen solchen Zeitraum vorenthalten, ohne zugleich auf objektive Daten als Grundlage eines solchen Eingriffs zu verweisen. In der Tat wird die Aufgabe nur selten bewältigt.

Im allgemeinen fließt den Wirtschaftssubjekten des Exportsektors ein wesentlicher Teil der steigenden Exporterlöse als Einkommen zu

---

[49] Editorial Note zu: The Quest for a Stabilization Policy in Primary Producing Countries. A Symposium. In: Kyklos. Vol. XI. 1958. S. 139.
[50] Heller, W.: a.a.O. S. 461.

II. Fehlentwicklung der Auslandsnachfrage

und erhöht deren Nachfrage. Multiplikator- und Akzeleratoreffekte werden ausgelöst. Hat sich eine bestimmte Einkommensstruktur zwischen verschiedenen Sektoren herausgebildet und die Vorstellungen über angemessene Einkommensrelationen geprägt, so muß mit einer Anpassung anderer Einkommen gerechnet werden. Soweit Preissteigerungen auftreten, wecken sie Bestrebungen nach einer Anhebung der Nominallöhne.

Die anwachsende Privatnachfrage trifft auf ein Angebot, das nur durch erhöhte Importe erweitert werden kann. Die Ausgestaltung der Importpolitik bestimmt daher, wieweit die zusätzliche Nachfrage das Preisniveau anhebt, wieweit sie durch Einfuhren gedeckt wird. "The extent to which this (the rise in domestic prices; d. Verf.) occurs depends mainly on the form and methods adopted for limiting imports in order to protect domestic production. If this is done by customs duties that merely compensate for differences in productivity between domestic and foreign output, without providing any excessive margin of profit for the entrepreneur, the rise in domestic prices tends to be moderate, since foreign competition makes itself felt instantly. If, on the other hand, the protective margin is large, or if imports are limited by bans or direct restrictive measures, domestic prices may rise considerably...[51]." Ersichtlich geht *Prebisch* zunächst davon aus, daß Importe nur mit dem Ziel erschwert werden, die heimische Produktion gegen überlegene ausländische Konkurrenz abzuschirmen. Die Mittel zur Erreichung dieses Ziels können so gewählt werden, daß allgemeine Preissteigerungen im Inland durch internationale Konkurrenz eingedämmt werden. Die steigende Privatnachfrage induziert zusätzliche Importe und bewirkt so eine von den Privaten frei gewählte Verwendung — gegebenenfalls eines Teiles — des Devisenzuwachses. Es wurde ausgeführt, daß konkurrierende Postulate eine Handelspolitik bestimmen können, die auf "direct protective measures" zurückzugreifen hat. Diese Politik hat den Nachteil, einen inflationären Preisauftrieb im Inland zuzulassen. Allgemeine Preissteigerungen treten auf, weil die wirtschaftspolitischen Instanzen den sich frei einspielenden Angebotseffekt steigender Exporterlöse wirksamer zu unterbinden vermögen und tatsächlich unterbinden als die Einkommens- und Nachfragesteigerungen, die vom Exportsektor ausgehen.

Der Exkurs über Steuersysteme zeigte, daß der Staat in vielen Entwicklungsländern nicht unerheblich an den Erlösen des Exportsektors partizipiert. Da die Abgaben im wesentlichen mit den Exporterlösen anwachsen, entzieht der Staat dem Exportsektor einen Teil

---

[51] Prebisch, R.: Economic Development or Monetary Stability: a.a.O. S. 6.

der zyklisch ansteigenden Einkommen. Das Steuersystem leistet damit einen bescheidenen Beitrag zu der geforderten Umlenkung der Mehreinnahmen vom Exportsektor auf den Staat. Die Frage ist, ob der Staat die Mehreinnahmen den Erfordernissen der konjunkturellen Lage entsprechend verwendet. Die konjunkturelle Lage erfordert eine Budgetpolitik, die den inflationären Folgen einer übermäßig expandierenden Privatnachfrage entgegenwirkt. Trotz steigender Einnahmen dürfen die öffentlichen Ausgaben nur so weit angehoben werden, wie zusätzliche Nachfrage durch erhöhte Importe befriedigt werden kann und soll. Theoretisch ist eine Senkung der öffentlichen Ausgaben anzustreben, um die bestehende allgemeine Überhitzung abzuschwächen.

Die Forderung nach Bildung von Haushaltsüberschüssen in der Überhitzung ist theoretisch ebenso wohl fundiert, wie praktisch-politisch schwer zu realisieren. In entwickelten Volkswirtschaften zeigten sich die verantwortlichen Institutionen nicht selten unfähig, bei wachsenden Einnahmen die Ausgaben auf das konjunkturell erwünschte Maß zu beschränken. Die gleiche Aufgabe wird den wirtschaftspolitischen Instanzen der Entwicklungsländer erheblich erschwert durch Faktoren, die im wesentlichen bereits genannt wurden. Ausmaß und Dauer der Einnahmesteigerungen sind geeignet, starke Begehrlichkeit bei denen zu wecken, die Einfluß auf die Mittelverwendung ausüben. Die Ungewißheit über die weitere Einnahmeentwicklung erschwert eine langfristige Planung der Einnahmeverwendung, die objektiven Maßstäben genügt. Das Leistungsvermögen des Staatsapparates befindet sich auf dem niedrigen Entwicklungsniveau, das die Volkswirtschaft insgesamt kennzeichnet. Die politische Führung der Entwicklungsländer ist einem erheblichen Druck ausgesetzt, der auf sofortige oder beschleunigte Lösung unzähliger noch ungelöster Probleme gerichtet ist.

Dieser politische Druck vermag vor allem innerhalb demokratischer Staatswesen wirksam zu werden. *Gudin* vertritt die Ansicht, daß die Demokratisierung der Staatsformen in einigen der wichtigsten Länder Latein-Amerikas die Inflationserscheinungen der Nachkriegszeit verursacht habe. Zu den Folgen der politischen Umwälzungen führt er aus: "Today there are true elections, and a candidate to the Presidency can hardly succeed without entering into quid pro quo arrangements with other parties and making many promises to influential members of his own. This explains why the type and quality of government has largely deteriorated. The worth of a leader is often measured by his 'capacity to accomplish', that is, to complete, or at least start, the building of roads, stadiums, power plants, palaces, etc., no matter what the price paid through the increased indebtedness, distortion and disorganization of the country's economy. Seriously unbalanced budgets have been both a natural consequence and the mainspring of inflation[52]."

Es braucht Gudin nicht bis zu der Konsequenz gefolgt zu werden, daß die politische Struktur Hauptursache der Inflation sei. Diese Hinweise dürften aber immerhin die These unterstützen, daß die oben geforderte antizyklische Budgetpolitik in vielen Entwicklungsländern nicht — zumindest nicht in dem notwendigen Umfang — durchgesetzt werden kann. Es ist eher eine Erhöhung der Ausgaben zu erwarten, die die allgemeine Überhitzung verstärkt[53].

Es könnte eingewendet werden, daß die allgemeinen Preissteigerungen, die als Folge einer Expansion der Exporterlöse abgeleitet wurden, allein dem Versagen wirtschaftspolitischer Instanzen zuzuschreiben sind und nicht durch die Bezeichnung als „strukturbedingte Inflationserscheinungen" mystifiziert werden sollten. Es ist aber erneut darauf hinzuweisen, daß die geringe Leistungsfähigkeit des Staatsapparates untrennbar mit der Gesamtstruktur eines unterentwickelten Systems verbunden und durch diese bestimmt ist. Vor allem aber spricht gegen diese Deutung, daß die Fehlentwicklungen außenwirtschaftlicher Einflußgrößen bei den gegebenen strukturellen Bedingungen Anforderungen an das Leistungs- und Durchsetzungsvermögen der Wirtschaftspolitik stellen, denen nach aller Erfahrung auch die politischen Organe entwickelter Länder nicht gewachsen sind.

b) Beim Rückschlag

"Past experience has shown that everything that goes up has to come down again[54]." Nach dem zyklischen Aufschwung soll nun die Kontraktion der Exporterlöse untersucht werden. Es stellt sich die Frage, ob die Kontraktion der Auslandsnachfrage Anpassungsprozesse auslöst, die den Auswirkungen der Expansion entgegengesetzt sind und diese aufheben, oder ob Probleme eigener Art entstehen.

Mit den Exporterlösen schrumpfen unmittelbar die Einkommen der Wirtschaftssubjekte, denen diese Erlöse zufließen. Einkommensverluste treten zunächst und vor allem bei den Unternehmern des Exportsektors auf, deren Absatzpreise durch sinkende Auslandsnachfrage herabgedrückt werden. Ob sinkende Absatzpreise und Stückgewinne eine Redu-

---

[52] Gudin, E.: Inflation in Latin America. In: Hague, D. C. (ed.): Inflation. Proceedings of a Conference held by the International Economic Association. London, New York 1962. S. 343.
[53] Vgl. Maynard, G.: Inflation and Growth: Some Lessons to be Drawn ... a.a.O. S. 188.
[54] Prebisch, R.: Economic Development or Monetary Stability: a.a.O. S. 10.

zierung von Produktion und Beschäftigung bewirken, hängt wesentlich von der Entwicklung der Preis-Kostenrelation im vorhergehenden Aufschwung ab. Je stärker sich in der Expansion die Faktorpreise — vor allem die Lohnkosten — der Aufwärtsbewegung der Absatzpreise anpaßten, je mehr sie damit eine Erweiterung der Erlös-Kostenspanne verhinderten, desto geringer ist im nachfolgenden Abschwung der Spielraum für den Unternehmer, Preissenkungen bei gegebenen Produktionskosten und -mengen hinzunehmen. Zu Beginn des Abschwungs mögen sich die Unternehmer in der Lage sehen, Preissenkungen ohne Mengenreaktionen in einer Verminderung ihrer Gewinne aufzufangen. Im weiteren Verlauf werden die Erlöseinbußen jedoch eine Reduzierung der Faktoreinkommen im Exportsektor erzwingen. Da der Lohn als wichtigster Faktorpreis nach unten unbeweglich ist, beinhaltet die Einschränkung der Faktoreinkommen eine Herabsetzung des Beschäftigungsvolumens verbunden mit einer Freisetzung von Produktionskapazitäten. Beschäftigungs- und Kapazitätsausweitungen, die im Aufschwung vorgenommen wurden, erweisen sich nun im Zuge der Kontraktion als verfehlt.

Wie die Expansion so kann die Schrumpfung von Erlösen und Einkommen des Exportsektors unerwünschte Wirkungen auf die Einkommensbildung der Gesamtwirtschaft ausüben. Die Bestimmungsfaktoren eines solchen Ausweitungsprozesses wurden hinreichend behandelt. Als wesentliche Einflußgröße erwies sich die marginale Importquote. Je größer der Wert dieser Quote ist, desto stärker konzentriert sich der Nachfrageausfall auf Produkte des Auslands und desto weniger sinkt — cet. par. — das Gesamteinkommen, bei dem das Gleichgewicht zwischen Güterangebot und -nachfrage im Inland wiederhergestellt ist. Der Wert der marginalen Importneigung dürfte im Abschwung nicht unwesentlich davon abhängen, in welchem Maß sich das Importvolumen im vorhergehenden Aufschwung an die expandierende Privatnachfrage anpassen konnte. Je größer die Anpassungselastizität der Importe, die im Aufschwung in bezug auf steigende Einkommen und expandierende Nachfrage zugelassen wurde, desto höher dürfte die marginale Importneigung sein, die sich im Abschwung einstellt oder herbeiführen läßt. Hierzu sogleich mehr.

Bei realistischen Annahmen über die Werte von marginaler Spar- und Importneigung und über Veränderungen der Investitionstätigkeit im Kontraktionsprozeß muß damit gerechnet werden, daß jeder Einkommensausfall im Exportsektor die Tendenz hat, sich über Multiplikator- und Akzeleratoreffekte auf die Gesamtwirtschaft zu übertragen. Wie für den Exportsektor so mag für die übrigen Wirtschaftsbereiche gelten, daß der Nachfragerückgang zunächst in verminderten Gewinnen aufgefangen wird. Jede merkliche Kontraktion der Auslandsnachfrage wird jedoch — bei Fehlen kompensierender Eingriffe — eine Schrumpfung der Gesamtnachfrage im Inland bewirken, die ihrerseits eine Einschränkung der Beschäftigung und eine Freisetzung von Produktionskapazitäten induziert.

Den Ausstrahlungseffekten schrumpfender Auslandsnachfrage auf die Binnenwirtschaft kann der Staat durch antizyklische Budgetpolitik entgegenwirken. Ein Beitrag zu antizyklischer Budgetgestaltung geht auch im Abschwung von der Tatsache aus, daß der Staat einen Teil seiner Einnahmen aus einer steuerlichen Belastung der Exporterlöse zieht. Diese Einnahmen sinken mit den Exporterlösen ab und verringern so den Einkommensverlust des Exportsektors. Bei sinkenden Einnahmen sind die öffentlichen Ausgaben auszudehnen. Bei geeigneter Abstimmung mit dem Rückgang der Nachfrage, die der Exportsektor im Inland ausübt, können die öffentlichen Ausgaben so weit ausgedehnt werden, daß sie die vom Exportsektor ausgehenden kontraktiven Tendenzen neutralisieren. Es erweist sich als Vorteil, daß eine antizyklische Budgetpolitik in der Depression nicht auf gleiche Widerstände stößt wie in der Überhitzung. Die Substitution privater durch öffentliche Nachfrage impliziert eine Umschichtung der Gesamtnachfrage, die bei der unelastischen Produktionsstruktur der Entwicklungsländer eigene Probleme aufwirft. Dieser Aspekt wird hier ebenso vernachlässigt wie die Frage, ob — eventuell wie — Vollbeschäftigung der Produktionsfaktoren gewährleistet werden kann, die im Exportsektor vorübergehend freigesetzt werden.

Wird davon ausgegangen, daß von der Gestaltung des öffentlichen Haushalts her die Möglichkeit besteht, ein Absinken von Gesamtnachfrage und Gesamtbeschäftigung zu verhindern, so bleibt die Frage, ob ein entsprechender Eingriff wünschenswert ist. Bisher wurden lediglich Einkommens- und Nachfrageeffekte sinkender Exporterlöse sowie Möglichkeiten einer Neutralisierung dieser Effekte diskutiert. Nicht berücksichtigt wurde die Tatsache, daß mit den Exporterlösen — bei gleichbleibenden Kapitalimporten — die Importkapazität schrumpft. Soll das außenwirtschaftliche Gleichgewicht erhalten bleiben, so müssen die Importe auf das Ausmaß der verbleibenden Importkapazität gedrosselt werden, es sei denn, daß der Einsatz von Devisenreserven ein höheres Importvolumen zuläßt[55].

Das Problem, das sich der Wirtschaftspolitik hier stellt, ist bekannt. Auf der einen Seite steht die Forderung, das außenwirtschaftliche

---

[55] Es kann bestritten werden, daß außenwirtschaftliches Gleichgewicht mit dem Abfluß von Devisenvorräten vereinbar sei. Dieser Einwand erscheint nicht sinnvoll, wenn Devisenvorräte eigens zum Einsatz in der betrachteten Situation angelegt werden.

Gleichgewicht beizubehalten mit der Nebenbedingung, die Stabilität des Wechselkurses zu gewährleisten. Zum anderen ist die Sicherung der Vollbeschäftigung zu einem sozialpolitischen Gebot größter Dringlichkeit geworden. Im klassischen System des Goldautomatismus waren beide Ziele miteinander vereinbar, da Flexibilität von Faktor- und Absatzpreisen auch in der Abwärtsbewegung angenommen wurde. Eine Herabsetzung von Preisen und Faktoreinkommen steigerte die Wettbewerbsfähigkeit des Inlands auf internationalen Märkten und bewirkte eine Aktivierung der Leistungsbilanz, ohne daß — wesentliche — Beschränkungen der Beschäftigung hingenommen werden mußten. Dieser Ausgleichsmechanismus arbeitet in der Realität nicht, da die angenommene Flexibilität nicht (mehr) besteht. Die Anpassung der Importe an ein sinkendes Niveau der Importkapazität kann über eine Reduzierung des Volkseinkommens erfolgen, wenn die Importe als Funktion des Einkommens anzusehen sind. Bei gegebenen Gesetzmäßigkeiten, nach denen sich die Bildung von Faktor- und Absatzpreisen vollzieht, übt jede Einschränkung des Volkseinkommens einen Druck auf Produktions- und Beschäftigungsniveau aus.

Oben wurde dargestellt, daß die Kontraktion von Auslandsnachfrage und Exporterlösen auf eine Schrumpfung der Gesamtnachfrage und der Gesamtbeschäftigung hinwirkt. Wird der Rückgang der gesamtwirtschaftlichen Aktivität zugelassen, so kann eine marktgerechte Einschränkung der Importe und damit eine Verminderung des außenwirtschaftlichen Ungleichgewichts erwartet werden. Die Vernachlässigung binnenwirtschaftlicher Zielsetzungen dient dem außenwirtschaftlichen Gleichgewicht. Andererseits hebt eine antizyklische Politik im Inland die natürliche und erwünschte Tendenz einer Anpassung der Importe an die Importkapazität auf.

In der Realität wird der Konflikt in Abhängigkeit von den jeweiligen wirtschaftspolitischen Leitbildern gelöst. Volkswirtschaften, die sich in der Gestaltung ihrer außenwirtschaftlichen Beziehungen den Spielregeln voller Konvertibilität ihrer Währungen, fixierter Währungsparitäten und freien Güter- und Leistungsaustausches unterwerfen, stehen solchen gegenüber, die durch verschiedenartige Eingriffe einer „autonomen" Politik die Loslösung der binnen- von dem Diktat der außenwirtschaftlichen Entwicklung anstreben. Volkswirtschaften der ersten Gruppe dulden oder induzieren eine Anpassung der heimischen Wirtschaft an die Bedingungen des außenwirtschaftlichen Gleichgewichts und der außenwirtschaftlichen Stabilität auch dann, wenn dies die Hinnahme binnenwirtschaftlicher Störungen — hier Unterbeschäftigung — beinhaltet.

Es wurde ausgeführt, daß eine Reihe latein-amerikanischer Länder eine liberale Außenwirtschaftspolitik verfolgt. Diese Länder verzichten

II. Fehlentwicklung der Auslandsnachfrage

auf eine autonome Politik gegenüber der Kontraktion der Exporterlöse und deren Folgen. Sie sind durch niedrigen Entwicklungsstand und durch geringe Fähigkeit einer autonomen Entfaltung ihrer produktiven Kräfte gekennzeichnet: "Both the need and the opportunity (for autonomous policies; d. Verf.) in the small economies of Central America and the Caribbean were limited. For one thing, urban proletariats were relatively smaller. While the depression meant severe hardship, a great part of the population worked in subsistence sectors only remotely affected by fluctuations in the commercial part of the economy. Political pressure from this quarter to maintain incomes was therefore not very strong... In any event, the scope for expansionist policies was quite limited in economies which were still essentially dependent on exports and with relatively small manufacturing sectors. A country which has experienced only a little industrialization is particularly deficient in the economic, social and political conditions for further progress in this direction[56]."

Es wurde bereits darauf hingewiesen, daß diese politische Haltung dem Entwicklungspostulat widerspricht. Aktive Entwicklungspolitik schließt ein, daß einer Beschränkung des Einsatzes der ohnehin unzureichenden heimischen Produktivkräfte auch dann entgegengetreten wird, wenn außenwirtschaftliche Fehlentwicklungen dies erschweren. "It is... indispensable... to ensure that the factors of production are employed to the maximum in internal economic activity when exports — and consequently the capacity to import — are at the lowest point of the cycle[57]."

Ein gewisser Grad bereits realisierter Entwicklung erleichtert eine Wirtschaftspolitik, die gegenüber den Fluktuationen der Importkapazität autonom ist, und läßt ihre Durchführung zugleich dringlich erscheinen. *Seers* verdeutlicht dies wiederum am Beispiel Latein-Amerikas: "The countries which did take such autonomous action were, broadly speaking, the largest and those already partially industrialized — Argentina, Brazil, Chile, Colombia and Mexico. They had the greatest incentive to attempt some form of compensation. Unemployment was a severe problem for their large city populations, which were not by any means powerless politically... These countries had, moreover, the greatest scope for action: they had industries which could supply some at least of the needs of the local consumer and absorb some of the unemployment... [58]"

---

[56] Seers, D.: Inflation and Growth: A Summary of Experience ... a.a.O. S. 32.
[57] Prebisch, R.: Economic Development or Monetary Stability: a.a.O. S. 10.
[58] Seers, D.: Inflation and Growth: A Summary of Experience ... a.a.O. S. 30.

Werden Produktion und Beschäftigung beibehalten, so ist dem außenwirtschaftlichen Ungleichgewicht mit Eingriffen zu begegnen, die nicht auf einer unerwünschten Anpassung der Binnenwirtschaft basieren. Naheliegend ist der Versuch, den durch die Importfunktion dargestellten Zusammenhang zwischen Volkseinkommen und Importvolumen so weit zu lockern, daß die Aufrechterhaltung der Vollbeschäftigung mit der notwendigen Verminderung der Importe vereinbar wird.

Diesem Versuch kann die Tatsache entgegenstehen, daß die Entwicklungsländer wegen ihrer einseitigen und unelastischen Produktionsstruktur auf die Einfuhr bestimmter Güter angewiesen sind, wenn die Produktion im Inland aufrechterhalten werden soll. Der Importgehalt einzelner Investitionsprojekte bestimmt im Zusammenhang mit der Investitionsstruktur, wie hoch bei gegebenen Investitionsgütereinfuhren die Inlandsinvestition sein kann. Eine Reduzierung der verfügbaren Menge importierter Kapitalgüter beschränkt das im Inland realisierbare Investitionsvolumen, es sei denn, daß der Importgehalt der Gesamtinvestitionen kurzfristig herabgesetzt werden kann[59]. In vielen Entwicklungsländern ist die laufende Produktion an den Einsatz bestimmter Mengen von Rohstoffen und Vorprodukten gebunden, die in eigener Produktion nicht erstellt werden können. Eine Substitution dieser Güter durch Faktoren, die im Inland verfügbar sind, ist technisch unmöglich oder verursacht hohe zusätzliche Kosten.

Schließlich ist in diesem Zusammenhang von Bedeutung, daß die Nachfrage aus Masseneinkommen zum Teil nur durch Einfuhr von Massenkonsumgütern befriedigt werden kann. Eine Verminderung dieser Importe reduziert das Realeinkommen der breiten Masse der Lohnempfänger. Da allgemeine Lohnsenkungen ausgeschlossen sind und eine erhöhte steuerliche Belastung der Arbeitseinkommen aus praktisch-politischen Gründen ausscheidet, kann diese Reduktion nur durch Einschränkung der Beschäftigung oder durch Preiserhöhungen bei Massenkonsumgütern erfolgen. Wird die vom Exportsektor ausgehende Kontraktion der gesamtwirtschaftlichen Aktivität durch kompensatorische Maßnahmen aufgefangen, so wird die Ausgabensumme für Massenkonsumgüter stabilisiert. Es treten Preissteigerungen bei Massenkonsumgütern auf, die Bestrebungen nach einer Anpassung der Nominallöhne induzieren und einen allgemeinen Preisauftrieb auslösen. Dieser allgemeine Preisauftrieb stellt die politische Alternative einer Einschränkung der Beschäftigung dar.

---

[59] An späterer Stelle wird geprüft, ob eine solche Herabsetzung z. B. durch Bevorzugung von Investitionsprojekten mit niedrigem Importgehalt möglich ist; im Augenblick wird diese Möglichkeit als nicht existent angesehen.

II. Fehlentwicklung der Auslandsnachfrage

Im folgenden wird davon ausgegangen, daß in einem Entwicklungsland bei gegebener Produktionsausrüstung und gegebener Produktionsstruktur bestimmte Mengen der soeben charakterisierten Gütergruppen importiert werden müssen, wenn eine Schrumpfung von Produktion und Beschäftigung vermieden und der soeben dargestellte Inflationstyp ausgeschlossen werden soll[60]. Das Importvolumen, das die Beibehaltung des Produktions- und Beschäftigungsniveaus und die Erfüllung der genannten Nebenbedingung gerade zuläßt, bewertet mit den Auslandspreisen dieser Importgüter, wird als Vollbeschäftigungsniveau der Importe bezeichnet[61]. Mit dem Vollbeschäftigungsniveau der Importe ist der Devisenaufwand bestimmt, den die Erfüllung der genannten binnenwirtschaftlichen Zielsetzungen bedingt.

Es ist zu fragen, ob in der Phase des Abschwungs der Auslandsnachfrage das Devisenaufkommen ausreicht, um die dem Vollbeschäftigungsniveau zugeordneten Importe zu finanzieren. Dem Vollbeschäftigungsniveau der Importe ist also die Importkapazität gegenüberzustellen. Es wurde bereits darauf hingewiesen, daß im Abschwung nur selten ein Zuwachs der Netto-Kapitalimporte verfügbar ist, der das Absinken der Importkapazität neutralisieren könnte. Die Netto-Kapitalimporte werden der Einfachheit halber über den Zyklus hinweg als unveränderlich angenommen. Sie decken einen — geringen — Teil der notwendigen Importe. Der wesentliche Teil dieser Importe ist mit Hilfe der Devisen zu finanzieren, die laufend aus Exporterlösen anfallen. Dem Vollbeschäftigungsniveau der Importe entspricht ein Vollbeschäftigungsniveau der Exporterlöse. Es ist dadurch definiert, daß das laufende Devisenaufkommen aus Exporterlösen ergänzt um die Netto-Kapitalimporte gerade ausreicht, den bei Vollbeschäftigung notwendigen Devisenaufwand zu decken. Ein Rückgriff auf Devisenreserven zur Finanzierung der Vollbeschäftigungsimporte ist nicht erforderlich.

Sinken die Exporterlöse im Abschwung unter ihr Vollbeschäftigungsniveau, so wird die binnenwirtschaftliche Stabilität gestört, es sei denn, daß im vorhergehenden Aufschwung Devisenreserven angelegt wurden, die zu einer Überbrückung des Devisenmangels ausreichen[62]. Zur Be-

---

[60] Angesichts der vielen Einflüsse, die hier wirksam werden können, wäre es unter Umständen besser, von einem gewissen Schwankungsbereich, als von einer fest definierten Höhe notwendiger Importe zu sprechen.

[61] Andere als der dargestellte Inflationstyp können auch dann auftreten, wenn die Importe über ihrem Vollbeschäftigungsniveau liegen. So löst jede Verminderung der Importe Preisverschiebungen aus, wenn sich Angebotsbeschränkung und Nachfragerückgang nach Umfang und Struktur nicht entsprechen. Dieser Vorgang wird nicht weiter verfolgt, obwohl er in der Realität Bedeutung besitzt.

[62] Von dem Vorhandensein von Devisenreserven zu Beginn des Zyklus wird abgesehen.

urteilung der Schwierigkeiten und der wirtschaftspolitischen Eingriffsmöglichkeiten eines Entwicklungslandes beim Schrumpfen der Auslandsnachfrage ist es notwendig, den vollen Zyklus, Expansion mit nachfolgender Kontraktion der Exporterlöse, als Einheit zu betrachten. Dabei zeigt sich, daß das Verhältnis zwischen Trend und Vollbeschäftigungsniveau der Exporterlöse während des Verlaufs eines Zyklus von ausschlaggebender Bedeutung für die hier diskutierte Problematik ist. Es werden drei Konstellationen besprochen, die sich in der Beziehung zwischen Trend und Vollbeschäftigungsniveau der Exporterlöse über den Zyklus hinweg unterscheiden. Fall (1): Vollbeschäftigungsniveau und Trend der Exporterlöse fallen im Zyklus zusammen; Fall (2): das Vollbeschäftigungsniveau der Exporterlöse liegt über ihrem Trend; Fall (3): das Vollbeschäftigungsniveau der Exporterlöse liegt unterhalb ihres Trends.

Fall (1) stellt das Problem des Zyklus in reiner Form dar. Während der ersten Phase des Aufschwungs, in der die Exporterlöse an ihr Vollbeschäftigungsniveau heranwachsen, wird der Mehranfall an Devisen zur Herbeiführung der Vollbeschäftigung der im Inland verfügbaren Produktionskapazitäten eingesetzt. Im weiteren Verlauf des Aufschwungs und in der ersten Phase des nachfolgenden Rückgangs der Exporterlöse wächst dem Entwicklungsland ein Überschuß an Devisen über das zur Aufrechterhaltung der Vollbeschäftigung notwendige Maß zu. Der Überschuß kann den drei genannten Verwendungszwecken dienen: der Befriedigung der über Multiplikator- und Akzeleratoreffekte ansteigenden Privatnachfrage zur Vermeidung eines Preisauftriebs, der verstärkten Realisierung von Entwicklungsprojekten und/ oder dem Aufbau einer Devisenreserve zur Vorsorge für Zeiten unzureichender Importkapazität. Wird der Devisenüberschuß in voller Höhe den Devisenreserven zugeführt, so reicht der angesammelte Vorrat nachfolgend gerade aus, den Fehlbetrag der Devisenerlöse gegenüber dem Vollbeschäftigungsniveau zu decken. Eine solche Politik der Rücklagenbildung schafft also die Möglichkeit, die Einfuhr über den Zyklus hinweg gerade auf der Höhe zu stabilisieren, die eine Aufrechterhaltung der Vollbeschäftigung ermöglicht. Für andere Verwendungszwecke sind keine Devisen verfügbar.

Es wurde ausgeführt, daß im allgemeinen eine derart vollkommene Kontrolle der Devisenverwendung nicht realisierbar ist. Ein Teil des Devisenüberschusses wird im Aufschwung von der privaten Mehrnachfrage absorbiert und damit den anderen Verwendungsmöglichkeiten entzogen. Der verbleibende Überschuß kann von den wirtschaftspolitischen Instanzen wahlweise der Devisenreserve zugeführt und/ oder einer Erhöhung der Investitionsquote gewidmet werden. Unter bestimmten Bedingungen ist die Durchführung zusätzlicher Investitionsprojekte in der Expansion der Bildung von Devisenvorräten vorzuziehen. Das gilt z. B., wenn diese Investitionen kurzfristig der Importsubstitution dienen und damit das Vollbeschäftigungsniveau der Exporterlöse herabsetzen. Aus dem Abwägen der Vor- und Nachteile beider Verwendungsweisen, aus der Berücksichtigung weiterer Einflußfaktoren — z. B. der Ungewißheit über Dauer und Ausmaß der nachfolgenden Kontraktion — ergibt sich der Aufbau einer Devisenreserve, die nicht ausreicht, die Devisenlücke in dem Abschnitt unzureichender Importfähigkeit zu schließen. Es wird also eine Phase eintreten, in der die Importkapazität ergänzt um die verfügbaren Devisenreserven zu gering ist, um die zur Aufrechterhaltung der Vollbeschäftigung notwendigen Importe zu finanzieren. Es sei noch einmal darauf hingewiesen, daß diese Devisenlücke — bei gegebenem Deviseneinsatz zur Förderung von Entwicklungsprojekten — um so größer ist, je stärker die private Mehrnachfrage in der Expansion die Einfuhren erhöht. Je stärker die Inflationstendenzen im Aufschwung durch Lockerung der Importrestriktionen eingedämmt werden, desto schwieriger gestaltet sich nachfolgend die Aufgabe, die binnenwirtschaftliche Stabilität trotz sinkender Devisenerlöse zu wahren. *Prebisch* geht in seinen Ausführungen davon aus, daß der Devisenüberschuß im Aufschwung von der Expansion der privaten Nachfrage aufgesogen wird[63]. Entsprechend treten für ihn die Probleme binnenwirtschaftlicher Stabilität nicht im Aufschwung, in dem der Angebotseffekt steigender Exporterlöse voll zur Wirkung kommt, sondern im nachfolgenden Abschwung auf, in dem keine Devisenreserven verfügbar sind.

Im Fall (2) liegt das Vollbeschäftigungsniveau der Exporterlöse über dem Trend. Die Gefahr, daß die vom Exportsektor ausgehende Expansion allgemeine Preissteigerungen auslöst, ist geringer als im Fall (1), da Vollbeschäftigung später erreicht wird. Zugleich können aber die Devisenvorräte, die in der Zeit eines Überschusses der Exporterlöse über die zur Aufrechterhaltung der Vollbeschäftigung notwendigen Exporterlöse angelegt werden, die nachfolgend auftretende Devisenlücke in jedem Fall nur zu einem Teil schließen. Schon aus der im Fall (1) dargestellten Konstellation kann die Forderung nach einer den ganzen Zyklus umschließenden Planung des Einsatzes knapper Devisen abgeleitet werden. In Fall (2) drängt sich eine Devisenbewirtschaftung über den Zyklus hinweg als Notwendigkeit auf, wenn binnenwirtschaftliche Zielsetzungen — vor allem Erhaltung der Vollbeschäftigung — nicht vernachlässigt werden sollen. Devisen sind nur zur Durchführung solcher Einfuhren freizugeben, die im Verlauf des

---

[63] Vgl. Prebisch, R.: Economic Development or Monetary Stability: a.a.O. S. 4.

Zyklus die Sicherung eines möglichst hohen Beschäftigungsgrades gestatten.

Ein völlig anderes Bild ergibt sich in Fall (3), in dem der Trend der Exporterlöse über dem Vollbeschäftigungsniveau liegt. Hier erfordert die Vorsorge für die nachfolgende Baisse die Rücklage nur eines Teiles des Devisenüberschusses, der in der Phase hoher Auslandsnachfrage anfällt. Die Sicherung der Vollbeschäftigung auch bei geringer Auslandsnachfrage kann vorbereitet werden, ohne daß andere Zielsetzungen vernachlässigt werden müssen. Ein Teil des Devisenüberschusses kann für die Befriedigung der privaten Nachfrage freigegeben und/oder zu gezielter Erhöhung der Investitionsquote eingesetzt werden. Durch flexible Handhabung der Importrestriktionen können Engpässe in der heimischen Produktion überwunden und insgesamt die mangelnde Anpassungsfähigkeit der Produktion an Veränderungen von Struktur und Volumen der Nachfrage ausgeglichen werden.

Entwicklungsländer, deren Außenhandelsbeziehungen den günstigen Voraussetzungen des zuletzt dargestellten Falles unterliegen, können also durch geeignete Eingriffe die binnenwirtschaftliche Stabilität auch in der Phase sichern, in der die Exporterlöse vorübergehend unter ihr Vollbeschäftigungsniveau sinken. Leider ist diese günstige Ausgangslage nur einer Minderheit unter den Entwicklungsländern beschieden. Überwiegend ist die Schaffung solcher Bedingungen Aufgabe und Ziel der Entwicklungspolitik[64]. Durch Förderung der Importsubstitution soll das Vollbeschäftigungsniveau der Exporterlöse herabgesetzt, durch Erschließung neuer Absatzmärkte im Ausland der Trend der Exporterlöse angehoben werden. Solche Bemühungen können die Situation der Entwicklungsländer jedoch nur auf lange Sicht verbessern. Einstweilen überwiegt die durch das Beispiel (2) gekennzeichnete, ungünstige Konstellation. Die Entwicklungsländer sehen sich auch in der Phase expandierender Auslandsnachfrage gezwungen, eine stark restriktive Importpolitik zu betreiben. Entsprechend fehlt dann bei sinkender Importkapazität ein (ausreichender) Spielraum, um solche Importe einzuschränken, die zur Beibehaltung von Produktions- und Beschäftigungsniveau unwesentlich wären. "What has happened is that the structure of imports has become so distorted that they are limited to raw materials, intermediate goods vital to the maintenance of economic activity and a few capital goods, together with essential items for direct consumption. As a result, any subsequent appreciable contraction in the capacity to import has a depressive effect on the economy because it becomes difficult to obtain these essential and urgently needed goods from abroad[65]."

---

[64] Vgl. ebd., S. 10.
[65] Ebd., S. 5.

II. Fehlentwicklung der Auslandsnachfrage

Bei gesunkener Auslandsnachfrage ergibt sich die Situation, daß die Deviserlöse ergänzt um die in der Aufschwungsphase angesammelten Devisenvorräte nicht ausreichen, das zur Erhaltung der Vollbeschäftigung notwendige Maß an Importen zu finanzieren. Wie ausgeführt wurde, gilt dies bei realistischen Annahmen auch für solche Entwicklungsländer, bei denen Trend und Vollbeschäftigungsniveau der Exporterlöse zusammenfallen.

Naheliegend ist der Versuch, dem geschilderten Dilemma auf dem Wege der Abwertung der heimischen Währung zu begegnen. Die Abwertung kann wirksam werden, indem sie die Deviseneinnahmen anhebt und/oder indem sie den Wert der Importe — gemessen in ausländischer Währung — und damit den Devisenaufwand vermindert. Voraussetzung für eine Anhebung der Deviseneinnahmen durch Abwertung ist eine ausreichend hohe Preiselastizität der Auslandsnachfrage — Preise gemessen in ausländischer Währung. Wie mehrfach betont wurde, ist diese Elastizität bei Primärprodukten in der Regel zu gering. Dies gilt verstärkt für die betrachtete Situation, in der die Auslandsnachfrage bereits auf einen Tiefstand gesunken ist und die Absatzpreise herabgedrückt hat. Unter diesen Umständen ist eine weitere Preisherabsetzung durch Abwertung besonders ungeeignet, eine Vermehrung des Devisenaufkommens herbeizuführen. Ist demnach die Möglichkeit einer Anhebung der Importkapazität ausgeschlossen, so kann auch die Abwertung nur über eine Beschränkung der Importe wirksam werden. Bei gesunkener Importkapazität und unzureichenden Währungsreserven sind die Importe unter ihr Vollbeschäftigungsniveau zu senken.

Eine Abwertung führt diesen Erfolg bei ausreichender Preiselastizität der Importnachfrage durch Anhebung der Inlandspreise eingeführter Güter herbei. Sie verteuert die Einfuhren von Rohstoffen, Vorprodukten und Investitionsgütern, die zur Beibehaltung der laufenden Produktion notwendig sind. Preissteigerungen bei Rohstoffen und Vorprodukten erhöhen unmittelbar die Kosten der laufenden Produktion. Erhöhte Kosten für eingeführte Kapitalgüter senken bei gegebenen Ertragserwartungen die Grenzleistungsfähigkeit der Investitionen. Wird die Nachfrage nach Endprodukten der allgemein kontraktiven Tendenz, die vom Exportsektor ausgeht, entsprechend niedrig gehalten, so ist eine Überwälzung der Mehrkosten bei unverändertem Absatz ausgeschlossen. Da die Gewinnspanne der Unternehmen zudem bereits zusammengeschrumpft ist, werden steigende Kosten mit einer Beschränkung von Produktion und Beschäftigung beantwortet. Da die Arbeitseinkommen in diesem Prozeß sinken, vermindert sich auch die Nachfrage nach Massenkonsumgütern. Die gewünschte Reduktion der Importe tritt auf breiter Front ein. Nicht erwünscht ist jedoch, daß dieser Erfolg durch ein Absinken von Produktions- und Beschäftigungsniveau erkauft wird.

Theoretisch besteht die Möglichkeit, die aus der bisherigen Produktion freigesetzten Produktionsfaktoren in Verwendungen mit einem niedrigen Importgehalt der laufenden Produktion zu überführen. Es gibt Produktionsbereiche, in denen der Bedarf an eingeführten Rohstoffen und Vorprodukten als komplementären Faktoren besonders niedrig ist. Für Investitionsgüter wurde angeführt, daß der Importgehalt bei reinen Bauinvestitionen etwa 0,2, bei landwirtschaftlichen Investitionen etwa 0,5 beträgt und in der Industrie Werte um 0,6 und 0,7 erreicht. Durch eine kurzfristige und vorübergehende Umstrukturierung der Inlandsproduktion in großem Stil ließe sich demnach eine Senkung des Vollbeschäftigungsniveaus der Importe und damit der Exporterlöse erzielen.

Diese Umstrukturierung der Produktion hätte sich — wie ausgeführt — an dem Ziel einer Herabsetzung des Importbedarfs zu orientieren; sie entspräche nicht der Zusammensetzung der Nachfrage. Für die Dauer der Depression könnte dies irrelevant werden, wenn mit der Produktion neuer Güter zugleich die Nachfrage nach diesen Gütern geschaffen wird. Eine solche Lösung stößt jedoch auf vielfältige Hindernisse, die einer kurzfristigen Umstrukturierung der Produktion wirksam entgegentreten. Dieser Problemkreis wird eingehend im folgenden Kapitel behandelt. Hier mag ein Hinweis genügen. Ein entscheidender Engpaß bei der Produktionsaufnahme oder -ausdehnung jedes Sektors ist das Fehlen der Produktionsfaktoren, die für den Arbeitseinsatz komplementär sind. Vor allem die gegebene, in jeder Hinsicht viel zu geringe Ausstattung mit Kapital ist auf eine bestimmte Produktion hin ausgerichtet. Überwiegend läßt sich der bestehende Kapitalapparat nicht in andere Verwendungen überführen. Eine kurzfristige Verschiebung der Produktionsstruktur läßt im kontrahierenden Bereich ungenutzte Kapazitäten entstehen. Dem stehen Sektoren gegenüber, in denen der konjunkturell erwünschte Mehreinsatz von Arbeitskräften die Schaffung einer neuen Kapitalausrüstung voraussetzt. Wird bedacht, daß die zur Diskussion gestellte Umstrukturierung der Produktion obendrein den längerfristig wirksamen Marktgesetzen widerspricht und daher nur kurzfristig erwünscht sein kann, so wird das Paradoxe des Ansatzes deutlich. Die Umschichtung der Produktion und die damit verbundene beträchtliche Umsetzung von Produktionsfaktoren erfordert eine Leistungsfähigkeit der wirtschaftspolitischen Instanzen und eine Mobilität der Produktionsfaktoren, die diesem Lösungsversuch nur geringe Bedeutung für die Realität beläßt. Soweit eine Umstrukturierung gelingt, ist sie mit erheblichen Umsetzungskosten verbunden, die das Preisniveau bei Vollbeschäftigung anheben.

II. Fehlentwicklung der Auslandsnachfrage

Es bleibt also die Tatsache, daß die Abwertung die Importe beschränkt, indem sie Produktions- und Beschäftigungsniveau reduziert. Aus bekannten Gründen sieht sich die Wirtschaftspolitik — in der Regel — veranlaßt, mit dem Ziel einer Stabilisierung der Beschäftigung einzugreifen. Das könnte ihr gelingen, wenn sie die kontraktive Wirkung der Abwertung, die diese über Kostensteigerungen bei Rohstoffen, Vorprodukten und Investitionsgütern ausübt, durch Anheben der Nachfrage nach Endprodukten kompensiert. Eine solche Nachfrageexpansion erlaubt die Überwälzung der Mehrkosten ohne Einschränkung von Produktion und Absatz. Dieses Ergebnis mag beschäftigungspolitisch erwünscht und politisch notwendig sein. Es ist aber mit einer Anhebung des Preisniveaus verbunden, und es hebt den mit der Abwertung angestrebten Erfolg weitgehend wieder auf; denn es impliziert im wesentlichen die Beibehaltung der Importe von Produktionsgütern.

Zugleich hält es die Nachfrage nach Massenkonsumgütern auf einem Niveau, das bei gegebenen Preisen nur befriedigt werden kann, wenn Massenkonsumgüter im bisherigen Umfang importiert werden. Das leitet zum nächsten Problem über. Soll nämlich eine Beschränkung der Importe von Rohstoffen, Vorprodukten und Investitionsgütern im Interesse der Aufrechterhaltung der Vollbeschäftigung vermieden werden, so geht die Angleichung der Importe an die gesunkene Importkapazität vor allem zu Lasten der Einfuhr von Massenkonsumgütern. Die Abwertung verteuert die Massenkonsumgüter und beschränkt — bei gegebener Ausgabensumme — die reale Nachfrage nach diesen Gütern. Bei gleichbleibendem Absatz von Massenkonsumgütern inländischer Herkunft schlägt sich der Rückgang der realen Nachfrage voll in einer Verminderung der Importe nieder. Eine wesentliche Bedingung dieser Wirkungskette liegt offenbar in der Annahme, daß die Nominaleinkommen der betroffenen Wirtschaftssubjekte unverändert bleiben. In dem Maße, in dem sich die Nominaleinkommen der Aufwärtsbewegung der Preise anschließen, tritt der gewünschte Effekt nicht ein. Bekanntlich muß zumindest mit einer teilweisen Kompensierung der Preissteigerungen durch Nominallohnanpassungen gerechnet werden. Damit breiten sich die Preisauftriebstendenzen aus. Die angestrebte Verminderung der Konsumgüterimporte und damit der Erfolg der Abwertung überhaupt wird in Frage gestellt.

Die Abwertung wurde als Versuch behandelt, den Marktprozeß durch einmalige Verschiebung der Austauschrelationen zwischen Inlands- und Auslandsgütern so zu beeinflussen, daß die notwendige Abstimmung zwischen Importen und Importkapazität im Rahmen des Marktmechanismus erfolgt. Es wurde dargestellt, daß die Wirkungsweise der Abwertung durch konkurrierende Maßnahmen gestört wird. Die Abwertung kann durch andere Eingriffe ergänzt oder ersetzt werden, die die Importe auf administrativem Wege beschränken. Wird dabei auf eine Abwertung verzichtet, so unterbleiben die Preissteigerungen bei Produktionsgütern und die darauf folgenden Preiserhöhungen bei Endprodukten, die diesen Kostenzuwachs bei Aufrechterhaltung der Vollbeschäftigung kompensieren (müssen). Nicht vermeiden lassen sich aber die Konsequenzen, die aus der Verknappung des Angebots von Massenkonsumgütern und aus der nur beschränkt möglichen Reduzierung der Versorgung mit Produktionsgütern abgeleitet wurden. Jeder Versuch, die Vollbeschäftigung auch dann zu erhalten, wenn die Importe unter ihr Vollbeschäftigungsniveau zu senken sind, löst Preisauftriebstendenzen im Inland aus. Der außenwirtschaftliche Engpaß schafft eine Antinomie zwischen der Forderung nach Sicherung eines möglichst hohen Beschäftigungsgrades und dem Ziel einer Stabilerhaltung des Preisniveaus. Das Vollbeschäftigungspostulat wird allgemein als vorrangig betrachtet.

3. Die Auswirkungen längerfristiger Entwicklungstendenzen der Exporterlöse auf das Preisniveau

Es hat sich gezeigt, daß die Probleme des Zyklus wesentlich durch Trendgrößen beeinflußt werden. Diese Trendgrößen werden nun einer gesonderten Betrachtung unterzogen[66]. Zunächst bezieht sich die Darstellung wieder auf „offene" Volkswirtschaften, die sich bei freier Konvertibilität ihrer Währungen und fixierten Währungsrelationen den Bedingungen eines unverfälschten internationalen Wettbewerbs aussetzen. Importe und Exporte ergeben sich in diesen Volkswirtschaften aus dem freien Spiel der Marktkräfte, unbeeinflußt von protektionistischen und diskriminierenden Eingriffen handelspolitischer Art. Das außenwirtschaftliche Gleichgewicht wird durch eine Anpassung binnenwirtschaftlicher Einflußgrößen gewahrt, als deren wesentlichste sich die Höhe des Volkseinkommens erweist. Da die Importe funktional mit der Höhe des Volkseinkommens verbunden sind, erfolgt die Abstimmung zwischen Importen und Importkapazität im wesentlichen über Veränderungen des Volkseinkommens. Das Wachstum des Volkseinkommens, das im Zeitablauf mit der Erhaltung des außenwirtschaftlichen Gleichgewichts vereinbar ist, wird durch das Anwachsen der Importkapazität und durch das Ansteigen der Importe als Funktion des Volkseinkommens bestimmt.

---

[66] Bei der Darstellung kann im wesentlichen auf bekannte Tatbestände zurückgegriffen werden.

II. Fehlentwicklung der Auslandsnachfrage

Der Zusammenhang wird durch ein einfaches Modell verdeutlicht[67]. Die Variablen stellen von Schwankungen bereinigte Trendgrößen dar. Gleichung (1) gibt die Elastizität der Importe in bezug auf das Volkseinkommen an:

(1) $$E_{M,Y} = a = \frac{dM}{M} : \frac{dY}{Y}$$

Für die Einhaltung des außenwirtschaftlichen Gleichgewichts gelte die Bedingung:

(2) $$\frac{dM}{M} = b \cdot \frac{dX}{X}$$

Gleichung (2) gibt an, wie stark die Importe im Zeitablauf wachsen können, ohne die Erhaltung eines gegebenen außenwirtschaftlichen Gleichgewichts zu gefährden. Die rechte Seite der Gleichung – $b \cdot \frac{dX}{X}$ – zeigt die Steigerungsrate der Importkapazität an. Der Wert des Koeffizienten b wird durch die Zunahme der Netto-Kapitalimporte bestimmt. Im einfachsten Fall eines proportionalen Anwachsens von Netto-Kapitalimporten und Exporterlösen hat b den Wert 1. Der Wert von b wächst mit der Steigerungsrate der Netto-Kapitalimporte.

Aus den Gleichungen (1) und (2) ist das Wachstum des Volkseinkommens abzuleiten, das im Zeitablauf die Beibehaltung des außenwirtschaftlichen Gleichgewichts zuläßt:

(3) $$\frac{dY}{Y} = \frac{b}{a} \cdot \frac{dX}{X}$$

Gleichung (3) besagt: Das Wachstum des Sozialprodukts, das die Realisierung des außenwirtschaftlichen Gleichgewichts im Zeitablauf ermöglicht, hängt von den Veränderungsraten der Exporterlöse und der Netto-Kapitalimporte sowie von der Einkommenselastizität der Importe (a) ab. Es korreliert positiv mit der Steigerungsrate der Exporterlöse und der Netto-Kapitalimporte, negativ mit dem Wert der Einkommenselastizität der Importe. Da außenwirtschaftliche Ungleichgewichte für Entwicklungsländer im allgemeinen nur dann als Problem anzusehen sind, wenn die Importe über die Importkapazität hinauswachsen, gibt die Gleichung die Obergrenze für das zulässige Wachstum von Y an.

In dem genannten System außenwirtschaftlicher Beziehungen genießen die inländischen Produzenten keinen Schutz vor kostenmäßig

---

[67] Dieses Modell wurde in ähnlicher Form von Prebisch und Seers entwickelt. Prebisch, R.: Economic Development or Monetary Stability: a.a.O. S. 3 f.; Seers, D.: A Theory of Inflation and Growth in Under-Developed Economies ... a.a.O. S. 176 ff.

überlegener Auslandskonkurrenz, so daß die Entwicklung einer breitgestreuten und vielgestaltigen Produktionsstruktur im Entwicklungsland gehemmt wird. Da sich andererseits die Nachfrage mit wachsendem Volkseinkommen zunehmend differenziert und auf industrielle Erzeugnisse verlagert, ist ein Ansteigen der Importquote, eine Einkommenselastizität der Importe größer als 1 zu erwarten. Daraus folgt, daß die Wachstumsrate des Volkseinkommens hinter der Steigerungsrate der Importkapazität zurückbleiben muß, wenn das außenwirtschaftliche Gleichgewicht erhalten werden soll. Eine solche Bindung von Y kann jedoch nur in Ausnahmefällen als vorteilhaft angesehen werden. Die (noch) nicht entwickelten Volkswirtschaften sehen sich überwiegend vor die Alternative gestellt, eine Beschränkung ihres möglichen Einkommenswachstums durch die Außenwirtschaft hinzunehmen oder die Bedingungen eines freien und unverfälschten internationalen Güteraustauschs aufzugeben in dem Versuch, die Abhängigkeit der binnenwirtschaftlichen von der außenwirtschaftlichen Entwicklung zu lockern. Es wurde ausgeführt, daß diese Länder in der Mehrzahl den zweiten Weg beschreiten.

Die Abkehr vom liberalen System außenwirtschaftlicher Verflechtung erfolgt in vielen Abstufungen. Ziel dirigistischer handels- und währungspolitischer Eingriffe ist es vor allem, Einfluß auf die Funktion $M = M(Y)$ zu nehmen. Durch Einführung von Importrestriktionen werden Teile der Nachfrage nach Importgütern an ihrer Realisierung gehindert, so daß der Wert der Importquote absinkt. Im Stadium der Einführung einer solchen Politik wird die Einkommenselastizität der Importe herabgedrückt. Bei gegebener Höhe der Importkapazität kann das Volkseinkommen ansteigen, ohne daß das außenwirtschaftliche Gleichgewicht gestört wird[68]. Sind die Importe auf das zur Aufrechterhaltung der Vollbeschäftigung notwendige Maß reduziert worden, so mag die Zunahme dieser notwendigen Importe ausreichen, das alte Verhältnis zwischen marginaler und (reduzierter) durchschnittlicher Importquote wiederherzustellen. Steigt die Einkommenselastizität der Importe auf ihren ursprünglichen Wert, so ist die Wachstumsrate von Y erneut in unerwünschter Weise an die Steigerungsrate der Importkapazität gebunden.

Durch Einführung der Importrestriktionen wird die Inflationsgefahr in zweierlei Weise erhöht. Kann der Teil der Importnachfrage, dessen Befriedigung unterbunden wird, nicht durch steuerliche oder andere Mittel abgeschöpft werden, so wendet er sich inländischen Märkten

---

[68] Die Bedingung außenwirtschaftlichen Gleichgewichts — Übereinstimmung der Importe mit der Importkapazität — ist hier allerdings nur in einem formalen Sinn erfüllt; denn diese Übereinstimmung wird durch administrative Eingriffe herbeigeführt.

II. Fehlentwicklung der Auslandsnachfrage

zu. Ist die heimische Produktionskapazität ausgelastet, so löst die Ausdehnung der Nachfrage im Inland Preissteigerungen aus. Darüber hinaus verhindert die Einführung von Importrestriktionen, daß ein freier Zufluß von Importgütern partielle Ungleichgewichte zwischen heimischer Produktion und inländischer Nachfrage ohne größere Preis- und Kostenbewegungen ausgleicht. Die Beseitigung dieses Ausgleichsmechanismus überträgt die mangelnde Flexibilität der heimischen Produktion auf das Angebot auf Inlandsmärkten. Die partiellen Ungleichgewichte können eine Anhebung des Preisniveaus bewirken, wie in verschiedenen Abschnitten dieser Arbeit gezeigt wird.

Es zeigte sich, daß die Einführung von Importrestriktionen nur für eine Übergangszeit eine Beschleunigung des binnenwirtschaftlichen Wachstums ermöglichen kann, das mit einem — modifizierten — außenwirtschaftlichen Gleichgewicht vereinbar ist. Die handels- und währungspolitischen Eingriffe können nicht verhindern, daß "... many primary producing countries are confronted with an inescapable dilemma — whether to accept a rate of growth consistent with external equilibrium in the full knowledge that that rate is likely to involve a widening of the gap between their levels of living and those of the industrial countries; or whether to seek to promote a more rapid rate of growth, running the risk of persistent disequilibrium in their economic relations with other countries"[69].

In diesem Konflikt sehen sich Entwicklungsländer durch politische und soziale Spannungen häufig zu einer Forcierung der binnenwirtschaftlichen Entwicklung gedrängt, die außenwirtschaftliche Beschränkungen außer acht läßt. Die mit dem Inlandseinkommen anwachsenden Importe übersteigen die Importkapazität. Es treten periodisch außenwirtschaftliche Ungleichgewichte auf, die zu Abwertungen der Währungen führen[70]. Die Auswirkungen einer Währungsabwertung wurden eingehend behandelt. Ein Absinken der Beschäftigung als Folge einer Währungsabwertung kann in Entwicklungsländern nur über allgemeine Preissteigerungen verhindert werden. Dies gilt vor allem, wenn die Importe bereits auf ihr Vollbeschäftigungsniveau gesenkt wurden. Die periodisch wiederkehrenden Abwertungen verursachen immer wieder allgemeinen Preisauftrieb, wenn die Beschränkung von Produktions- und Beschäftigungsniveau gescheut wird.

Teil des langwierigen und umfassenden Entwicklungsprozesses ist die Diversifizierung der heimischen Produktionsstruktur, die zuneh-

---

[69] UN: World Economic Survey 1956. New York 1957. S. 137.

[70] Vgl. die Bewegung der Wechselkurse einiger latein-amerikanischer Länder in der Nachkriegszeit bei Seers, D.: Inflation and Growth: A Summary of Experience ... a.a.O. S. 32.

mende Substitution importierter durch selbsterstellte Produkte. Gegenüber der unmittelbaren und nachdrücklichen Anhebung des Importbedarfs durch Forcierung des Entwicklungsprozesses kommt die devisensparende Wirkung der Importsubstitution nur auf lange Sicht zur Geltung. Von diesem Tatbestand ausgehend stellt *Seers* fest: "It is true that in the end, by the time a country is making its own equipment, import substitution will bring some reduction in the propensity to import, but this may not be achieved for two or three decades. This gives us the first clue on the structural causes of inflation during a process of import substitution. Pressure is maintained on the exchange rate, and periodic devaluation is likely...[71]"

Seers weist weiter darauf hin, daß "... import substitutes are almost certain to be more expensive than the goods they replace"[72]. Die Tatsache, daß neu aufzubauende Produktionsbetriebe im Entwicklungsland für eine lange Übergangszeit mit höheren Kosten produzieren als potentielle ausländische Lieferanten, rechtfertigte die Gewährung eines Entwicklungsschutzes. Sie impliziert, daß mit der Substitution von Auslandsgütern durch inländische Erzeugnisse Preiserhöhungen in Kauf genommen werden müssen. Die stärkere kostenmäßige Belastung der heimischen Produktion erklärt sich vor allem aus dem Fehlen der "external economies", die einem Unternehmen in entwickelten Wirtschaften zuwachsen. Zu denken ist an mangelhafte verkehrsmäßige Erschließung, unzureichende Versorgung mit Elektrizität, Wasser etc., an das Fehlen qualifizierter Arbeitskräfte, an die mangelnde Ergiebigkeit des Kapitalmarktes, an die immer erneut auftretenden Engpässe und Unzulänglichkeiten bei der Beschaffung von Vorprodukten und Vorleistungen, u. a. Das Fehlen von Märkten mit ausreichender Kaufkraft sowie Disproportionalitäten in der Verfügbarkeit einzelner Faktorarten und Ressourcen lassen die Einführung technisch optimaler Verfahren der Massenproduktion ökonomisch unsinnig oder unrentabel erscheinen. Soweit Verfahren der Massenproduktion Anwendung finden, begünstigen die engen Märkte das Entstehen von Monopolsituationen. Der Erziehungsschutz gegenüber ausländischer Konkurrenz mag zur Sicherung des gewünschten Erfolges, wegen administrativer Unzulänglichkeiten und/oder aus Gründen der Devisenknappheit das Maß dessen übersteigen, was durch unvermeidbare Kostenunterschiede gerechtfertigt ist. Darüber hinaus pflegen solche Schutzmaßnahmen die Tendenz zu einem gewissen Eigenleben und damit zu unbilliger Dauerhaftigkeit zu entwickeln. Ein Zwang zu rationeller Gestaltung der Produktion durch den Druck internationaler Konkurrenz fehlt daher

---

[71] Seers, D.: A Theory of Inflation and Growth in Under-Developed Economies ... a.a.O. S. 179.
[72] Ebd., S. 179.

II. Fehlentwicklung der Auslandsnachfrage

in der Regel. All diese Gründe rechtfertigen die Annahme, daß die Importsubstitute langfristig höhere Preise erzielen, als zuvor gleichartige Auslandsgüter. Die Preissteigerungen, die aus der Importsubstitution resultieren, breiten sich aus, indem sie die Produktion verteuern oder — bei Endprodukten — den Verbraucher belasten und damit Anpassungsreaktionen hervorrufen.

Neben der Einflußnahme auf die Einkommenselastizität der Importe kann die Förderung des Auslandsabsatzes heimischer Produkte dem Ziel dienen, die aus Gleichung (3) abzuleitende Wachstumsrate des Volkseinkommens anzuheben[73]. Der vermehrte Absatz traditioneller Exportgüter führt im allgemeinen aus bekannten Gründen nicht zu der erwünschten Steigerung der Exporterlöse. Es verbleibt die Möglichkeit, Absatzchancen für neue Exportgüter aufzuspüren und wahrzunehmen. Soweit damit industrielle Produkte angesprochen sind, steht das Problem im Vordergrund, wie die Wettbewerbsfähigkeit dieser Güter auf internationalen Märkten gewährleistet werden kann. Schließlich ist auch das Bemühen der Entwicklungsländer um verstärkte Kapitalbereitstellung durch das entwickelte Ausland in dem hier diskutierten Zusammenhang zu sehen[74].

---

[73] Vgl. Prebisch, R.: Economic Development or Monetary Stability: a.a.O. S. 5.
[74] Privatwirtschaftlich ausgerichtete Kapitalimporte mögen durch die vorher dargestellten handels- und währungspolitischen Praktiken abgeschreckt werden. Diese Kredite sind aber auch nur selten geeignet, die erforderlichen Strukturveränderungen herbeizuführen.

III. Einseitige und unelastische Produktionsstrukturen als Ursache einer Entwicklung mit Inflation

1. Landwirtschaft und Außenwirtschaft als inflationsfördernde Engpässe (Zusammenfassung)

Der Industrialisierungsprozeß in Entwicklungsländern schließt den Aufbau von Investitionsgüter- und industrieller Konsumgüterproduktion ein. Der Umfang, den die Produktion von Investitionsgütern annehmen kann, ohne den Stabilitätsbedingungen zu widersprechen, ergibt sich aus den bekannten makroökonomischen Gleichgewichtstheoremen. Dieser Problemkreis steht hier nicht zur Diskussion. Zur Diskussion steht vielmehr die Frage, welchen Begrenzungen die Expansion des Bereichs industrieller Konsumgüter unterliegt. Es ist davon auszugehen, daß industriell erzeugte Konsumgüter vor allem mit landwirtschaftlichen Produkten um die Kaufkraft der Konsumenten konkurrieren. Bei gegebener Konsumsumme entscheiden die Präferenzen der Einkommensbezieher über die Verteilung der Ausgaben auf industrielle und agrarische Konsumgüter und damit über die Absatzerlöse, die in beiden Sektoren erzielt werden können. Stimmt im Zuge der Expansion bei gegebenen Preisen im Konsumgüterbereich zwar der Umfang, nicht aber die Struktur von Gesamtnachfrage und Gesamtangebot überein, so verschieben sich die Preisrelationen zwischen beiden Gruppen von Konsumgütern. Verschiebung der Preisrelationen ist unter diesen Umständen mit absolutem Preisfall für eine Gütergruppe verbunden. Die Ausdehnungsfähigkeit der landwirtschaftlichen Erzeugung unterliegt in Entwicklungsländern starken Beschränkungen. Insbesondere ist die Elastizität der Produktion in bezug auf steigende Preise gering. Zum anderen bewirkt der niedrige Versorgungsstand der breiten Masse der Einkommensempfänger, daß ein beträchtlicher Anteil jeden Einkommenszuwachses für Nahrungsmittel ausgegeben wird.

Aus dem Zuwachs der landwirtschaftlichen Produktion im Expansionsprozeß ergibt sich im Zusammenhang mit der marginalen Quote der Nahrungsmittelausgaben aus steigendem Einkommen das Einkommenswachstum der Gesamtwirtschaft, das Gleichgewicht von Angebot und Nachfrage nach Agrargütern bei gegebenen Nahrungsmittelpreisen gewährleistet. Diesem Einkommenswachstum entspricht bei gegebenen Präferenzen der Einkommensempfänger bei der Verwendung ihrer

III. Einseitige und unelastische Produktion

Einkommen ein bestimmter Zuwachs der Produktion industrieller Konsumgüter, der das Preisniveau dieser Güter konstant erhält. Wegen der Starrheit der landwirtschaftlichen Erzeugung und der hohen Ausgabenquote für Nahrungsmittel muß ein Produktionswachstum bei industriellen Konsumgütern, das die relativen Preise im Konsumgüterbereich unverändert läßt, als unbefriedigend angesehen werden. Wächst die Erzeugung industrieller Konsumgüter über das gekennzeichnete Maß hinaus, so senkt der Mehrabsatz die Preise. Wiederholt sich dieser Vorgang im Zeitablauf, so ergibt sich eine fortlaufende Verschiebung der Preisrelationen zu Lasten des Sektors industrieller Konsumgüter. Privatwirtschaftlich ausgerichtete Unternehmen orientieren sich an ihren Gewinnchancen und -erwartungen. Die Erwartung absolut und relativ sinkender Absatzpreise kann die Produzenten industrieller Konsumgüter zu einer Beschränkung ihrer Expansion auf das Maß zwingen, das gleichbleibende Preisrelationen gewährleistet. Dies gilt besonders dann, wenn die Produktionsausdehnung auf einer Ausweitung der Beschäftigung bei gleichbleibender Produktivität des Faktoreinsatzes beruht. Dieser Fall ist vor allem in den Entwicklungsländern relevant, in denen versteckte Arbeitslosigkeit herrscht. Erfolgt die Expansion durch Produktivitätssteigerungen bei sinkenden Stückkosten, so mag ein gewisser Spielraum für Preissenkungen bei industriellen Konsumgütern bestehen, innerhalb dessen die Entscheidungen über die weitere Produktionsentwicklung nicht negativ beeinflußt werden.

Soweit sich aus den genannten Bedingungen eine unerwünschte Beschränkung der Produktionszunahme bei industriellen Konsumgütern ergibt, könnte als Gegenmaßnahme ein Anstieg des allgemeinen Preisniveaus hingenommen oder bewußt herbeigeführt werden. Eine Anhebung des Preisniveaus ermöglicht eine Verschiebung der Preisrelationen zu Lasten industrieller Konsumgüter bei unveränderten Preisen dieser Güter und verstärkt ansteigenden Preisen agrarischer Produkte. Der expansionshemmende Effekt absolut sinkender Absatzpreise entfällt, so daß die Aufgabe der Preisstabilität die Expansion des Bereichs industrieller Konsumgüter zu fördern scheint. Diese Wirkung wird durch eine Realeinkommensumverteilung zugunsten der Produzenten industrieller Konsumgüter und zu Lasten der Masse der Verbraucher erzielt, wobei die positive Wirkung auf das Wachstum dennoch absolut eine Verbesserung der Versorgung für die Masse der Bevölkerung ergeben mag.

Die Umverteilung kann nur durchgesetzt werden, wenn dem Ansteigen des Preisniveaus keine Anpassung der Nominaleinkommen folgt, deren Realwert durch die Preissteigerungen herabgesetzt werden soll. Zu den Einkommensbeziehern, denen die Last der Umverteilung zugedacht ist, gehören die Arbeitskräfte des Bereichs industrieller Konsumgüter. Ein Lohnauftrieb kann den Erfolg einer Stabilisierung der Absatzpreise bei industriellen Konsumgütern ganz oder teilweise aufheben. Aus der Tatsache, daß sich die allgemeinen Preissteigerungen fortlaufend wiederholen müßten, um den gewünschten Erfolg herbeizuführen, kann geschlossen werden, daß die Lohnempfänger ausreichende Gegenkräfte entwickeln, um eine wiederholte und nachhaltige Verschlechterung ihrer Realeinkommenslage zu verhindern. Je vollkommener die Anpassung der Nominaleinkommen gelingt, desto schwächer werden die Wachstumsimpulse, die von einer Anhebung des Preisniveaus für die Produktion industrieller Konsumgüter erwartet werden können.

Eine gewisse Realeinkommensumverteilung ergibt sich bereits durch die Verschiebung der Preisrelationen bei unverändertem Niveau der Konsumgüterpreise. Die steigenden Agrarpreise belasten vor allem die Empfänger kleinerer Einkommen, die den überwiegenden Teil ihrer Einkommen für Nahrungsmittel aufwenden; das Sinken der Preise industrieller Konsumgüter hat für diese Einkommensempfänger vergleichsweise geringe Bedeutung. Die Masse der Lohnempfänger erfährt auf diese Weise eine Verschlechterung ihrer Realeinkommenslage, solange sich die Preisrelationen zugunsten der Nahrungsmittel verschieben. Auch hier muß mit Nominallohnerhöhungen gerechnet werden, die den Realeinkommensverlust ausgleichen sollen. Die Produzenten industrieller Konsumgüter befinden sich in der Zange sinkender Absatzpreise und steigender Lohnkosten, wenn sie ihre Erzeugung — gemessen an der Nachfrage — schneller ausdehnen als die Landwirtschaft. Zugleich wird die Stabilerhaltung des Preisniveaus zum Problem, da der Lohnauftrieb im Bereich industrieller Konsumgüter die Absatzpreise ansteigen oder die Beschäftigung schrumpfen läßt. Die Lohnanpassungen zeugen von einer kostendeterminierten Lohnbildung. Auch für die Produktmärkte ist von der Fiktion rein marktdeterminierter Preisbildung abzugehen. Ein Nachfragedefizit bei industriellen Konsumgütern senkt die Preise dieser Güter nicht in dem Maße, in dem ein wertgleicher Nachfrageüberhang bei Agrargütern deren Preise anhebt. Jede Ausdehnung der Produktion industrieller Konsumgüter, die bei gegebenem Zuwachs landwirtschaftlicher Erzeugung und gegebenen Präferenzen der Einkommensempfänger eine Verschiebung der Preisrelationen verursacht, induziert zugleich einen Anstieg des Preisniveaus.

Bisher bezog sich die Argumentation auf eine geschlossene Wirtschaft. In einer offenen Wirtschaft mit freiem internationalen Güteraustausch wird die Preisgestaltung im Inland durch die Angebots- und Nachfragebedingungen auf den Weltmärkten mitbestimmt. Das

III. Einseitige und unelastische Produktion

Nachhinken der landwirtschaftlichen Produktion und die Tendenz zu Preissteigerungen bei Agrarprodukten lassen den Import dieser Güter ansteigen. Bei vollkommen elastischem Angebot auf dem Weltmarkt und gegebenem Wechselkurs wird der Nachfrageüberhang bei Nahrungsmitteln voll durch zusätzliche Importe gedeckt. Ob das außenwirtschaftliche Gleichgewicht gestört wird, hängt davon ab, ob die überschüssige Menge industrieller Konsumgüter ohne Preisverlust auf dem Weltmarkt abgesetzt werden kann. Ausreichende Höhe und Ausdehnungsfähigkeit der Exporterlöse sind Voraussetzungen dafür, daß binnenwirtschaftliche Ungleichgewichte der betrachteten Art ohne außenwirtschaftliche Störungen durch internationalen Handel beseitigt werden. *Seers* spricht in diesem Zusammenhang von einem "... dynamic equilibrium (in the sense that exports, and thus imports, are rising fast enough to enable the structure of supply to be adapted smoothly to the changing structure of demand)[1]."

Es muß davon ausgegangen werden, daß die im Überschuß produzierten industriellen Konsumgüter während langer Phasen der Entwicklung auf dem Weltmarkt weder im Preis noch in der Qualität konkurrenzfähig sind. Deshalb erfolgt die Produktion dieser Güter unter dem Schutz von Zollbarrieren oder anderen Importbeschränkungen für die Befriedigung inländischer Nachfrage. Bleibt die inländische Nachfrage aus, so bestehen Absatzmöglichkeiten im Ausland häufig nicht einmal, wenn beträchtliche Preiseinbußen in Kauf genommen werden. Wegen des Engpasses, den die geringe Expansionsmöglichkeit der Exporterlöse verursacht, schirmt ein großer Teil der Entwicklungsländer die inländischen Märkte gegen Importe ab, die nicht unmittelbar der Förderung der Entwicklung dienen. Der freie Zufluß von Agrarimporten, der die Lücke zwischen heimischer Produktion und inländischer Nachfrage bei herrschendem Preis schließen könnte, wird unterbunden. Ob — eventuell in welchem Umfang — zusätzliche Nahrungsmittelimporte zugelassen werden, hängt von der Devisenknappheit, von der Rangfolge wirtschaftspolitischer Zielsetzungen und von der Verteilung der politischen Kräfteverhältnisse ab. Viele Entwicklungsländer können in bezug auf die zur Diskussion stehenden Ausgleichsprozesse als weitgehend geschlossene Wirtschaften betrachtet werden[2]. Begrenzte Hilfe wird einigen Entwicklungsländern durch unentgeltliche Nahrungsmittellieferungen zuteil[3]. Diese Lieferungen haben vor allem den Zweck, hungernden Menschen das Überleben zu

---

[1] Seers, D.: A Theory of Inflation and Growth in Under-Developed Economies ... a.a.O. S. 181.
[2] Vgl. Maynard, G.: Inflation and Growth in Latin America: A Note. In: Oxford Economic Papers. N. S. Vol. 15, No. 1. March 1963. S. 63.
[3] Vgl. UN: Food Aid and Other Forms of Utilization ... a.a.O.

ermöglichen. Sie reichen nicht aus, um die mit dem Einkommen wachsende Nachfrage nach Nahrungsmitteln zu befriedigen.

Die Bedeutung der außenwirtschaftlichen Verflechtung ergibt sich in anderem Zusammenhang. Sie beruht auf folgenden Tatbeständen: (1) der einseitigen Ausrichtung der Produktion auf Primärerzeugung; (2) den starken Fluktuationen der Exporterlöse und der Importfähigkeit; (3) dem starken Anwachsen des Importbedarfs im Zuge des Entwicklungsprozesses; (4) der relativ schwachen Expansion der Exporterlöse und der Importkapazität.

Im zyklischen Aufschwung der Exporterlöse steigen die Einkommen im Exportsektor stark an. Verfügen andere Wirtschaftsbereiche über unausgenutzte Kapazitäten, so wachsen Produktion und Einkommen in diesen Bereichen über Multiplikator- und Akzeleratoreffekte an. Sind die Kapazitätsreserven der heimischen Wirtschaft voll ausgeschöpft, so kann der Nachfragezuwachs bei freiem internationalen Handel durch zusätzliche Importe gedeckt werden. Die Zunahme der Exporterlöse könnte eine Erhöhung der Importe ohne Störung des außenwirtschaftlichen Gleichgewichts ermöglichen. Einer solchen Verwendung des Devisenzuwachses steht jedoch die außerordentliche Devisenknappheit auf längere Sicht, vor allem aber auch im nachfolgenden Abschwung entgegen. Der Einsatz eines vorübergehenden Mehranfalls an Devisen für die Anhebung des privaten Konsums, für export- und konsumorientierte Investitionen widerspricht längerfristigen Zielsetzungen. Zu diesen Zielsetzungen gehört vor allem die verstärkte Einfuhr von Kapitalgütern zur Beschleunigung der Entwicklung und die Schaffung von Devisenreserven für den nachfolgenden Abschwung. Inflationäre Erscheinungen resultieren in der betrachteten Situation daraus, daß die wirtschaftspolitischen Instanzen der Entwicklungsländer den freien Zustrom von Importgütern — ganz oder teilweise — unterbinden, ohne daß es ihnen zugleich gelingt, die Expansion der privaten Nachfrage auf das konjunkturell erwünschte Maß zu beschränken.

Im nachfolgenden Abschwung treten Störungen vor allem deshalb auf, weil die laufende Importkapazität ergänzt um die verfügbaren Devisenreserven nicht ausreicht, um die zur Aufrechterhaltung der binnenwirtschaftlichen Stabilität notwendigen Importe zu finanzieren. Wegen einseitiger Produktionsstrukturen ist ein bestimmter Import von Produktionsgütern zur Beibehaltung eines gegebenen Produktions- und Beschäftigungsniveaus erforderlich; die bei gegebener Beschäftigungs- und Lohnhöhe ausgeübte Nachfrage der Empfänger von Masseneinkommen kann nur durch ergänzende Importe von Massenkonsumgütern befriedigt werden. Die notwendige Beschränkung der

Importe könnte durch Reduzierung von Produktion und Beschäftigung erreicht werden. Diese Lösung wird aus politischen und sozialen Gründen gescheut. Statt dessen wird die Gesamtnachfrage auf einem Niveau stabilisiert, das die Beibehaltung der Beschäftigung ermöglichen soll. Bei vermindertem Volumen verfügbarer Importgüter impliziert dies, daß vor allem das Angebot an Massenkonsumgütern zurückgehen muß. Bei gleichbleibender Nachfrage steigen die Preise dieser Güter, was im weiteren Verlauf Anpassungen der Nominaleinkommen herbeiführen kann. Soweit das Angebot an Produktionsgütern zurückgeht, werden kostspielige Produktionsumstellungen notwendig, die durch steigende Endnachfrage und Absatzpreise zu ermutigen sind.

Bei längerfristiger Betrachtung und Eliminierung der kurzfristigen Schwankungen gilt für eine Vielzahl von Entwicklungsländern, daß das gegebene Anwachsen der Importkapazität bei gegebener Einkommenselastizität der Importe die Realisierung eines als möglich und erwünscht angesehenen Fortschreitens der Entwicklung nur zuläßt, wenn außenwirtschaftliche Ungleichgewichte in Kauf genommen werden. In diesem Zielkonflikt wird häufig eine Politik betrieben, die unabhängig von den Bedingungen des außenwirtschaftlichen Gleichgewichts auf Ausnutzung des vorhandenen Entwicklungspotentials ausgerichtet ist. Als Folge treten periodisch außenwirtschaftliche Ungleichgewichte auf, die wiederholte Währungsabwertungen erzwingen. Eine Abwertung bewirkt im allgemeinen Preisauftrieb im Inland, wenn eine Kontraktion von Produktion und Beschäftigung nicht hingenommen wird.

Als langfristige und konstruktive Lösung des außenwirtschaftlichen Problems ist die Förderung der Importsubstitution anzusehen. Sie zielt darauf ab, den Importbedarf als Funktion des Volkseinkommens zu senken. Die Substitution ausländischer durch inländische Erzeugnisse ist überwiegend mit Preiserhöhungen verbunden, da im Inland neu entstehende Produktionsbereiche kostenungünstiger produzieren als Unternehmen des entwickelten Auslands und daher großzügigen und dauerhaften Entwicklungsschutz genießen. Aus der Forderung nach Importsubstitution ergibt sich eine Verbindung zu dem vorher behandelten Problem, das aus Absatzschwierigkeiten für die Mehrerzeugung industrieller Konsumgüter resultierte. Konzentriert sich die Produktionssteigerung auf industrielle Konsumgüter, die bisher aus dem Ausland bezogen wurden, so kann ihr Absatz im Inland durch entsprechende Reduzierung der Importe gesichert werden. Es ergibt sich zugleich der Vorteil einer Entlastung der angespannten Zahlungsbilanzsituation. Bestehen bleibt aber die Tatsache, daß im Bereich industrieller Konsumgüter ein Einkommenszuwachs geschaffen wird, der vor allem die Nachfrage nach Nahrungsmitteln und die Preise dieser Güter anhebt. Ein Spielraum für zusätzliche Importe von Nahrungsmitteln entsteht durch die Importsubstitution nicht, wenn der Importbedarf ohnehin bereits erheblich über der Importkapazität liegt.

2. Mangelnde Funktionsfähigkeit der Preissteuerung der Produktion und Inflation

Der Analyse von Strukturmerkmalen einzelner Sektoren und ihrer Auswirkungen folgen Ausführungen, die die Gesamtheit der Produktions- und Angebotsbedingungen in Entwicklungsländern umfassen. Es ist davon auszugehen, daß der außenwirtschaftliche Engpaß den automatischen Ausgleich sektoraler Ungleichgewichte zwischen Angebot und Nachfrage im Inland verhindert, da die inländischen Märkte weitgehend von den Weltmärkten abgeschlossen sind. Ungleichgewichte lösen daher im allgemeinen Anpassungsprozesse aus, deren Ablauf allein durch die Struktur der Binnenwirtschaft bestimmt ist. Wiederholt wurde darauf hingewiesen, daß die Produktion in Teilbereichen nur mit geringer Elastizität auf expandierende Nachfrage und dadurch steigende Absatzpreise reagiert. Das Auftreten sektoraler Ungleichgewichte, insbesondere als Folge von Strukturwandlungen der Nachfrage, ist charakteristisch für jeden Entwicklungsprozeß. Im folgenden wird zunächst der Tatbestand der geringen Leistungsfähigkeit des Preismechanismus bei der Steuerung der Produktion herausgestellt; darauf folgt eine Untersuchung der Auswirkungen dieser Erscheinung, soweit sie für die vorliegende Themenstellung relevant sind.

Es wird davon ausgegangen, daß sich bei gegebenem Niveau der Gesamtnachfrage die Struktur einmalig verschiebt. Nachfrageüberschuß und Angebotsüberhang, die auf Teilmärkten entstehen, entsprechen sich bei gegebenen Preisen wertmäßig. Partielle Preissteigerungen, die auf den Märkten mit überschüssiger Nachfrage auftreten, haben die Aufgabe, die Produktion anzuregen und an die veränderten Bedingungen der Nachfrage anzupassen. Im Idealfall einer voll funktionsfähigen Preissteuerung der Produktion induziert der Preisanstieg mit unbedeutender zeitlicher Verzögerung eine Ausdehnung der Produktion, die den Preisauftrieb ganz oder überwiegend aufhebt. Anpassung der Produktion an partielle Preissteigerungen setzt zunächst voraus, daß unternehmerische Kräfte mit der Fähigkeit zu marktgerechter Reaktion vorhanden sind.

Abramowitz charakterisiert die Eigenschaften und Bedingungen, die unternehmerische Leistungen hervorbringen, wie folgt: "They ... depend on the vigor, intelligence, and open-mindedness with which the universe of unknown opportunities is searched and combed and on the willingness of potential investors to accept the work, worry, risk, and general sacrifice of ease which accompanies the establishment of a new, enlarged, changed, or relocated production unit[4]." Einige Autoren vertreten die Auffassung, daß es in Entwicklungsländern an den genannten subjektiven Eigenschaften — vigor, intelligence, and open-mindedness — fehle und daß dieser Engpaß zu einem guten Teil das Fehlen der Selbstheilungskräfte in unterentwickelten Volkswirtschaften erkläre. Wird das Fehlen dieser Kräfte aus der unbezweifelbaren Tatsache abgeleitet, daß sich unternehmerische Leistungen und Aktivitäten nicht in gewünschtem Umfang in der Auslösung und Gestaltung des Entwicklungsprozesses durchsetzen, so ist der Gedankengang keineswegs zwingend.

Das gleiche Ergebnis mag daraus entstehen, daß vorhandenen unternehmerischen Kräften Wille und Anreiz zu gesamtwirtschaftlich produktivem Einsatz fehlen: „Für Entwicklungsländer wird ... keineswegs darauf zu fußen sein, daß es hier an unternehmerischen Intelligenzen und Qualitäten fehle. Zu fragen ist vielmehr, wie die unternehmerischen Leistungen durch die Umwelt bestimmt und begrenzt sind, und wie sie ... entwicklungskonform eingesetzt werden könnten[5]." Es kann gezeigt werden, daß Einsatzwille und -bereitschaft unternehmerischer Kräfte in Entwicklungsländern durch vielerlei Einflüsse gehemmt oder paralysiert werden. Es reicht hier aus, auf einige dieser Einflüsse einzugehen.

Die Stellung des Unternehmers in der Gesellschaft wird durch einen verbreiteten Anti-Kolonialismus diskreditiert, wobei Kolonialismus mit Kapitalismus, Kapitalismus mit Ausbeutung identifiziert werden; Ausbeutung wiederum wird als Grundlage und Ziel unternehmerischer Tätigkeit angesehen. Unternehmergewinn wird entsprechend nicht als Prämie für eine spezifische Leistung, sondern als Ausbeutung betrachtet[6]. „Die Umwelt ‚prämiert' also nicht die Versachlichung der Unternehmungen, die Dauerhaftigkeit ihrer Geschäftsbeziehungen, die Spezialisierung auf bestimmte Tätigkeiten, die Bildung und Pflege des 'good will' in bezug auf einen Kundenstamm, die Formung eines Betriebsapparates mit Verteilung der Funktionen auf einen spezialisierten Mitarbeiterstab, und sie ‚diffamiert' andererseits nicht die spekulative Gesinnung, die rücksichtslose Ausnutzung von Geschäfts-

---

[4] Abramowitz, M.: Economies of Growth. In: Haley, B. F. (ed.): A Survey of Contemporary Economics. Vol. II. Homewood 1952. S. 157.

[5] Paulsen, A.: Unternehmer und Unternehmerleistungen in Entwicklungsländern. In: Jahrbücher für Nationalökonomie und Statistik. Bd. 175, Heft 5. 1963. S. 389.

[6] Vgl. ebd., S. 399 f.

vorteilen, — oder doch, wo sie es tut, hat sie ohnehin den Unternehmer dieses Typs in eine ‚marginale soziale Position' verwiesen[7]."

Charakteristisch ist die in dem Zitat angesprochene Abdrängung unternehmerischer Aktivitäten und einsatzbereiten Kapitals von gesamtwirtschaftlich produktiver Tätigkeit weg zu spekulativem und unproduktivem Einsatz mit zum Teil hoher privatwirtschaftlicher Rendite. Diese Tendenz wird durch nachhaltige und langanhaltende Preisauftriebstendenzen verstärkt, deren Ergebnis demnach weniger eine Erhöhung des Anteils produktiver Investitionen über ein relatives Anwachsen der Gewinneinkommen ist, als das Abfließen von Mitteln "... into real estate, inventories, foreign exchange, and other 'riskless' holdings designed to reap capital gains from socially unproductive undertakings"[8]. *Maynard* weist darauf hin, daß in Chile 1955 während einer Periode nachhaltiger Geldentwertung 45 % der gesamten Anlageinvestitionen in der Errichtung luxuriöser Wohnbauten bestanden. *Balogh* führt aus: "The outlets in trade for entrepreneurs are so remunerative ... that there is little inducement for them to enter productive industry[9]."

Der gesamtwirtschaftlich produktive Einsatz unternehmerischer Kräfte und sparfähiger Einkommensteile wird schließlich durch die Erscheinung gehemmt, daß weniger die Art und Weise der Einkommens*erzielung*, als vielmehr diejenige der Einkommens*verwendung* den sozialen Status des Einkommensbeziehers begründet. Die höchsten Einkommen fließen in Entwicklungsländern häufig als arbeitslose Einkommen den Haus- und Bodeneignern sowie den Geldverleihern zu. Von diesem Tatbestand ausgehend stellt *Tripathy* fest: "The attitudes and social values of this sector are such that it is prone to use its income for conspicuous consumption, investment in land and real estate ...[10]." Oder: "... the richer classes are supposed to lack a bourgeois appreciation of the satisfactions of accumulation and live instead with lordly magnificence and openhandedness[11]." Zwar mag diese Lebensweise Mißgunst und das Verlangen nach korrigierenden Eingriffen bei denen wecken, die am Rande des Existenzminimums dahinvegetieren. Dessen ungeachtet regt dieser Aufwand im Rahmen einer vorherrschend "consumption-oriented scale of values"[12] zur Nach-

---

[7] Ebd., S. 403.
[8] Heller, W.: a.a.O. S. 456.
[9] Balogh, Th.: Economic Policy and the Price System. a.a.O. S. 49.
[10] Tripathy, R. N.: a.a.O. S. 3.
[11] Abramowitz, M.: a.a.O. S. 151.
[12] Wallich, H. C.: Some Notes towards a Theory of Derived Development. In: Agarwala, A. N. and Singh, S. P. (eds.): The Economics of Underdevelopment. New York, Oxford 1963. S. 196.

ahmung an, soweit es nur die Einkommensverhältnisse erlauben. Durch Gewinnverwendung wird „... soziales Prestige ‚gekauft' ...: durch Einkauf in die feudale Schicht, durch Luxus als Demonstration der Zugehörigkeit zur 'leisure class', durch Mäzenatentum etc."[13]. Gerade die Verwendung von Gewinnen müßte aber in unterentwickelten Volkswirtschaften, in denen die Ersparnisbildung der Arbeitskräfte kaum ins Gewicht fällt, die wesentliche Quelle produktiver Investitionen darstellen.

Gefragt wurde nach der Reaktion der Unternehmer auf den Anreiz steigender Absatzpreise. Als Ergebnis kann festgehalten werden: Werte, Sitten und Traditionen, politische und wirtschaftspolitische Risiken halten unternehmerische Aktivitäten von produktiver industrieller Tätigkeit fern, hohe privatwirtschaftliche Rentabilität zieht Unternehmerleistungen und einsatzbereites Kapital in gesamtwirtschaftlich unproduktive Bereiche ab, das Gewinnstreben als Ansporn unternehmerischer Leistung wird diskreditiert. Daraus folgt, daß der Impuls steigender Absatzpreise im allgemeinen nicht auf eine Unternehmerschaft trifft, die bereitwillig oder begierig alle vom Markt dargebotenen Gewinnchancen aufspürt und wahrnimmt. "When entrepreneurs anticipate rising and complementary demands, an economy can economize on the use of price signals; when they are somewhat more sluggish and inclined never to act except on the basis of incontrovertible evidence that a lot of money can indeed be made in this or that venture, then the use of price signals will be far more widespread and intensive[14]." Es ist *Hirschman* zuzustimmen, wenn er in Entwicklungsländern die zurückhaltende Reaktion des letzteren Falles erwartet.

Die Erklärung unternehmerischen Verhaltens angesichts steigender Preise bleibt unvollständig, wenn nur ihre subjektive Bereitschaft zu marktgerechter Reaktion in Frage gestellt wird. Die Einsatz- und Umweltbedingungen in Entwicklungsländern begrenzen nicht nur die Bereitschaft, sondern wesentlich auch das Vermögen, sich mit unternehmerischen Leistungen in produktivem Einsatz durchzusetzen: „Den dynamischen Unternehmer charakterisiert nicht, daß er alle Widerstände zu überwinden vermag. Seine besonderen Eigenschaften ... sind weder die eines Heroen noch eines Phantasten, sondern die der klaren Sicht, mit der Möglichkeiten erkannt werden, die in der gegebenen Umwelt realisiert werden können, damit auch der Risiken und Chancen, die

---

[13] Paulsen, A.: Unternehmer und Unternehmerleistungen in Entwicklungsländern. a.a.O. S. 407 f.
[14] Hirschman, A. O.: The Strategy of Economic Development. Yale Studies in Economics: 10. New Haven 1959. S. 158 f.

mit dem Zugriff verbunden sind, einschließlich auch der Beurteilung der Widerstände und der eigenen Kräfte und Fähigkeiten[15]."

Schwierigkeiten bei der Ausdehnung und der flexiblen Anpassung der Produktion erwachsen aus Engpässen in der Versorgung mit Produktionsfaktoren und Vorleistungen. Effiziente Steuerung der Produktion über die Preise setzt voraus, daß auch der Faktoreinsatz auf Incentives und Disincentives sich verschiebender Faktorpreisrelationen elastisch reagiert und den durch die relativen Faktorpreise angezeigten Knappheitsrelationen folgend zwischen den verschiedenen Verwendungen variiert. Soweit ungenutzte Ressourcen vorhanden sind, die zu produktivem Einsatz geeignet und durch Preisanreize ansprechbar sind, kann der Anpassungsprozeß erleichtert werden. Preissteuerung der Produktion bedingt weiter, daß das Angebot an Vorleistungen und Vorprodukten den jeweiligen Nachfragebedingungen angepaßt wird. Ein Problem besonderer Art liegt in diesem Zusammenhang in dem Angebot von Infrastrukturleistungen.

Bei der Betrachtung des Arbeitskräftepotentials in Entwicklungsländern sind zweckmäßig verschiedene Typen zu unterscheiden. "... the effective supply of labor is a matter not only of the numbers but also of the productivity of the labor force so far as that turns on the qualities of the workers themselves. And productivity depends on strength and health, and on the social valuation assigned to income, work, and reliability. It is raised by a tradition of familiarity with mechanical operations and by habituation to cooperative activity[16]." In allen Entwicklungsländern gibt es eine Schicht von Arbeitskräften, die in Vorbildung und Schulung, in Erfahrung und Vertrautheit mit industriellen Fertigungsmethoden, in Zuverlässigkeit und Leistungswillen den gehobenen Ansprüchen genügt, die an qualifizierte Kräfte in Produktion und Verwaltung spezialisierter, leistungsfähiger Industriebetriebe zu stellen sind. Das Angebot an Arbeitsleistungen dieser Art ist aber in nahezu allen Entwicklungsländern außerordentlich knapp, was sich in hohen Kosten qualifizierter Arbeitsleistungen niederschlägt.

Jede Neuaufnahme oder Ausdehnung industrieller Produktion dürfte in technisch und ökonomisch bestimmtem Umfang den Einsatz des spezifischen Faktors „qualifizierte Arbeit" erfordern. Der Unternehmer, der steigende Absatzpreise mit der Aufnahme zusätzlicher Produktion beantworten will, kann den Einsatz an qualifizierten Arbeitskräften nur erhöhen, wenn er diese Kräfte durch den Anreiz merklich stei-

---

[15] Paulsen, A.: Unternehmer und Unternehmerleistungen in Entwicklungsländern. a.a.O. S. 406 f.
[16] Abramowitz, M.: a.a.O. S. 138.

III. Einseitige und unelastische Produktion

genden Einkommens aus ihrer bisherigen Verwendung abzieht. Das gilt auch dann, wenn andere Produktionsbereiche durch die betrachtete Umstrukturierung der Nachfrage auf Absatzschwierigkeiten stoßen. Eine Produktionseinschränkung dieser Bereiche setzt zunächst nur unqualifizierte Arbeitskräfte frei; diese Arbeitskräfte können ersetzt werden, wenn die Nachfrage im weiteren Verlauf eine Ausdehnung der Produktion auf das alte Niveau erlaubt. Den Stamm qualifizierter Arbeitskräfte sucht jeder Betrieb zu halten, solange nur auf längere Sicht die Beibehaltung des bisherigen Produktionsumfanges möglich scheint.

Der Lohnanreiz zum Abziehen qualifizierter Arbeitskräfte aus anderen Verwendungen muß beträchtlich sein, weil die Mobilität der Produktionsfaktoren in Entwicklungsländern beschränkt ist. Zwar kann bei qualifizierten Arbeitskräften eine gewisse Bereitschaft unterstellt werden, die Arbeitsleistungen zu optimalen Bedingungen — zu denen vor allem die Einkommenshöhe gehört — einzusetzen. Der Realisierung dieses Prinzips stehen jedoch erhebliche Schwierigkeiten entgegen. So ist die Markttransparenz wegen eines allgemein unterentwickelten Kommunikationswesens gering. Die räumliche Bindung der Arbeitskraft ist stark, da die Wahl eines neuen Wohnorts das Vorhandensein freien Wohnraums voraussetzt — eine Voraussetzung, die weitgehend unerfüllt ist. Die Möglichkeit beruflichen Pendelverkehrs ist begrenzt, da das Verkehrssystem allgemein wenig ausgebaut und der Kraftfahrzeugbesatz gering ist. Schließlich bestehen häufig familiäre und persönliche Bindungen der Arbeitskraft an Betrieb und Unternehmer, die einer Wahrnehmung besserer Verdienstmöglichkeiten in anderen Verwendungen entgegenstehen.

Die Masse der arbeitsfähigen Bevölkerung ist in Entwicklungsländern dadurch gekennzeichnet, daß ihr die oben genannten Eigenschaften qualifizierter Arbeit fehlen. "It is a type of labour which mostly had never before been employed in any productive enterprise, barring agriculture. It is unskilled, untrained labour and constitutes the raw material for the industrial labour force but is not by itself that labour force[17]." Schlechte physische Konstitution[18], weite Verbreitung des Analphabetentums und allgemein niedriger Stand schulischer Bildung, das Fehlen beruflicher Ausbildungsstätten, vor allem aber auch das System der Werte und Motivationen erklären die geringe Eignung der Masse der Arbeitskräfte zu produktivem Einsatz[19].

---

[17] Bhatt, V. V.: a.a.O. S. 5.
[18] Es wurde bereits angeführt, daß die Hälfte der indischen Bevölkerung wegen unzureichender Ernährung nur beschränkt arbeitsfähig ist.
[19] Vgl. Meier, G. M., Baldwin, R. E.: a.a.O. S. 293 ff.

Für das vorliegende Problem hat die Frage Bedeutung, welche Elastizität das Angebot an ungelernten Arbeitskräften in bezug auf die Lohnhöhe haben mag. Diese Frage wird in der Literatur unterschiedlich beantwortet. Die zweifellos vorhandenen geographischen Unterschiedlichkeiten geben dabei nicht den Ausschlag. *Lewis* geht in einem viel beachteten Artikel davon aus, daß ein Teil der Entwicklungsländer über ein unbegrenztes Arbeitsangebot verfüge. Das unbegrenzte Angebot an Arbeitskräften bestehe, solange Disproportionalitäten in der Faktorausstattung einzelner Produktionsbereiche bewirken, daß ein Teil der Arbeitskräfte mit einem Grenzprodukt um null tätig ist[20]. Lewis vertritt die Ansicht, daß das unbegrenzte Arbeitspotential, das in der Masse der versteckt Arbeitslosen im Subsistenzbereich der Landwirtschaft gesehen wird, seine Arbeitsleistungen zum herrschenden Lohnsatz auf dem Arbeitsmarkt anbiete. "In this situation, new industries can be created, or old industries expanded without limit at the existing wage...[21]." An späterer Stelle führt Lewis aus, daß der genannte Lohn, zu dem das Arbeitsangebot unbegrenzt sei, mit einer bestimmten Spanne — er spricht von 30 % — über dem in der Landwirtschaft erzielten Einkommen liegen müsse, um zur Abwanderung anzureizen[22].

Die bisherige Gedankenführung enthält offensichtlich einen Widerspruch. Der Abzug versteckt Arbeitsloser aus dem Subsistenzbereich vermindert das Gesamtprodukt dieses Sektors nicht. Mit der Abwanderung steigt demnach das Pro-Kopf-Einkommen im Subsistenzbereich. Trifft es zu, daß die genannte Einkommensspanne zwischen altem und neuem Einsatzbereich bestehen muß — woran nicht zu zweifeln ist —, so hebt die Abwanderung den Lohn kontinuierlich an, zu dem weitere Arbeitskräfte aus dem Subsistenzbereich abgezogen werden können. Die gleiche Wirkung geht von allen anderen Vorgängen aus, die das Durchschnittseinkommen im Subsistenzbereich anheben. Erinnert sei an die Probleme, die im Zusammenhang mit dem Nachhinken der landwirtschaftlichen Produktion behandelt wurden. Lewis sieht diese Einwände gegen sein Konzept eines unbegrenzten Arbeitsangebots beim herrschenden Lohn zwar[23], er mißt ihnen jedoch nicht das richtige Gewicht bei.

Weitere Bedenken richten sich gegen die These, daß die versteckt Arbeitslosen ihre Arbeitsleistungen auf dem Markt anbieten. Lewis setzt also versteckte Arbeitslosigkeit mit unfreiwilliger Arbeitslosig-

---

[20] Vgl. Lewis, W. A.: a.a.O. S. 402.
[21] Ebd., S. 403.
[22] Vgl. ebd., S. 410 f.
[23] Vgl. ebd., S. 431 f.

keit gleich. Versteckt Arbeitslose haben mit unfreiwillig Arbeitslosen gemein, daß ihr Grenzbeitrag zum Gesamtprodukt null ist. Während der letztere Tatbestand jedoch die versteckte Arbeitslosigkeit definiert und ausmacht, ist er bei unfreiwilliger Arbeitslosigkeit nur Begleiterscheinung des Umstandes, daß Arbeitsleistungen zu gegebenem Lohn zwar auf dem Markt angeboten, nicht aber nachgefragt und eingesetzt werden. Rao, als Inder mit dem Problem bestens vertraut, hebt hervor, daß versteckt Arbeitslose im Gegensatz zu unfreiwillig Arbeitslosen — ex definitione — eben nicht zum herrschenden Lohn als Arbeitsangebot auf den Markt treten. Die versteckt Arbeitslosen empfinden sich nicht als arbeitslos; sie üben eine Tätigkeit aus, die aus gesamtwirtschaftlicher, nicht aber aus subjektiver Sicht unproduktiv erscheint. Rao folgert daraus: "The particular form which unemployment takes in the underdeveloped countries, viz. that of disguised unemployment, makes the economy for Keynesian purposes practically analogous with one of full employment...[24]."

In die gleiche Richtung weist die häufig vertretene Auffassung, daß die Größe des Arbeitsangebots in Entwicklungsländern mehr durch soziologische und traditionale Einflüsse bestimmt wird als durch Lohnhöhe und Lohnvariationen. Dies trifft naturgemäß vor allem auf die Arbeitskräfte zu, denen eine moderne, arbeitsteilige Wirtschaftsweise fremd ist. "The 'irrationality' of native laborers unresponsive to wage offers often turns out to be the 'rationality' of potential workers in a situation where goods and services have traditionally been secured through familial production, barter, and mutual aid, and where there is a limited development of a community market. Money is no incentive if there is nothing within the effective range of demand that money will buy[25]." Diese Hinweise berechtigen nicht zu der Schlußfolgerung, daß expandierenden Unternehmen zum herrschenden Lohn grundsätzlich keine zusätzlichen Arbeitskräfte des betrachteten Typs zur Verfügung stehen. Sie lassen aber den Schluß zu, daß häufig Lohnerhöhungen in Kauf zu nehmen sind, um den Einsatz ungelernter Arbeitskräfte erhöhen zu können.

Eine unzulässige Vereinfachung der für Entwicklungsländer spezifischen Problematik scheint auch vorzuliegen, wenn Lewis in dem Mangel an qualifizierter Arbeitskraft nur einen "very temporary bottleneck" sieht, der durch die geringe Ausstattung mit Realkapital und speziell durch das Fehlen von Ausbildungsstätten bedingt sei und daher durch verstärkte Kapitalbildung und Schaffung der notwendigen Ausbildungsstätten überwunden werden könne, "though per-

---

[24] Rao, V. K. R. V.: a.a.O. S. 214.
[25] Moore, W. E. zitiert nach Meier, G. M., Baldwin, R. E.: a.a.O. S. 297.

haps with some time lag"[26]. Diese Argumentation stellt eine Erscheinung der Unterentwicklung — geringe Ausstattung mit Realkapital und unzureichende Kapitalbildung — als Ursache einer anderen Erscheinung der Unterentwicklung — Mangel an menschlich und fachlich qualifizierter Arbeitskraft — heraus. Sie verkennt den komplexen und auf Wechselwirkungen beruhenden Zusammenhang aller Faktoren, die zugleich für die Unterentwicklung bestimmend und durch diese bestimmt sind. Natürlich muß der Engpaß an qualifizierten Arbeitskräften durch Formung, Bildung und Ausbildung der Menschen überwunden werden; dazu sind jedoch nicht nur Realkapital und Ausbildungsstätten erforderlich, wie die Charakterisierung der betroffenen Menschen zeigte. Der Prozeß, durch den die Masse der Bevölkerung in eine qualifizierte industrielle Arbeiterschaft umgeformt wird, schreitet der Gesamtentwicklung nicht voraus, er ist mit dieser identisch[27]. Der Engpaß an qualifizierten Arbeitskräften bei insgesamt ausreichendem Arbeitskräftepotential ist fester Bestandteil der Unterentwicklung sich entwickelnder Volkswirtschaften. Der Übergang von Arbeitskräften aus der Masse der unproduktiv Tätigen in die Schicht qualifizierter Kräfte vollzieht sich nicht reibungslos und kontinuierlich. Neben der räumlichen fehlt in Entwicklungsländern auch die fachliche und qualitative Mobilität.

Der Unternehmer, der auf steigende Absatzpreise mit erhöhter Nachfrage nach Arbeitskräften reagiert, sieht sich also bei qualifizierter Arbeit einer Marktkonstellation gegenüber, bei der zusätzliche Nachfrage nur durch Abzug von Arbeitskräften aus bisherigen Verwendungen befriedigt werden kann. Die Lohnsteigerung, die diese Umsetzung von Arbeitskräften ermöglicht, muß erheblich sein, da die Mobilität gehemmt ist und andere Bereiche zur Erhaltung ihres Stammes qualifizierter Arbeitskräfte ebenfalls Lohnerhöhungen gewähren. Auch der vermehrte Einsatz unqualifizierter Arbeitskräfte kann Lohnsteigerungen erfordern. Zusätzlich entstehen Kosten einer längeren Anlern-, und Einarbeitungszeit; es besteht Ungewißheit, ob die Arbeitskräfte nach der Übergangszeit geeignet sind, die gestellten Aufgaben zu erfüllen. Häufig hat der Unternehmer die Kosten für die Bereitstellung von Wohnraum zu tragen. All diese Faktoren bewirken, daß das Niveau der Lohnkosten in der betrachteten Situation ansteigt.

Die Möglichkeit zur Realkapitalbildung, die den Bedingungen der Preisstabilität genügt, ist in Entwicklungsländern außerordentlich be-

---

[26] Lewis, W. A.: a.a.O. S. 406.
[27] Vgl. Paulsen, A.: Sachkapital und Human Capital in der wirtschaftlichen Entwicklung. a.a.O. S. 596 ff.

III. Einseitige und unelastische Produktion

grenzt[28]. Das Problem der Entwicklungsländer liegt jedoch nicht allein darin, daß der Umfang inflationsneutraler Realkapitalbildung unzureichend ist, sondern auch darin, daß gegebene Möglichkeiten schlecht genutzt werden. Funktionsfähige Steuerung der Produktion über den Preis impliziert, daß sich die Investitionsstruktur an der in einzelnen Verwendungen erzielbaren Rendite des eingesetzten Kapitals ausrichtet. Der Einsatzbereich mit der jeweils höchsten Kapitalverzinsung zieht die investierbaren Mittel an. Es wurde ausgeführt, daß dieses Prinzip in Entwicklungsländern zum Teil verwirklicht ist, allerdings mit einer gesamtwirtschaftlich durchaus unerwünschten Wirkung. Die kurzfristige Bindung finanzieller Mittel in spekulativem und gesamtwirtschaftlich unproduktivem Einsatz vereint die Vorteile höchster privatwirtschaftlicher Rentabilität, kurzer Umschlagsdauer und geringen Risikos auf sich. Diese Verwendung bindet nicht allein finanzielle Mittel, die durch Geldschöpfung ohne inflationäre Folgen ersetzt werden könnten. Die Errichtung von Luxusresidenzen, der Aufbau spekulativer Lagerhaltung, der Erwerb von Devisen — diese und andere Aktivitäten beanspruchen zugleich die Leistungen der durch Konsumverzicht freigesetzten — oder ohne persönliche Opfer freisetzbaren — Faktoren[29].

Ähnlich unproduktiv ist die Art, in der Grundeigentümer und Geldverleiher gesparte Einkommensteile anlegen. Sie vergeben Kredite an Inhaber von Subsistenzwirtschaften zu außerordentlich hohen Zinssätzen[30]. Die Kredite werden in den Subsistenzwirtschaften zur Deckung der laufenden Ausgaben benötigt, nicht aber zur Vornahme produktiver Investitionen verwendet. "... the existence of high interest rates for short-term lending has far-reaching effects on the economy as a whole. Such rates are an obstacle to general economic development since clearly no ordinary investment in agricultural production or industrial enterprise can compete with the rate which the moneylender or landlord can get by short-term lending to cultivators. The habit of investment in land and the possibility of charging high interest rates because of the cultivators' need is 'one of the key problems for increased mobilization of resources'[31]."

Bisher richtete sich der Mitteleinsatz an der Erzielung höchstmöglicher privatwirtschaftlicher Rentabilität aus. Von einer Fehlleitung knapper

---

[28] Welche Höhe der Realkapitalbildung mit Preisstabilität vereinbar ist, wurde bereits erörtert.
[29] Die spekulative Anlage von Devisenhorten geht im allgemeinen zu Lasten dringend erforderlicher Importe von Produktionsgütern oder sie lenkt Konsumgüternachfrage von ausländischen auf heimische Märkte um.
[30] Vgl. frühere Angaben.
[31] UN: Problems of Agrarian Structure in Underdeveloped Countries. a.a.O. S. 378.

Mittel muß gesprochen werden, weil die privatwirtschaftliche Rendite keinen Maßstab für gesamtwirtschaftlich optimalen Einsatz abgibt. Daß der Mitteleinsatz dem Prinzip der Einkommensmaximierung folgt, ergibt sich vor allem aus dem starken Gefälle, das zwischen den Renditen in alternativen Einsatzbereichen besteht. Dieses starke Gefälle bewirkt, daß die vielen Marktunvollkommenheiten überwunden werden. Dagegen sind Zinsdifferenzierungen, die sich aus unterschiedlicher Produktivität des Kapitaleinsatzes und/oder aus unterschiedlicher Absatzentwicklung im industriellen Bereich ergeben, selten ausreichend, um die Lenkung des Kapitaleinsatzes in die jeweils günstigste Verwendung zu bewerkstelligen.

Zu den Unvollkommenheiten bei der Lenkung des Kapitaleinsatzes in Entwicklungsländern trägt der Mangel an Markttransparenz wesentlich bei: "In backward economies knowledge is one of the scarcest goods. Capitalists have experience of certain types of investment, say of trading or plantation agriculture, and not of other types, say of manufacturing, and they stick to what they know. So the economy is frequently lopsided in the sense that there is excessive investment in some parts and underinvestment in others[32]." Die Ausführungen treffen auf die Steuerung der Anlage finanzieller Mittel und auf die Lenkung des Einsatzes von Realkapital in gleicher Weise zu.

Das Fehlen von Markttransparenz trägt dazu bei, daß die ökonomischen Teilbereiche in Entwicklungsländern mangelhaft integriert sind, daß "closed investment sectors" bestehen. "... each sector's saving is tailored to its own investment needs. In these circumstances the marginal productivity of capital applied to various uses can never be expected to become equal... The non-integration of closed investment sectors is ... a characteristic structural feature of under-developed economies[33]." Das Bestehen der "closed investment sectors" findet eine weitere Erklärung in institutionellen Eigenarten, die zumindest in Latein-Amerika anzutreffen sind. Finanzielle Institutionen entstehen hier vor allem auf Initiative einzelner Interessengruppen und werden den speziellen Bedürfnissen der einzelnen Gruppe entsprechend gestaltet. So bestehen in Mexiko drei Banken für die Landwirtschaft — die sich jeweils nur für bestimmte Gruppen landwirtschaftlicher Betriebe zuständig fühlen —, eine Bank für Außenhandel, eine Bank für das Heer und die Kriegsmarine, je eine Bank für den Kleinhandel, die Filmindustrie, die Zuckerindustrie, für Transport u. a. Die Arbeitsweise dieser Vielzahl spezialisierter Banken ist geeignet, die Lenkung

---

[32] Lewis, W. A.: a.a.O. S. 408 f.
[33] Byé, M.: The Rôle of Capital in Economic Development. a.a.O., S. 114.

III. Einseitige und unelastische Produktion

des Kapitaleinsatzes innerhalb der Gesamtwirtschaft nach den in alternativen Verwendungen erzielbaren Kapitaleinkommen empfindlich zu stören[34]. Der Katalog desintegrierender und eine funktionsfähige Lenkung hemmender Einflüsse könnte fortgesetzt werden; darauf wird jedoch verzichtet.

Wenn partielle Preissteigerungen zunehmende Knappheit bestimmter Güter anzeigen, wenn dadurch — cet. par. — die Grenzleistungsfähigkeit des Kapitals in bestimmten Verwendungen absolut und relativ wächst, so stehen einem marktgerechten Zufluß zusätzlicher finanzieller Mittel wirksame Hindernisse entgegen. Diese Hindernisse können im allgemeinen nur überwunden werden, wenn erhebliche Umstrukturierungen der Nachfrage und der Absatzpreise auftreten, so daß der Investor im expandierenden Bereich eine merklich erhöhte Verzinsung erzielt oder gewährleisten kann. Die Ausführungen machen deutlich, daß der Zutritt zu einem expandierenden Markt neuen Produzenten, die nicht über erhebliche Eigenmittel verfügen, praktisch verwehrt ist. Das ist für Entwicklungsländer besonders nachteilig, weil sie allgemein nur über eine schmale Unternehmerschicht in industrieller Verwendung verfügen und der produktive Einsatz vorhandener, aber ungenutzter unternehmerischer Kräfte dringend erwünscht wäre.

Es bleibt die Möglichkeit, daß bestehende Großunternehmen auf dem Wege der Selbstfinanzierung oder durch Erschließung der allein ihnen offenstehenden Kreditquellen[35] die finanziellen Voraussetzungen für eine marktgerechte Ausdehnung ihres Produktionsapparates schaffen. Dies führt zu einer Verstärkung der ohnehin erheblichen Monopolisierung der Märkte. Ohne auf Verhaltensweisen von Monopolunternehmen und Auswirkungen von Monopolsituationen im einzelnen einzugehen, kann unterstellt werden, daß die Monopolisierung von Produktion und Angebot in Entwicklungsländern die Elastizität des Angebots hemmt[36].

Es könnte auf weitere Schwierigkeiten hingewiesen werden, die bei der Umsetzung finanzieller Mittel in reale Kapitalgüter und bei der Versorgung mit Vorleistungen entstehen. Darauf kann jedoch nach den umfangreichen Vorarbeiten verzichtet werden. Die Ausdehnung der Produktion als Reaktion auf partielle Preissteigerungen ist in Entwicklungsländern allgemein durch vielfältige und komplexe

---

[34] Vgl. Márquez, J.: a.a.O. S. 175 f.
[35] Vgl. ebd., S. 177.
[36] Vgl. u. a. Sunkel, O.: a.a.O. S. 116; Grunwald, J.: The "Structuralist" School on Price Stability and Development: The Chilean Case. In: Hirschman, A. O. (ed.): Latin American Issues. Essays and Comments. New York 1961. S. 110.

C. Inflation als Folge struktureller Störungen

Wirkungszusammenhänge erheblich gehemmt. Der Preismechanismus als Steuerungsinstrument der Produktion versagt. "All the circumstances which (according to our economic textbooks) put the price mechanism out of action as an allocative force are present in underdeveloped countries: widespread unemployment, underemployment and underutilization of resources..., rigidities, immobilities, and noncompeting groups. A considerable sector of the economy often lies outside the market mechanism altogether. Opportunities to secure external economies not only exist but the creation and utilization of external economies is the very core of the process of economic development; not only are nearly all industries infants but the whole economy is an infant. The textbook exceptions to the effective operation of the price mechanism have become the rule in underdeveloped countries. One can believe in the allocative value of the price mechanism for North America or Europe, and disbelieve in it for Asia, Africa, or Latin America. In both cases I believe this would be behaving like a true fundamentalist, according to the book. Why should we not take our textbooks seriously[37]?"

Die Umstrukturierung der Nachfrage schlägt sich in einer Verlagerung der Preis-Nachfragefunktionen nieder. Annahmegemäß entsprechen sich Nachfrageüberschuß und Angebotsüberhang bei gegebenen Preisen wertmäßig. Die partiellen Ungleichgewichte lösen Preis- und Mengenänderungen aus, deren Umfang bei flexibler Preisbildung jeweils durch die Neigung der — verlagerten — Preis-Nachfragefunktion und der Preis-Angebotsfunktion bestimmt ist[38]. Bei gegebener Neigung der Preis-Nachfragefunktion ist die Preisänderung um so größer (kleiner) und die Mengenänderung um so kleiner (größer), je steiler (flacher) die Preis-Angebotsfunktion verläuft. Die Wirkung der betrachteten Umstrukturierung der Nachfrage und der daraus resultierenden Preis- und Mengenvariationen auf das Preisniveau kann offensichtlich nicht unabhängig von dem Verlauf der angegebenen Funktionen sein.

Zu vergleichen ist also der Verlauf der Nachfrage- und Angebotsfunktionen zwischen expandierenden und kontrahierenden Märkten. Aussagen über die Preis-Nachfragefunktionen sind nicht möglich; es wird daher gleiche Neigung der Preis-Nachfragekurven für expandierende und kontrahierende Märkte unterstellt. Die Neigung der Preis-Angebotsfunktionen wird zunächst durch Produktionstechnik und -ausrüstung bestimmt. Bei gleichen technischen und ausrüstungsmäßigen Ausgangsbedingungen ergeben sich Differenzierungen aus den Einfluß-

---

[37] Singer, H. W.: a.a.O. S. 86.
[38] Es werden hier also nicht die relativen Änderungen herangezogen, die durch den Elastizitätsbegriff erfaßt werden.

III. Einseitige und unelastische Produktion

faktoren, die als Hemmnisse einer Produktionsanpassung an steigende Absatzpreise behandelt wurden. Die zögernde Reaktion der Unternehmer auf steigende Absatzpreise und die vielen objektiven Schwierigkeiten, die einem expansionsbereiten Unternehmer entgegentreten, begründen einen steilen Verlauf der Preis-Angebotsfunktion. Da die Produktionsanpassung an sinkende Absatzpreise nicht auf gleiche Hindernisse stößt, werden die Preis-Angebotsfunktionen bei herrschendem Preis typischer Weise einen Knick aufweisen. Der untere Teil der Preis-Angebotsfunktionen verläuft flacher, der obere Teil steiler.

Es wurde ausgeführt, daß in dem Anpassungsprozeß Kostenerhöhungen auftreten. Der Lohn für qualifizierte Arbeit steigt nicht nur im expandierenden, sondern auch im kontrahierenden Bereich an. Das gleiche kann für andere knappe Faktoren gelten, für die sich der Wettbewerb verschärft. Der expandierende Bereich hat unter Umständen Lohnerhöhungen für die Mehreinstellung unqualifizierter Arbeitskräfte hinzunehmen[39]. Preiserhöhungen der Produktionsfaktoren verschieben die Preis-Angebotsfunktionen im expandierenden und kontrahierenden Bereich nach oben. Diese Verlagerungen tragen — ebenso wie der Knick in der Preis-Angebotsfunktion bei herrschendem Preis — dazu bei, daß die Preisanpassung an steigende Nachfrage verstärkt, die Mengenanpassung dagegen abgeschwächt wird. Umgekehrt wird der Mengeneffekt sinkender Nachfrage erhöht, der Preiseffekt vermindert. Aus diesen Überlegungen kann geschlossen werden, daß Nachfrageverlagerungen in Entwicklungsländern typischer Weise eine Anhebung des Preisniveaus induzieren. Dies gilt verstärkt, wenn bei Ermittlung des Preisniveaus berücksichtigt wird, daß das Mengengewicht der im Preis steigenden Güter in dem Anpassungsprozeß zunimmt[40].

Die Betrachtungen beschränkten sich auf das Modell einer stationären Wirtschaft, in der sich einmalig die Nachfrage verlagert. Sie sind auf eine fortschreitende Wirtschaft auszuweiten. Es wird wiederum davon ausgegangen, daß bei herrschendem Preisniveau Gesamtnachfrage und Gesamtangebot in gleicher Proportion zunehmen, wobei die Übereinstimmung gegebenenfalls durch globale Steuerung der Gesamtnachfrage herbeigeführt wird. Im Prozeß allgemeiner Expansion treten partielle Ungleichgewichte auf, die aus Verschiebungen innerhalb der Angebots- und/oder der Nachfragestruktur resultieren.

---

[39] Zu der Möglichkeit weiterer Kostensteigerungen vgl. Seers, D.: A Theory of Inflation and Growth in Under-Developed Economies... a.a.O. S. 179.

[40] Das Ergebnis wurde unter der Annahme abgeleitet, daß die Neigung der Preis-Nachfragefunktionen und die technisch bestimmten Bedingungen einer Anpassung der Produktion an Preisvariationen übereinstimmen. Die Aufgabe dieser Annahme kann das Ergebnis in Einzelfällen modifizieren.

C. Inflation als Folge struktureller Störungen

Strukturwandlungen innerhalb des Angebots treten zunächst — unabhängig von der Nachfrage- und Preisentwicklung — dadurch auf, daß einzelne Bereiche bei der Ausdehnung ihrer Produktion in unterschiedlichem Maß auf die durch die allgemeine Unterentwicklung bedingten Hindernisse stoßen. Sie entstehen weiter daraus, daß von den Produktionsbedingungen her unterschiedliche Möglichkeiten zu Produktivitätssteigerungen bestehen. Im Zusammenhang mit den bekannten Umstrukturierungen der Nachfrage werden die Strukturwandlungen des Angebots im Entwicklungsprozeß fortlaufend partielle Ungleichgewichte größeren Ausmaßes induzieren.

Diese Ungleichgewichte lösen Anpassungsprozesse aus, die bei flexibler Preisbildung den soeben für eine stationäre Wirtschaft abgeleiteten Abläufen entsprechen. Überschußnachfrage bei gegebenen Preisen wird mit relativ geringer Mengenausweitung und relativ starker Preisanhebung beantwortet. Überschußangebot bei gegebenen Preisen reduziert den Absatz relativ stark, so daß eine relativ geringe Preissenkung resultiert[41]. Das Preisniveau kann nur bei einem verminderten Gesamtangebot stabilisiert werden. Eine globale Ausdehnung der Gesamtnachfrage bei gegebener Struktur dieser Nachfrage bewirkt offensichtlich, daß der Angebotsüberschuß auf Teilmärkten reduziert oder beseitigt wird. Die Verschiebung der Preisrelationen erfolgt bei steigendem Preisniveau, absoluter Preisfall braucht auf Teilmärkten nicht — oder nur beschränkt — aufzutreten, Produktions- und Angebotsrückgang werden vermieden. Bei erhöhtem Preisniveau kann ein höheres Produktions- und Absatzvolumen realisiert werden.

Es kann eingewendet werden, daß diese Politik eine notwendige und erwünschte Umsetzung von Produktionsfaktoren behindere, da die Freisetzung von Produktionsfaktoren dort verhindert werde, wo bei konstantem Preisniveau keine ausreichende Nachfrage bestand. Gegen diesen Einwand spricht zunächst, daß die erwünschte Umsetzung der Faktoren wegen vielfältiger Beschränkungen der Faktormobilität ohnehin nicht gelingt. Faktoren, die in einem Produktionsbereich freigesetzt werden, finden nur schwer Zugang zu anderen Einsatzbereichen. Gewichtiger ist jedoch ein anderes Argument. Ursache für das Auftreten eines partiellen Angebotsüberschusses ist im Prozeß allgemeiner Expansion nur selten ein absoluter und endgültiger Nachfragerückgang. Ein Angebotsüberschuß bei herrschendem Absatzpreis entsteht in Teil-

---

[41] Die Preissenkung kann verstärkt und die Mengenreduktion vermindert werden, soweit die Produktionskosten durch Produktivitätssteigerungen herabgesetzt sind. Da die folgenden Erörterungen eine allgemeinere Fassung der Probleme darstellen, die im Zusammenhang mit dem Nachhinken der landwirtschaftlichen Produktion behandelt wurden, können sich die Ausführungen hier auf eine Skizzierung der Grundzüge beschränken.

III. Einseitige und unelastische Produktion

bereichen häufig daraus, daß die Produktion anderer Bereiche nachhinkt und so das bei konstantem Preisniveau zulässige Anwachsen der Gesamtnachfrage beschränkt; das relativ geringe Ansteigen der Gesamtnachfrage wiederum läßt bei gegebener Struktur die Nachfrage dort unterproportional zum Angebot zunehmen, wo die Produktion — gemessen an der Gesamtproduktion — stärker expandiert. Ist aber ein Angebotsüberschuß in Teilbereichen nur die vorübergehende Folge eines durch andere Bereiche verursachten geringen Ansteigens der Gesamtnachfrage, so kann weder die Einschränkung dieser Produktion, noch die Freisetzung von Produktionsfaktoren in diesen Bereichen als sinnvoll betrachtet werden, es sei denn, jede Faktorumsetzung erfolge reibungslos und ohne Umsetzungskosten und der gesamte Faktoreinsatz sei unvermehrbar.

Tatsächlich sollte die Anpassung der nachhinkenden Produktionsbereiche in Entwicklungsländern überwiegend durch Schaffung neuer Produktionskapazitäten, durch Erschließung bisher ungenutzten Produktionspotentials und durch Ausweitung des produktiven Arbeitseinsatzes erfolgen. Die Verschiebung der Preisrelationen könnte diesen Notwendigkeiten bei steigendem Preisniveau besser gerecht werden als bei Durchsetzung der Preisstabilität. Absoluter Preisfall mit der nachfolgenden Einschränkung von Produktion und Beschäftigung behält allerdings dort seine Berechtigung, wo das gegebene Angebot auch bei einem Fortschreiten der allgemeinen Expansion nicht die zur Beibehaltung des herrschenden Preises notwendige Nachfrage findet. Die globale Anhebung der Gesamtnachfrage oder — häufig realistischer — der Verzicht auf eine globale Drosselung der Gesamtnachfrage auf das der Stabilerhaltung des Preisniveaus entsprechende Niveau darf also nicht so weit gehen, daß jeder absolute Preisfall verhindert wird.

Langfristig auftretende Verschiebungen der Nachfragestruktur zugunsten bestimmter Güter bewirken im Zusammenhang mit stagnierender Produktion dieser Güter, die durch den Marktprozeß auch auf längere Sicht nicht überwunden wird, daß im Entwicklungsprozeß spezifische Engpässe entstehen[42]. In diesen Engpaßbereichen steigen die Absatzpreise in der Expansion fortlaufend an. Die partiellen Preissteigerungen verteuern fortlaufend die Produktion anderer Bereiche und/oder sie vermindern die Realeinkommen der Konsumenten. Weiter limitieren sie den Anstieg der Gesamtnachfrage, der mit der Stabilerhaltung des Preisniveaus vereinbar ist. Auch hier gilt wieder, daß kompensierende Preissenkungen vor allem dort auftreten müßten, wo das Angebot überproportional zum Gesamtangebot wächst, ohne daß die Nachfrage entsprechend überproportional zur Gesamtnachfrage an-

---

[42] Das prägnanteste Beispiel gab die Landwirtschaft ab.

steigt[43]. Den Bereichen, die sich vom Unternehmerverhalten, von den Produktionsbedingungen und von der Verfügungsmöglichkeit über Produktionsfaktoren her zur Durchbrechung der vielfältigen Beschränkungen der Unterentwicklung geeignet zeigen, wird der Anreiz zur Wahrnehmung der vorhandenen Entwicklungsmöglichkeiten jeweils durch Preisfall ihrer Produkte genommen. Die in den Engpaßbereichen realisierbare Ausweitung des Angebots bestimmt im Zusammenhang mit der Nachfragestruktur die privatwirtschaftlich rentable Produktionsausdehnung der anderen Produktionsbereiche.

Wird die Forderung nach Aufrechterhaltung der Preisstabilität aufgegeben, so ist die Gesamtnachfrage als weitere Einflußgröße anzusehen. Ein höheres Niveau der Gesamtnachfrage räumt bei gegebener Nachfragestruktur den expansionsfähigen und -bereiten Sektoren einen größeren Spielraum zur Produktionsausweitung ein.

Werden die speziellen Formen der Preisbildung berücksichtigt, die an früherer Stelle eingeführt wurden, so sollte nicht mehr gefragt werden, *ob* allgemeine Preissteigerungen auftreten werden. Sinnvoll ist nur noch die Fragestellung, *wie stark* das Preisniveau angesichts der Vielzahl und des Ausmaßes partieller Ungleichgewichte ansteigen muß. Auf nähere Ausführungen kann an dieser Stelle verzichtet werden. Weiter ist zu berücksichtigen, daß allgemeine Preissteigerungen Lohnanpassungen nach sich ziehen (können) und sich damit selbst verstärken. Diese Gefahr wird aber kaum zur Folge haben, daß die Gesamtnachfrage konsequent auf das Niveau eingesteuert wird, das Preisstabilität gewährleistet.

---

[43] Preissenkungen werden weiter dadurch verursacht, daß die Nachfrage auf Teilmärkten im Rahmen der Gesamtnachfrage zurückbleibt.

D. Wirtschaftspolitische Schlußfolgerungen

Die Theorie der nachfragebedingten Inflation empfiehlt eine Bekämpfung inflationärer Erscheinungen durch globale Maßnahmen geld- und finanzpolitischer Art. Zweifellos sind diese Maßnahmen zur Bekämpfung bestimmter Inflationstypen auch in Entwicklungsländern geeignet. Wächst die Gesamtnachfrage durch das Auftreten einer inflationären Lücke zwischen Investieren und Sparen im Rahmen einer allgemeinen Überhitzung über das Gesamtangebot hinaus, so ist der resultierende allgemeine Preisauftrieb durch globale Beschränkungen der Gesamtnachfrage zieladäquat zu bekämpfen. Die hohe marginale und durchschnittliche Konsumquote der privaten Einkommensempfänger und die geringe Ersparnisbildung der öffentlichen Hand einerseits, der Zwang zu einer Forcierung der Realkapitalbildung andererseits begünstigen in Entwicklungsländern das Entstehen einer solchen Situation allgemeiner Überhitzung. Sie rechtfertigen und erfordern den Einsatz global-restriktiver Instrumente.

Auseinandersetzungen entzünden sich an der Frage, ob global-restriktive Maßnahmen zur Bekämpfung inflationärer Preissteigerungen allgemein und grundsätzlich geeignet sind oder ob der Einsatz dieser Mittel unter bestimmten Bedingungen einen Konflikt zwischen dem Ziel der Preisstabilisierung und dem Entwicklungspostulat auslösen kann. Wird von den ideal-typischen Bedingungen eines voll funktionsfähigen Preismechanismus ausgegangen, so läßt sich ein Zielkonflikt kaum nachweisen. Die Wirtschaftspolitik kann sich auf die Beeinflussung aggregierter Gesamtgrößen beschränken; partielle Ungleichgewichte werden durch das Wirken des Preismechanismus zuverlässig beseitigt; die Steuerung der Produktion und des Faktoreinsatzes über die Preisbildung gewährleistet den optimalen Einsatz der Produktionsfaktoren und die größtmögliche Bedürfnisbefriedigung für die wirtschaftenden Menschen. Eine globale Geld- und Finanzpolitik, die auf Erhaltung der gesamtwirtschaftlichen Stabilität ausgerichtet ist, unterstützt diese Wirkungsweise des Preismechanismus. *Marget* überträgt diese Modellüberlegungen auf die Realität der Entwicklungsländer und fragt: "In what sense, then, can it be said that an under-developed country cannot 'afford' to follow fiscal and monetary policies designed to keep that country from falling into the kind of situation in which it could not make the most productive use of its resources[1]?" Marget versäumt es, die Modellprämissen an der Realität der Entwicklungsländer zu messen.

Werden die Annahmen eines voll funktionsfähigen Preismechanismus aufgegeben, so dienen globale Maßnahmen einer Abstimmung zwischen Gesamtnachfrage und Gesamtangebot nicht mehr zwangsläufig zugleich dem Ziel einer Optimierung des Faktoreinsatzes und einer Maximierung der Gesamtproduktion. Partielle Ungleichgewichte treten auf und werden zu anhaltenden Engpässen; Disproportionalitäten in Faktorausstattung und Produktionsausrichtung werden durch Preissteuerung nicht überwunden. Überschüssige Nachfrage in Teilbereichen wird in ihren Auswirkungen auf Gesamtproduktion, -beschäftigung und Preisniveau nicht notwendig durch einen wertgleichen Angebotsüberhang in anderen Sektoren kompensiert. Sektorale Ungleichgewichte dürfen in ihren gesamtwirtschaftlichen Auswirkungen nicht vernachlässigt werden. Dieser Vernachlässigung müssen sich aber die Maßnahmen einer globalen Geld- und Finanzpolitik schuldig machen, da sie nur zu einer Abstimmung zwischen den Größen Gesamtnachfrage und Gesamtangebot taugen.

Preisbildung, Preissteuerung des Faktoreinsatzes und der Produktion weichen in Entwicklungsländern erheblich von den ideal-typischen Bedingungen ab, die für einen reibungslosen, von störenden Nebenwirkungen freien Einsatz der globalen Geld- und Finanzpolitik unerläßlich sind. "Given the fragmentation of the product and labour markets, and the varying degree of monopoly, comprehensive measures aiming at an over-all balance between monetary demand and supply need not, and probably will not, be effective in ensuring stability. Sectoral unbalance, added to monopolistic rigidity, might be the explanation of inflationary pressures. Monetary, global factors under these circumstances might *respond to*, rather than *cause*, unbalance... Thus, in order to ensure stability by global means, sufficient pressure has to be exercised to restrain the least stable and most monopolistic sectors. This would seem to imply heavy unemployment or underemployment in the more elastic or defenceless sectors. The consequent over-all discouragement is unlikely to promote growth[2]."

Wird die Bekämpfung inflationären Preisauftriebs allein auf globale Maßnahmen der Nachfragesteuerung abgestellt, so tritt bei sektoral

---

[1] Marget, A. W.: The Applicability of 'Orthodox Monetary Remedies' to Developed and Under-developed Countries. In: Hague, D. C. (ed.): Inflation. Proceedings of a Conference held by the International Economic Association. London, New York 1962. S. 323.

[2] Balogh, Th.: Economic Policy and the Price System. a.a.O. S. 51; vgl. auch Hirschman, A. O.: a.a.O. S. 158 ff.

bedingten Inflationserscheinungen häufig ein Gegensatz zwischen dem Ziel einer Stabilisierung des Preisniveaus und einer jederzeit vollen Ausnutzung des vorhandenen Entwicklungspotentials auf. *Prebisch* weist darauf hin, daß dieser Gegensatz allein aus einer verfehlten Deutung der Inflationsursachen entstehe, die ihrerseits zur Anwendung untauglicher Mittel führe: "The general mistake persists of considering inflation as a purely monetary phenomenon to be combated as such. Inflation cannot be explained as something divorced from the economic and social maladjustments and stresses to which the economic development of our countries gives rise. Nor can serious thought be given to an autonomous anti-inflationary policy, as if only monetary considerations were involved; it must be an integral part of development policy[3]."

Die globale Steuerung der Nachfrage wirkt im Rahmen gegebener Strukturen. Sie ist verfehlt für die Bekämpfung solchen allgemeinen Preisauftriebs, der aus eben diesen Strukturen entsteht. Notwendig ist vielmehr eine Politik, die auf eine Überwindung dieser Strukturen hinwirkt. Die Störungen in der Funktions- und Reaktionsweise sich entwickelnder Volkswirtschaften, aus denen strukturbedingte allgemeine Preissteigerungen abzuleiten sind, erwachsen aus dem Zustand der Unterentwicklung und sind durch Entwicklung zu überwinden. Entwicklung wurde als ein Prozeß vielfältiger Strukturveränderungen definiert, die nicht in freiem Spiel des Marktautomatismus aus systemimmanenten Kräften resultieren, sondern durch anhaltende und gezielte Einflußnahme wirtschaftspolitischer Instanzen herbeizuführen sind. Die Unfähigkeit des Preismechanismus, die Überwindung von sektoralen Ungleichgewichten, Engpässen und Disproportionalitäten zu gewährleisten, begründet in gleicher Weise die Ungeeignetheit global-restriktiver Maßnahmen zur Bekämpfung strukturbedingter Inflationserscheinungen wie auch die Notwendigkeit einer aktiven Entwicklungspolitik zur Auslösung und Gestaltung des Entwicklungsprozesses. Entwicklungspolitik dient zugleich der Beseitigung struktureller Inflationsursachen.

Auf der Grundlage dieser Überlegungen sind konkrete Maßnahmen zu entwerfen, die die Elastizität der Produktion in der Landwirtschaft und allgemein in Engpaßbereichen erhöhen, die Abhängigkeit von der Außenwirtschaft abbauen und die Mobilität der Produktionsfaktoren fördern, die Ausnutzung ungenutzten Produktionspotentials erleichtern und die Eignung dieses Potentials zu produktivem Einsatz verbessern, etc. Zwei Schwierigkeiten bleiben jedoch ungelöst: Entwicklungspolitik bedarf eines leistungstüchtigen Trägers, um effizient zu sein. Ent-

---

[3] Prebisch, R.: Economic Development or Monetary Stability: a.a.O. S. 1.

wicklung und damit Überwindung der durch Unterentwicklung bedingten Inflationsursachen sind langwierige Prozesse. Diese Probleme sind sachbedingt, sie entstehen nicht aus einer leichtfertigen Skepsis gegenüber global-restriktiven Eingriffen zur Bekämpfung strukturbedingter Inflationserscheinungen.

Literaturverzeichnis

A. Selbständige Bücher und Schriften

Bhatt, V. V.: Employment and Capital Formation in Underdeveloped Economies. Bombay, New Delhi ... 1960.

Chelliah, R. J.: Fiscal Policy in Underdeveloped Countries. With Special Reference to India. Liverpool, London 1960.

Guth, W.: Der Kapitalexport in unterentwickelte Länder. Basel, Tübingen 1957.

Hirschman, A. O.: The Strategy of Economic Development. Yale Studies in Economics: 10. New Haven 1959.

Maynard, G.: Economic Development and the Price Level. London 1962.

Meier, G. M., *Baldwin*, R. E.: Economic Development. Theory, History, Policy. New York, London 1957.

Nurkse, R.: Problems of Capital Formation in Underdeveloped Countries. Oxford 1958.

Ringel, K. (Hrsg.): Entwicklungstendenzen im internationalen Handel. Bericht eines Sachverständigenausschusses des *Gatt*. Heft 1 der Sammlung Außenhandel und Weltwirtschaft. Schriften der Bundesstelle für Außenhandelsinformation. Berlin 1959.

Schneider, E.: Einführung in die Wirtschaftstheorie. I. Teil. Theorie des Wirtschaftskreislaufs. 7., durchgesehene Auflage. Tübingen 1958.

Schultze, Ch. L.: Recent Inflation in the United States. Study of Employment, Growth, and Price Levels. Study Paper No. 1. Washington 1959.

Tripathy, R. N.: Fiscal Policy and Economic Development in India. Calcutta 1958.

B. Beiträge aus Sammelwerken

Abramowitz, M.: Economies of Growth. In: Haley, B. F. (ed.): A Survey of Contemporary Economics. Vol. II. Homewood 1952.

Bauer, P. T.: Entwicklungsländer: (II) Ökonomische Problematik. In: Handwörterbuch der Sozialwissenschaften. Bd. 3. Stuttgart, Tübingen, Göttingen 1961.

Behrendt, R. F.: Entwicklungsländer: (I) Soziologische Problematik. In: Handwörterbuch der Sozialwissenschaften. Bd. 3. Stuttgart, Tübingen, Göttingen 1961.

Bronfenbrenner, M.: The High Cost of Economic Development. In: Morgan, Th., Betz, G. W., Choudhry, N. K. (eds.): Readings in Economic Development. Belmont 1963.

Bruton, H. J.: Growth Models and Underdeveloped Economies. In: Agarwala, A. N. and Singh, S. P. (eds.): The Economics of Underdevelopment. New York, Oxford 1963.

Byé, M.: The Rôle of Capital in Economic Development. In: Ellis, H. S. (ed.): Economic Development for Latin America. Proceedings of a Conference held by the International Economic Association. London 1961.

Dow, J. C. R.: Internal Factors Causing and Propagating Inflation: II. In: Hague, D. C. (ed.): Inflation. Proceedings of a Conference held by the International Economic Association. London, New York 1962.

Dowd, D. F.: Definition and Distribution of Underdeveloped Areas. Two-Thirds of the World. In: Shannon, L. W. (ed.): Underdeveloped Areas. A Book of Readings and Research. New York and Evanston 1957.

Eckaus, R. S.: The Factor-proportions Problem in Underdeveloped Areas. In: Agarwala, A. N. and Singh, S. P. (eds.): The Economics of Underdevelopment. New York, Oxford 1963.

Felix, D.: An Alternative View of the "Monetarist" — "Structuralist" Controversy. In: Hirschman, A. O. (ed.): Latin American Issues. Essays and Comments. New York 1961.

Furtado, C.: Capital Formation and Economic Development. In: Agarwala, A. N. and Singh, S. P. (eds.): The Economics of Underdevelopment. New York, Oxford 1963.

Grunwald, J.: The "Structuralist" School on Price Stability and Development: The Chilean Case. In: Hirschman, A. O. (ed.): Latin American Issues. Essays and Comments. New York 1961.

Gudin, E.: Inflation in Latin America. In: Hague, D. C. (ed.): Inflation. Proceedings of a Conference held by the International Economic Association. London, New York 1962.

Heller, W.: Fiscal Policies for Underdeveloped Economies. In: Okun, B., Richardson, R. W. (eds.): Studies in Economic Development. New York 1961.

Hesse, H.: Die Industrialisierung der Entwicklungsländer in ihren Auswirkungen auf den internationalen Handel. In: Gestaltungsprobleme der Weltwirtschaft. Festschrift für Andreas Predöhl. Herausgegeben von Jürgensen, H. Göttingen 1964.

Kafka, A.: The Theoretical Interpretation of Latin American Economic Development. In: Ellis, H. S. (ed.): Economic Development for Latin America. Proceedings of a Conference held by the International Economic Association. London 1961.

Kragh, B.: The Problem of Inflation in Developing Countries: Chile, a Case Study. In: Bombach, G. (Hrsg.): Stabile Preise in wachsender Wirtschaft. Das Inflationsproblem. Festschrift zum 60. Geburtstag von Erich Schneider. Tübingen 1960.

Lewis, W. A.: Economic Development with Unlimited Supplies of Labour. In: Agarwala, A. N. and Singh, S. P. (eds.): The Economics of Underdevelopment. New York, Oxford 1963.

Machlup, F.: Structure and Structural Change: Weaselwords and Jargon. In: Machlup, F.: Essays on Economic Semantics. Edited by Miller, M. H. Englewood Cliffs 1963.

Marget, A. W.: The Applicability of 'Orthodox Monetary Remedies' to Developed and Under-developed Countries. In: Hague, D. C. (ed.): Inflation. Proceedings of a Conference held by the International Economic Association. London, New York 1962.

Márquez, J.: Financial Institutions and Economic Development. In: Ellis, H. S. (ed.): Economic Development for Latin America. Proceedings of a Conference held by the International Economic Association. London 1961.

Maynard, G.: Inflation in Economic Development. In: Nelson, E. (ed.): Economic Growth: Rationale, Problems, Cases. Austin 1960.

de Oliveira Campos, R.: Inflation and Balanced Growth. In: Ellis, H. S. (ed.): Economic Development for Latin America. Proceedings of a Conference held by the International Economic Association. London 1961.

— Two Views on Inflation in Latin America. In: Hirschman, A. O. (ed.): Latin American Issues. Essays and Comments. New York 1961.

Paulsen, A.: Die Eingliederung armer Länder in den Prozeß der wirtschaftlichen Entwicklung. In: Universitätstage 1960. Veröffentlichung der Freien Universität Berlin. Berlin 1960.

Prebisch, R.: The Structural Crisis in Argentina and its Prospects of Solution. In: Nelson, E. (ed.): Economic Growth: Rationale, Problems, Cases. Austin 1960.

Rao, V. K. R. V.: Investment, Income and the Multiplier in an Underdeveloped Economy. In: Agarwala, A. N. and Singh, S. P. (eds.): The Economics of Underdevelopment. New York, Oxford 1963.

Rueff, J.: The Control of Inflation by Monetary and Credit Policy. In: Hague, D. C. (ed.): Inflation. Proceedings of a Conference held by the International Economic Association. London, New York 1962.

UN (Department of Economic Affairs): Problems of Agrarian Structure in Underdeveloped Countries. In: Okun, B., Richardson, R. W. (eds.): Studies in Economic Development. New York 1961.

Viner, J.: The Economics of Development. In: Agarwala, A. N. and Singh, S. P. (eds.): The Economics of Underdevelopment. New York, Oxford 1963.

— Stability and Progress: The Poorer Countries' Problems. In: Hague, D. C. (ed.): Stability and Progress in the World Economy. The First Congress of the International Economic Association. London, New York 1958.

Wallich, H. C.: Some Notes towards a Theory of Derived Development. In: Agarwala, A. N. and Singh, S. P. (eds.): The Economics of Underdevelopment. New York, Oxford 1963.

C. Aufsätze in Zeitschriften und Periodika

Balogh, Th.: Agricultural and Economic Development. In: Oxford Economic Papers. N. S. Vol. 13, No. 1. February 1961.

— Economic Policy and the Price System. In: UN (Economic Commission for Latin America): Economic Bulletin for Latin America. Vol. VI, No. 1. March 1961.

Bauer, P. T. and *Paish*, F. W.: Comment on Nurkse, R.: Trade Fluctuations and Buffer Policies of Low-Income Countries. Zu: The Quest for a Stabilization Policy in Primary Producing Countries. A Symposium. In: Kyklos. Vol. XI. 1958.

Byé, M.: Comment on Nurkse, R.: Trade Fluctuations and Buffer Policies of Low-Income Countries. Zu: The Quest for a Stabilization Policy in Primary Producing Countries. A Symposium. In: Kyklos. Vol. XI. 1958.

Goudriaan, J.: Comment on Nurkse, R.: Trade Fluctuations and Buffer Policies of Low-Income Countries. Zu: The Quest for a Stabilization Policy in Primary Producing Countries. A Symposium. In: Kyklos. Vol. XI. 1958.

Holzman, F. D.: Inflation: Cost-Push and Demand-Pull. In: The American Economic Review. Vol. 50, No. 1. March 1960.

Kindleberger, C. P.: The Terms of Trade and Economic Development. In: The Review of Economics and Statistics. Vol. 40, Supplement No. 1, Part 2. February 1958.

Maizels, A.: Trade and Development Problems of the Under-Developed Countries: The Background to the United Nations' Conference. In: National Institute Economic Review. No. 28. May 1964.

Maynard, G.: Inflation and Growth: Some Lessons to be Drawn from Latin American Experience. In: Oxford Economic Papers. N. S. Vol. 13, No. 2. June 1961.

— Inflation and Growth in Latin America: A Note. In: Oxford Economic Papers. N. S. Vol. 15, No. 1. March 1963.

Nurkse, R.: Trade Fluctuations and Buffer Policies of Low-Income Countries. Zu: The Quest for a Stabilization Policy in Primary Producing Countries. A Symposium. In: Kyklos. Vol. XI. 1958.

Olivera, J. H. G.: On Structural Inflation and Latin-American 'Structuralism'. In: Oxford Economic Papers. N. S. Vol. 16, No. 3. November 1964.

Paulsen, A.: Zum Begriff 'Wirtschaftsstruktur'. In: Zeitschrift für Nationalökonomie. Bd. 24, Heft 3. September 1964.

— Sachkapital und Human Capital in der wirtschaftlichen Entwicklung. In: Zeitschrift für die gesamte Staatswissenschaft. Bd. 120, Heft 4. Oktober 1964.

— Unternehmer und Unternehmerleistungen in Entwicklungsländern. In: Jahrbücher für Nationalökonomie und Statistik. Bd. 175, Heft 5. 1963.

Prebisch, R.: Economic Development or Monetary Stability: The False Dilemma. In: UN (Economic Commission for Latin America): Economic Bulletin for Latin America. Vol. VI, No. 1. March 1961.

— The Economic Development of Latin America and its Principal Problems. In: UN (Economic Commission for Latin America): Economic Bulletin for Latin America. Vol. VII, No. 1. February 1962.

Reynolds, L. G.: Wage-Push and All That. In: The American Economic Review. Vol. L, No. 2. May 1960.

Schatz, S. P.: Inflation in Underdeveloped Areas: A Theoretical Analysis. In: The American Economic Review. Vol. 47, No. 5. Sept. 1957.

Seers, D.: Inflation and Growth: A Summary of Experience in Latin America. In: UN (Economic Commission for Latin America): Economic Bulletin for Latin America. Vol. VII, No. 1. February 1962.

— A Theory of Inflation and Growth in Under-Developed Economies Based on the Experience of Latin America. In: Oxford Economic Papers. N. S. Vol. 14, No. 2. June 1962.

Singer, H. W.: The Terms of Trade and Economic Development. Comment, In: The Review of Economics and Statistics. Vol. 40, Supplement No. 1, Part 2. February 1958.

Sunkel, O.: Inflation in Chile: An Unorthodox Approach. In: International Economic Papers. No. 10, 1960.

Turvey, R.: Some Aspects of the Theory of Inflation in a Closed Economy. In: The Economic Journal. Vol. 61, September 1951.

D. Veröffentlichungen der UN

UN (Food and Agriculture Organization): Food Aid and Other Forms of Utilization of Agricultural Surpluses. A Review of Programs, Principles and Consultations. Rome 1964.

— (Food and Agriculture Organization): The Selective Expansion of Agricultural Production in Latin America. Joint Report of the Economic Commission for Latin America and the Food and Agriculture Organization of the United Nations. 1957.

— (Department of Economic Affairs): Instability in Export Markets of Under-Developed Countries in Relation to their Ability to obtain Foreign Exchange from Exports of Primary Commodities 1901 to 1950. New York 1952.

— (Department of Economic Affairs): Measures for the Economic Development of Under-Developed Countries. Report by a Group of Experts appointed by the Secretary-General of the United Nations. New York 1951.

— (Department of Economic Affairs): Relative Prices of Exports and Imports of Under-developed Countries. A Study of Post-War Terms of Trade Between Under-developed and Industrialized Countries. New York 1949.

— (Economic Commission for Latin America): Economic Survey of Latin America 1955. New York 1956.

— (Economic Commission for Latin America): Economic Survey of Latin America 1957. New York 1959.

— (Department of Economic and Social Affairs): World Economic Survey 1956. New York 1957.

— (Department of Economic and Social Affairs): World Economic Survey 1957. New York 1958.

— (Statistical Office; Department of Economic and Social Affairs): Statistical Yearbook 1961. Thirteenth Issue. New York 1961.

Printed by Libri Plureos GmbH
in Hamburg, Germany